Dr. Joseph Murphy

Das I-Ging-Orakel und Ihr Unterbewusstsein

Dr. Joseph Murphy

Das I-Ging-Orakel und Ihr Unterbewusstsein

Aus dem Amerikanischen von Helga Künzel

ARISTON

Die Originalausgabe dieses Buches erschien 1979 unter dem Titel
Secrets of the I Ching bei Parker Publishing Company.
Die deutsche Erstausgabe erschien 1980 unter dem Titel
Das I-Ging-Orakel Ihres Unterbewusstseins im Ariston Verlag, Genf.

Bibliografische Information der Deutschen Bibliothek

Die Deutsche Bibliothek verzeichnet diese Publikation
in der Deutschen Nationalbibliografie; detaillierte bibliografische Daten
sind im Internet unter http://dnb.ddb.de abrufbar.

Umschlaggestaltung: ZERO Werbeagentur, München
Satz: EDV-Fotosatz Huber/Verlagsservice G. Pfeifer, Germering
Druck und Bindung: GGP Media GmbH, Pößneck
Printed in Germany

ISBN: 978-3-7205-4040-7

Inhalt

Vorbemerkung: 10

Einführung: Was dieses Buch für Sie bewirken kann 11

Kapitel 1: Das Buch der Wandlungen und sein Nutzen für Sie 13
Vierundsechzig Hexagramme 13
Wie das *I Ging* funktioniert 14
Das Prinzip der stetigen Wandlung 14
Die Zeit und ihre Bedeutung 15
Wie Sie sich einstimmen 15
Ihr nächster Schritt 16
Die verbreitetste Technik der Befragung des *I Ging* 16
Warum dieses Buch 17
Zusammenfassung 19

Kapitel 2: Die acht Grundzeichen oder Trigramme des *I Ging* 21
Allgemeine psychologische Bedeutung der acht Trigramme 21
Lichte und dunkle Trigramme 23
Das Hexagramm und seine Bedeutung 24
Das Hexagramm und die Trinität 24
Die sechs Linien und der dreifaltige Mensch 25
Chinesische Weisheit: das Schöpferische und das Empfangende 25
Der Mensch erschafft auf dieselbe Weise 26
Die psychologische Bedeutung der Zahlen 27

Sechs, Sieben, Acht und Neun in den Hexagrammen 30
Zusammenfassung 31

Kapitel 3: Synchronizität: Inneres Erleben und äußere Erfahrung hängen zusammen 33
Wie innen, so außen 33
Sein psychisches Erlebnis und das äußere Ereignis 34
Das *I Ging* rettete ihm das Leben 35
Wie Sie Ihre Intuition entwickeln können 35
Er hörte die rätselhafte Zahl 44 36
Warum treffen Vorhersagen ein? 37
Die Zukunft liegt vorbereitet in Ihrem Geist 38
Das *I Ging* und Vorhersagen 39
Wie man negativen Vorhersagen entgegenwirkt 40
Wie sie die Vorhersage umkehrte 41
Den Tatsachen ins Auge sehen 42
Zusammenfassung 43

Kapitel 4: Die zeitlose Weisheit des *I Ging* 45
Die Gegensätze im Leben 45
Die Aussöhnung der Gegensätze 47
Der Wandel und seine Bedeutung 48
Das *I Ging* und beispielsweise Tarockkarten 48
Eine lebensrettende Warnung 50
Moderne Parapsychologie und das *I Ging* 51
Zusammenfassung 53

Kapitel 5: Wie man das *I Ging* zurate ziehen kann 55
Die Bedeutung der im *I Ging* häufig vorkommenden Begriffe 55
Wie Sie bei der Befragung konkret vorgehen 59
Er bekam zwei Fragen beantwortet 60
Wie Sie das Hexagramm aufbauen und ermitteln 61
Linien, die sich bewegen, und ruhende Linien 63
Was Sie ferner beachten müssen 64
Zusammenfassung 68

Kapitel 6: Wie man das Mystische des *I Ging* deutet 71
Yang und Yin 71
Die vierte Dimension 71
Das *I Ging* und höheres Sehen 73
Befragung des *I Ging* für eine andere Person 74
Münzentechnik und Schafgarbentechnik 74
Klares Erkennen der Antwort 75
Recht und Unrecht 75
Wie man sich echter Führung sicher ist 76
Das *I Ging* und echte Führung 77
Zusammenfassung 78

Kapitel 7: Die Hexagramme des *I Ging* und ihre Deutung ... 80
1. KIËN / Das Schöpferische 80
2. KUN / Das Empfangende 82
3. DSCHUN / Die Anfangsschwierigkeit 84
4. MONG / Die Jugendtorheit 86
5. SÜ / Das Warten (Die Ernährung) 88
6. SUNG / Der Streit 90
7. SCHI / Das Heer 92
8. BI / Das Zusammenhalten 95
9. SIAU TSCHU / Des Kleinen Zähmungskraft 96
10. LÜ / Das Auftreten 98
11. TAI / Der Friede 100
12. PI / Die Stockung 103
13. TUNG JEN / Gemeinschaft mit Menschen 106
14. DA YU / Der Besitz von Großem 108
15. KIËN / Die Bescheidenheit 110
16. YÜ / Die Begeisterung 112
17. SUI / Die Nachfolge 115
18. GU / Die Arbeit am Verdorbenen 117
19. LIN / Die Annäherung 119
20. GUAN / Die Betrachtung (der Anblick) 121
21. SCHÏ HO / Das Durchbeißen 123
22. BI / Die Anmut 125
23. BO / Die Zersplitterung 127

24. FU / Die Wiederkehr (Die Wendezeit) 129
25. WU WANG / Die Unschuld (Das Unerwartete) 131
26. DA TSCHU / Des Großen Zähmungskraft 133
27. I / Die Mundwinkel (Die Ernährung) 136
28. DA GO / Des Großen Übergewicht 138
29. KAN / Das Abgründige (Das Wasser) 140
30. LI / Das Haftende (Das Feuer) 141
31. HIËN / Die Einwirkung (Die Werbung) 144
32. HONG / Die Dauer 146
33. DUN / Der Rückzug 148
34. DA DSCHUANG / Des Großen Macht 150
35. DSIN / Der Fortschritt 152
36. MING I / Die Verfinsterung des Lichts 153
37. GIA JEN / Die Sippe 156
38. KUI / Der Gegensatz 158
39. GIËN / Das Hemmnis 160
40. HIË / Die Befreiung 162
41. SUN / Die Minderung 165
42. I / Die Mehrung 167
43. GUAI / Der Durchbruch (Die Entschlossenheit) 170
44. GOU / Das Entgegenkommen 172
45. TSUI / Die Sammlung 174
46. SCHONG / Das Empordringen 176
47. KUN / Die Bedrängnis (Die Erschöpfung) 177
48. DSING / Der Brunnen 180
49. GO / Die Umwälzung (Die Mauserung) 182
50. DING / Der Tiegel 184
51. DSCHEN / Das Erregende
(Das Erschüttern, der Donner) 186
52. GEN / Das Stillehalten (Der Berg) 188
53. DSËN / Die Entwicklung (Allmählicher Fortschritt) .. 190
54. GUI ME / Das heiratende Mädchen 193
55. FONG / Die Fülle 195
56. LÜ / Der Wanderer 198
57. SUN / Das Sanfte
(Das Eindringlichste, der Wind) 200

58. DUI / Das Heitere (Der See) 202
59. HUAN / Die Auflösung 204
60. DSIË / Die Beschränkung 207
61. DSCHUNG FU / Innere Wahrheit 209
62. SIAU GO / Des Kleinen Übergewicht 212
63. GI DSI / Nach der Vollendung 215
64. WE DSI / Vor der Vollendung 218

Tabelle zur Ermittlung der gezogenen Hexagramme 221

Vorbemerkung

In Verbindung mit dem vorliegenden Buch verwende und empfehle ich: *I Ging – Das Buch der Wandlungen*, von Richard Wilhelm aus dem Chinesischen ins Deutsche übersetzt und mit Erläuterungen versehen (Eugen Diederichs Verlag), bzw. die englische Übersetzung *I Ching, the Book of Changes*, die Cary F. Baynes, ausgehend vom Text der erstgenannten deutschsprachigen Ausgabe, besorgte und zu der Carl Gustav Jung ein Vorwort schrieb (Princeton University Press). Das großartige Vorwort des berühmten Schweizer Psychologen Jung, das vollständig nur in der englischen Ausgabe des *I Ging* enthalten ist, führt auf kluge Weise in die Erkenntnisse und Wunder des *I Ging* ein.

Einführung

Was dieses Buch für Sie bewirken kann

Das besondere Merkmal des vorliegenden Buches ist seine unkomplizierte praktische Anwendbarkeit. Hier bekommen Sie das *I Ging* in einfachen, brauchbaren Formeln und Techniken dargeboten, die Sie mühelos auf Ihre Alltagsprobleme anwenden und durch die Sie echte geistige Führung erlangen können.

Mit den einfachen Verfahren, wie sie in diesem Buch über das *I Ging* beschrieben sind, machte ich Männer und Frauen aus allen Schichten und Berufen in zahlreichen Kursen vertraut, zu denen viele Hörer sogar aus großen Entfernungen anreisten. In den nachfolgenden Kapiteln werden die Wirkungsweise und die Wechselwirkung von Bewusstsein und Unterbewusstsein erläutert und die Folgen aufgezeigt, die sich daraus ergeben. Behandelt wird auch das rätselhafte männliche und weibliche Prinzip, das jeder von uns in sich trägt. Und die Texte zu jedem *I-Ging*-Hexagramm, das ein Ratsuchender als Antwort auf seine Frage erhält, sind in verständlicher psychologisch abgewogener Sprache abgefasst; der christliche Leser findet so manche Antwort in nicht weniger leicht verständlichen Bibelworten.

Das vorliegende *I-Ging*-Buch lehrt Sie die Kunst, wunderwirkende Kräfte Ihres Unterbewusstseins zu nutzen. Die großen, ewigen Wahrheiten und Prinzipien Ihres Geistes sind um vieles älter als alle Religionen oder Philosophien. Die im *I Ging* enthaltene unfehlbare Weisheit ist uralt und zeitlos; dennoch ist sie voll und ganz auf jede Ihrer Fragen anwendbar, wie Sie aus diesem Buch ersehen werden.

Aus diesen Überlegungen heraus möchte ich Sie drängen, die nachfolgend beschriebene wunderbare magisch verwandelnde Kraft zu nutzen, die Ihnen helfen und beistehen, die Sie führen und leiten, Ihre Probleme lösen, Sie an das Ziel Ihrer Wünsche bringen wird, die Ihren von Angst niedergehaltenen Geist erlösen und Sie von Mangel, Beschränkung und Verkürzungen jeder Art befreien wird. Um eine Antwort auf eine bestimmte Frage zu erhalten, halten Sie sich lediglich an ein einfaches Ritual, genau nach Anweisung; dadurch aktivieren Sie die unfehlbaren Kräfte, die den Tiefenschichten Ihres Geistes innewohnen.

Denken Sie daran: Die unendliche Intelligenz und grenzenlose Weisheit in Ihrem Unterbewusstsein ist allwissend, sie weiß und sieht alles; und Sie wenden einfach ein altes, bewährtes Verfahren an, und Sie werden richtige Antworten erhalten.

Beginnen Sie sofort damit, heute noch. Lassen Sie mithilfe des *I Ging* in Ihrem Leben Wunder geschehen, die Sie bislang für unmöglich gehalten haben.

Joseph Murphy

Kapitel 1

Das Buch der Wandlungen und sein Nutzen für Sie

Das *Buch der Wandlungen*, chinesisch *I Ging*, ist voller mystischer Reden und scheinbar verworrener Dinge symbolischer Natur. Konfuzius soll bereits siebzig Jahre alt gewesen sein, als er sich dem Studium des *I Ging* zuwandte. Die darin enthaltene Weisheit ist etwa fünftausend Jahre alt. Auch Laotse, der große chinesische Mystiker, beschäftigte sich eingehend mit dem *I Ging*, er leitete viele seiner berühmten aphoristischen Sprüche aus den ewigen Grundwahrheiten ab, die in diesem uralten Buch der Weisheit, Wahrheit und Schönheit erläutert werden. Es ist ein Werk von wahrhaft faszinierender Eigenart, und einige der größten Denker der Welt vertieften sich, wie ihr Schrifttum bezeugt, in alter und neuer Zeit in seinen Inhalt.

Vierundsechzig Hexagramme

Das Buch ist auf vierundsechzig Hexagrammen aufgebaut, d. h. vierundsechzig sechslinige »Zeichen« bzw. sechsstufige Linienkomplexe aus ganzen oder geteilten Linien. Diese Hexagramme enthüllen, was das Buch zu sagen hat. Die Urteile in jedem Hexagrammtext umreißen Ihre jeweilige unterbewusste Geistesverfassung und Ihre äußeren Lebensumstände und benennen das Ergebnis, das Sie erwarten können. Die Bilder offenbaren die symbolische Bedeutung der Linien im Hexagramm und erläutern deren Gültigkeit für Ihre gerade bestehende persönliche, gesellschaftliche, geschäftliche oder umweltbedingte Situation.

Wie das *I Ging* funktioniert

Richard Wilhelm, der namhafte deutsche Gelehrte, der bei einem chinesischen Weisen studierte und als herausragende Autorität auf dem Gebiet der verborgenen Weisheit des *I Ging* gilt, erklärte die Verwendung des Buches folgendermaßen: »Die Verhältnisse des Buches der Wandlungen können am besten verglichen werden mit dem Netzwerk einer elektrischen Leitung, die alle Verhältnisse durchdringt. Sie hat nur die Möglichkeit des Erleuchtens, aber leuchtet nicht. Indem dann durch den Fragenden der Kontakt mit einer bestimmten Situation hergestellt ist, wird der Strom erregt und die betreffende Situation erleuchtet.«[1]

Das ist eine einfache Erklärung der Funktionsweise des *I Ging*. Ihr können wir uns anschließen.

Das Prinzip der stetigen Wandlung

Die chinesischen Mystiker, die einst das *I Ging* verfassten, waren Meister in der vorwissenschaftlichen Kunst der Psychologie und erkannten intuitiv die Gesetze, denen der Kosmos, die menschliche Gesellschaft und die Psyche des Menschen unterworfen sind. Sie akzeptierten die Gegensätze in unserer Welt und das Prinzip der ständigen Wandlung. Es gibt Höhen und Tiefen, Nacht und Tag, Regen und Sonnenschein, Hitze und Kälte, Männliches und Weibliches, Bewusstsein und Unterbewusstsein, Winkel und Kurven, Süßes und Saures, Gutes und Böses, Schmerzen und Annehmlichkeiten, Traurigkeit und Freude.

Das *I Ging* legt dar, wie wir Menschen Seelenfrieden und innere Harmonie erlangen können, indem wir uns auf die uns innewohnende unendliche Weisheit einstimmen und so Heiterkeit und Ausgeglichenheit in unser Leben bringen.

Das *Buch der Wandlungen* veranschaulicht Ihnen, dass alles ver-

---

1 Richard Wilhelm: *I Ging. Das Buch der Wandlungen*, Seite 292. Heinrich Hugendubel Verlag, München, 2001.

geht. Nichts währt ewig. Das Buch lehrt Sie zum »Zentrum« zurückzukehren – dass das Tao, der Urgrund des Seins, oder das Göttliche ist – und sich in Harmonie mit Gott einzurichten; dann werden Sie die Gegensätze in Ihrem Leben miteinander aussöhnen. Wenn Sie gefasst, heiter, still und ruhig im Bewusstsein der Gegenwart Gottes sind, können Sie jede beliebige Situation meistern, indem Sie richtige Entscheidungen treffen.

Die Zeit und ihre Bedeutung

Alles unter der Sonne hat seine Zeit. Es gibt eine Zeit fürs Säen und eine fürs Ernten. Es gibt eine Zeit für die Arbeit und eine für die Ruhe. Es gibt eine Zeit fürs Handeln und eine fürs Stillhalten. Die Zeit ist auch, psychologisch gesehen, ein Bewusstseinszustand: sie ist Ihr Denken, Ihr Fühlen, Ihr Wahrnehmen.

Wenn in Ihrem Unterbewusstsein Verwirrung, Groll und Feindseligkeit herrschen, wird Ihnen aufgrund des Hexagramms klar, dass es gerade nicht die richtige Zeit für eine Entscheidung ist; Ihre Einstellung würde zu Verlust und Fehlschlägen führen.

Wie Sie sich einstimmen

Das *I Ging* ist kein Wahrsagebuch. Sie werden in den nachfolgenden Kapiteln lernen, wie man die Hexagramme liest und die Kräfte des Unterbewusstseins aktiviert.

Wenn Sie aus dem *I Ging* eine Antwort erhalten wollen, müssen Sie es ernst nehmen. Seien Sie ehrlich und aufrichtig und bewahren Sie sich eine gesunde Ehrfurcht vor Gott, der Ihr Leben bestimmt. Sie ziehen die Weisheit vieler Jahrhunderte zurate. Das *I Ging* lehrt Sie, im »Zentrum« Harmonie zu schaffen, und Sie werden dann Glück haben. Sie können Gottes Friedensstrom auf das unruhige Gewässer des Lebens ausgießen. Alle Gegensätze wandeln sich zu Variabeln. Wenn Sie auf das Unendliche eingestimmt sind, vermag keine Wandlung Sie zu beunruhigen.

Ihr nächster Schritt

Eine Verwandte von mir, deren Tochter seit zwölf Monaten verschwunden war, befragte das *I Ging* und erhielt Hexagramm 5. Intuitiv wusste sie, was gemeint war, als sie gesagt bekam, es wäre für sie gut, das große Wasser zu durchqueren. Nach dieser Befragung des *I Ging* hatte sie einen Traum, der ihr zeigte, dass ihre Tochter sich in London aufhielt und wo genau sie wohnte. Sofort stieg die Mutter ins Flugzeug und rettete ihre Tochter aus einer Situation, die zweifellos mit dem moralischen, psychischen und auch physischen Untergang des Mädchens geendet hätte.

Das *I Ging* enthüllt jeweils Ihren augenblicklichen Geisteszustand oder den eines anderen Menschen; wenn Sie diesen erkannt haben, entwickeln Sie die Lösung, Ihren »nächsten Schritt«. Das *I Ging* weist keine bestimmte Richtung; es spricht über Sie.

Die Lektüre des vorliegenden Buches und Ihre eigene Deutung desselben wird es Ihnen ermöglichen, an der verborgenen Wohnstätte des Göttlichen in Ihnen Harmonie und Einklang zu schaffen, und alles wird gut sein.

Die verbreitetste Technik der Befragung des *I Ging*

Die beliebteste und praktischste Methode, deren sich viele Anhänger des *I Ging* bedienen, ist das Werfen dreier Münzen, beispielsweise dreier Zehner. Die Münzen werden insgesamt sechsmal geworfen, und bei jedem Wurf wird aufgezeichnet, welche Seiten (Zahl oder Zeichen) oben liegen. Eigentlich spielt es keine Rolle, ob man Münzen oder irgendetwas anderes (und seien es Schafgarbenstengel) benützt, da das ganze Verfahren nur der Herstellung einer aufnahmebereiten Geisteshaltung dient und von dieser alles abhängt.

Wenn Sie einmal erkannt haben, dass Sie ganz einfach die Weisheit Ihres Unterbewusstseins aktivieren, wenn Sie passiv und aufnahmebereit sind, ist es unerheblich, ob Sie Zehner, Schafgarbenstengel oder chinesische Münzen mit einem Loch in der Mitte benutzen. Sie sollen dabei allerdings eine gesunde Ehrfurcht vor der Ihrem Unterbewusstsein innewohnenden unendlichen Intelligenz haben und wissen, dass diese allein die richtige Antwort kennt.

Sie wenden ein mechanisches Verfahren an, um die geistigen Wissensquellen in den Tiefen Ihres Unterbewusstseins anzuzapfen. Man könnte auch sagen, dass Sie Kontakt mit Ihrem höheren Ich aufnehmen, mit Ihrem Überbewusstsein, Ihrem sublimen Ich oder der Ihnen innewohnenden unendlichen Weisheit. Doch solche Wortklauberei führt nirgends hin. Es genügt zu wissen, dass in den Tiefen Ihres Unterbewusstseins die Lösung für alle Probleme unter der Sonne bereitliegt.[2]

Warum dieses Buch

Vor mehreren Monaten gab ich eine Reihe Vorlesungen, an denen eine Gruppe interessierter Menschen aller Altersgruppen und Berufe teilnahm. Ich erklärte den Sinn des *I Ging* weitgehend im Lichte der Bibel und unseres heutigen Wissens über seelisch-geistige Gesetze. Frauen und Männer, Bankiers, Ärzte und Immobilienmakler, Sekretärinnen und Verkäuferinnen, Schauspieler und Schauspielerinnen, Büroangestellte, Arbeiter und Beamte stellten bei diesen abendlichen Zusammenkünften Fragen an das *I Ging*, und alle waren sich darin einig, dass die Hexagramme, die sie erhielten, auf ihre jeweiligen Probleme genau zutrafen und überaus zweckdienlich waren. Ein Makler rettete mehr als hunderttausend Dollar mit der Frage: »Soll ich das Immobilienangebot, das mir vorgestern gemacht wurde, annehmen und das Geld investieren?« Die – wie sich bald darauf herausstellte – richtige Antwort war ein klares »Nein«.

2 Siehe auch: *Die Macht Ihres Unterbewusstseins* von Dr. Joseph Murphy, Kreuzlingen/München, Heinrich Hugendubel Verlag, 2005.

Das vorliegende Buch ist für Laien gedacht, für den Mann auf der Straße jeden Berufes, für die Frau im Haushalt oder im Berufsleben. Es soll und will in keiner Weise die hervorragenden *I-Ging*-Bücher ersetzen wie, die in der Vorbemerkung empfohlene deutsche Ausgabe von R. Wilhelm bzw. die englische Version von C. F. Baynes.

Die überaus technische, mathematische, allegorische, symbolgeladene und mystische Lehre des Buches werde ich hier nicht behandeln. Ich will lediglich versuchen, dem »gewöhnlichen Sterblichen« den Mystizismus und fernöstlichen Symbolismus verständlich zu machen.

Wenn Sie meine Kommentare zu den einzelnen Hexagrammen nachlesen, werden Sie einfache, vertraute biblische Wahrheiten und Hinweise auf deren psychologische Nutzanwendung in Ihrem täglichen Leben finden. Vorrangig habe ich bei diesem Buch auf Einfachheit der Darstellung und seine praktische Anwendbarkeit geachtet; beigefügt sind zahlreiche Fallgeschichten, weil diese veranschaulichen, wie Sie Antworten erhalten können, die Ihnen bei der Lösung von Problemen helfen. Daneben wird es Ihnen sicher Freude bereiten, Ihre intuitiven Fähigkeiten so zu entwickeln, dass Sie oft spontane, blitzartige Erleuchtungen haben werden, die in jedem Detail dem Hexagramm entsprechen, welches Sie im Zusammenhang mit einer bestimmten Situation erhielten.

Gehen Sie hier den Weg fernöstlicher Weisheit und steigen Sie aufwärts, Gott entgegen.

Zusammenfassung

1. Das *Buch der Wandlungen* ist voller dunkler Sprüche und abstrakter Dinge symbolischer Natur. Konfuzius und Laotse befassten sich eingehend damit, viele ihrer Aphorismen werden auf das *I Ging* zurückgeführt.
2. Ein Hexagramm ist ein sechsliniges »Zeichen« aus ganzen oder geteilten Linien. Diese Linien offenbaren Ihre augenblickliche Geisteshaltung und Ihre unterbewussten Überzeugungen.
3. Die Funktionsweise des *I Ging* lässt sich mit einer elektrischen Leitung vergleichen. Die Leitung bedeutet nur Möglichkeit zur Beleuchtung, sie spendet kein Licht. Wenn durch Ihre Frage der Kontakt mit einer bestimmten Situation hergestellt ist, können Sie die geistige Kraft Ihres Unterbewusstseins aktivieren, und es erfolgt eine Antwort. Dem Licht entspricht die höchste Weisheit, die Ihrem Unterbewusstsein innewohnt.
4. Das *I Ging* zeigt auf, dass Sie in Ihrem Leben Frieden und Harmonie herstellen können, indem Sie sich auf die unendliche Weisheit, den Urgrund des Seins oder das Göttliche in Ihnen, einstellen und sich von der Harmonie und Liebe Gottes leiten lassen.
5. Das *I Ging* zeigt ferner auf, dass in dieser unserer gegenständlichen, dreidimensionalen Welt alles seine Zeit und seinen Platz hat. Es gibt eine Zeit fürs Säen und eine fürs Ernten. Es gibt eine Zeit für die Arbeit und eine für die Ruhe. Herrscht Verwirrung, dann ist psychologisch nicht die richtige Zeit für eine Entscheidung oder eine wichtige Handlung.
6. Das *I Ging* ist kein Wahrsagebuch. Mithilfe des vorliegenden Buches ziehen Sie eine mehr als fünftausend Jahre alte Weisheit zurate. Das *I Ging* lehrt Sie, im Zentrum Ihres Wesens Harmonie zu schaffen; ist Ihnen das gelungen, werden alle Ihre Wege angenehm und friedvoll sein.
7. Das *I Ging* informiert Sie stets über Ihren augenblicklichen Geisteszustand oder über jenen eines anderen Menschen. Wenn Sie diesen verstehen, können Sie, geradewegs in Richtung der Lösung, Ihren »nächsten Schritt« ausarbeiten.
8. Die beliebteste Methode der Befragung des *I Ging* ist das Werfen von Münzen. Wenn Sie aufrichtig und aufnahmebereit sind, wenn Sie das Gefühl haben zu wissen, was Sie tun, wird Ihr Unterbewusstsein Ihnen das entsprechende Hexagramm liefern.
9. Sie tun nichts anderes, als ein mechanisches Verfahren anzuwenden, um die geistige Kraft Ihres Unterbewusstseins anzuzapfen.

10. Dieses Buch ist für den Mann, die Frau auf der Straße gedacht. Es ist frei von mystischen, metaphysischen und allegorischen Schleiern, sodass jedermann, der eine Frage stellt, die Antwort verstehen wird. Dieses Buch ist für Sie gedacht.

Kapitel 2

Die acht Grundzeichen oder Trigramme des *I Ging*

Eine kurze Übersicht über die acht Symbole, welche die Grundlage des *Buchs der Wandlungen* bilden, gibt Ihnen folgende Aufstellung:

Zeichen	*Name*	*Eigenschaft*	*Bild*	*Familie*
☰	Kiën, das Schöpferische	stark	Himmel	Vater
☷	Kun, das Empfangende	hingebend	Erde	Mutter
☳	Dschen, das Erregende	bewegend	Donner	1. Sohn
☵	Kan, das Abgründige	gefährlich	Wasser	2. Sohn
☶	Gen, das Stillehalten	ruhend	Berg	3. Sohn
☴	Sun, das Sanfte	eindringend	Wind, Holz	1. Tochter
☲	Li, das Haftende	leuchtend	Feuer	2. Tochter
☱	Dui, das Heitere	fröhlich	See	3. Tochter

Allgemeine psychologische Bedeutung der acht Trigramme

Kiën und *Kun* stellen Ihr Bewusstsein und Ihr Unterbewusstsein dar, das männliche und das weibliche Prinzip in jedem von uns. So sinkt beispielsweise eine Idee, Bestrebung oder Sehnsucht, die Sie haben, wenn Sie sie zur Gefühlssache machen und mit Freude als schon verwirklicht empfinden, in Ihr Unterbewusstsein, wo sie, gleichsam gestorben, schlummert und als Antwort auf Ihr intensives Wünschen wieder emporkommt. Man könnte den Prozess mit folgendem Vergleich veranschaulichen: Ein Apfelkern wird in die Erde gelegt, er macht dort eine Art Metamorphose durch, wächst dann als Apfelbaum empor und bringt Früchte.

Dschen, das Erregende, der erste Sohn (oder die erste Idee), bedeutet Ihren vorherrschenden Gedanken, Ihren »heißesten« Wunsch, das, was Sie erreichen wollen.

Kan, das Abgründige, der zweite Sohn, verkörpert Ihre gegenwärtige Eingeschränktheit. Ihre Gedanken kommen Ihnen stets paarweise. Sie denken zum Beispiel, dass Sie Führung wünschen, die Lösung für ein Problem, und gleichzeitig haben Sie den Gedanken: »Es gibt keinen Ausweg.« Dieser negative Gedanke muss sterben, und der erste muss leben. Der negative Gedanke (der zweite Sohn) stirbt, wenn Sie erkennen, dass Ihrem Unterbewusstsein eine unendliche Weisheit innewohnt, die alles weiß, alles sieht und Ihnen antworten wird.

Gen, das Stillehalten, der dritte Sohn, bringt zum Ausdruck, dass Sie das Räderwerk Ihres Geistes ruhig stellen und Ihre Aufmerksamkeit auf Ihr Ziel, Ihren Wunsch konzentrieren sollen, in dem Wissen, dass es eine allmächtige Kraft gibt, die auf das reagiert, was im Brennpunkt Ihrer Aufmerksamkeit steht.

Sun, das Sanfte, die erste Tochter, heißt Folgendes: Während Sie sich ruhig und voll Liebe auf Ihr Ideal und den Geist Gottes konzentrieren, glättet das Gefühl des Einsseins die Gewässer Ihres Gemüts und gibt Ihnen die Gewissheit, dass Ihr Gebet erhört werden wird.

Li, das Haftende, die zweite Tochter, sagt aus, dass Sie im Glauben und im Vertrauen beharrlich sind, eine Haltung der Zielstrebigkeit und Entschlossenheit einnehmen, da Sie wissen, dass dem Ausdauernden schließlich Erfolg beschieden sein wird. Es bedeutet auch Liebe zum Guten, das heißt, dass Sie emotionell an das Edle und Gottähnliche gebunden sind.

Dui, das Heitere, die dritte Tochter, verkörpert die Freude und Befriedigung nach dem guten Abschluss eines Unternehmens oder Auftrags. Der Ingenieur beispielsweise verspürt ähnliche Freude nach der Überwindung eines schwierigen Problems beim Bau einer Brücke. In der Bibel heißt es: »… *die Freude am Herrn ist eure Stärke«* (Nehemia 8, 10).

Nachdem Sie diese Stufen innigen Wünschens – oder schlicht des Gebets – durchlaufen haben, ist es Ihnen gelungen, Ihr Unterbewusstsein entsprechend zu prägen, und Sie werden die Freude erleben, dass sich Ihr Wunsch verwirklicht – Ihr Gebet wird erhört.

Lichte und dunkle Trigramme

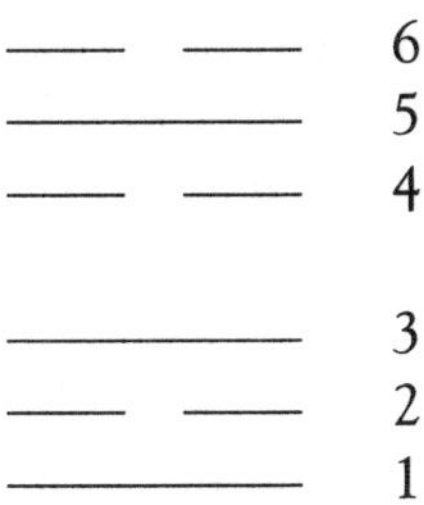

Lichte (oder helle) und dunkle Trigramme verkörpern die männlichen und die weiblichen Aspekte Ihres Gemüts. Ein Trigramm besteht aus drei Linien. Zwei Trigramme – oder sechs Linien – bilden ein Hexagramm. Hell oder licht bedeutet männlich und dunkel bedeutet weiblich. Die ungebrochenen, ganzen Linien sind männlich und die geteilten Linien weiblich. In dem obigen Hexagramm beispielsweise sind die mit 1, 3, 5 nummerierten Linien hell oder männlich und die mit 2, 4, 6 nummerierten Linien dunkel oder weiblich. Ungerade Zahlen sind männlich, gerade Zahlen sind weiblich.

Das Hexagramm und seine Bedeutung

Ein Hexagramm setzt sich aus sechs Linien zusammen, die den Menschen verkörpern. Der Mensch besteht aus Geist, Seele und Körper: es gibt verschiedene Stufen ein und desselben Dings (Geist). Nehmen wir zum Vergleich Eis, Wasser und Dampf: sie sind ein und dasselbe, haben nur unterschiedliche Schwingungsgrade. Dampf hat eine viel höhere Molekularschwingung als Wasser. Wasser wird zum Trinken verwendet, Eis zum Frischhalten unserer Nahrungsmittel und Dampf beispielsweise zum Abspülen des Schmutzes von Ihrem Auto. Jedes der drei hat eine andere Funktion, und doch sind sie ein und dasselbe, nämlich H_2O.

Materie ist die unterste Stufe des Geistes, und Geist ist die höchste Stufe der Materie. Als man Albert Einstein fragte, was Materie sei, antwortete er, sie sei »sichtbar gemachte Energie«. Energie ist ein naturwissenschaftlicher Ausdruck für Geist.

Das Hexagramm und die Trinität

Die Chinesen erklären die Trinität mit dem Bild eines Vaters, einer Mutter und eines Kindes. Wenn zwei Dinge sich verbinden, haben wir ein Drittes. Wenn der Mann das Ovum seiner Frau befruchtet, erlangen wir einen Sohn, der Zeugnis von Vater und Mutter ablegt. Auf den Alltag umgesetzt und in einfacher Weise psychologisch erklärt: Ihr Bewusstsein ist der Vater, der beispielsweise einen Wunsch erzeugt. Der weibliche Aspekt in Ihnen, Ihr Unterbewusstsein, ist die Mutter; die Bibel bezeichnet dies als Schoß, und gemeint ist damit Ihre empfängliche Geisteshaltung, in welcher Sie Ihren Wunsch voll und ganz akzeptieren. Indem Sie Ihren Wunsch gefühlsmäßig ausfüllen und mit Enthusiasmus in sich hegen, wird er Ihrem Unterbewusstsein einverleibt; und die Verwirklichung Ihres Wunsches bleibt nicht aus: Der Sohn ist die gewünschte Wirkung, die sich einstellt, ist die erwünschte Erfahrung oder Begebenheit. Ihr Unterbewusstsein bringt zum Ausdruck, was ihm eingeprägt wurde.

Die sechs Linien und der dreifaltige Mensch

Die beiden unteren Linien stellen Ihren Körper, Ihre Umgebung und die Welt dar; die mittleren beiden Linien verkörpern den Menschen oder die Seele; und die beiden oberen Linien stehen für den Geist. Der Begriff »Körper« umfasst dabei nicht nur Ihren physischen Körper, sondern auch Ihre Umwelt, Ihre Verfassung, Ihren gesellschaftlichen Status und alle Dinge und Belange, die auf der dreidimensionalen Ebene der materiellen Welt zu Ihnen gehören. Der Ausdruck »Mensch« bezeichnet die Seele – in diesem Fall Ihr Unterbewusstsein (das kreative Medium, den weiblichen Aspekt). »Geist« bedeutet Ihr Bewusstsein; dies soll nicht heißen, dass Ihr Bewusstsein, Ihr Verstand fleckenlos, heilig, rein und makellos ist wie der göttliche Geist, aber Ihr Bewusstsein ist vom funktionellen Standpunkt aus Geist, weil Sie die Fähigkeit haben, etwas zu wählen bzw. auszuwählen und es geistig anzubahnen, indem sich Ihr Denken Ihrem Unterbewusstsein einprägt, das, kreativ und konstruktiv, dieses Etwas Ihres Denkens akzeptiert und ihm im Raum Körperlichkeit verleiht.

Chinesische Weisheit: das Schöpferische und das Empfangende

Laotse sagte: »Die Eins erzeugt die Zwei, die Zwei erzeugt die Drei und die Drei erzeugt alle Dinge.« Gott ist der lebendige, allmächtige Geist, eins und unteilbar. Zum Zwecke der Schöpfung teilt Gott sich in zwei, das Männliche und das Weibliche, das Vater- und das Mutterprinzip. Alle Dinge werden durch Betrachtung des Geistes geschaffen. Der Geist betrachtet sich selbst als die Sonne, den Mond, die Sterne, die Galaxien im Raum und alle darin enthaltenen Dinge, und deren Bilder spiegeln sich im weiblichen Aspekt seiner selbst, der alle Dinge nach dem Bild und Gleichnis des männlichen Aspekts hervorbringt. Mit anderen Worten: Das männliche Prinzip wird mit der Eins bezeichnet, das weibliche mit der Zwei, und aus der Verbindung dieser beiden geht die Drei hervor oder die gesamte Welt. Auf diese Weise wurden alle Dinge erschaffen, und es gibt nichts, das nicht auf diese Weise entsteht.

Die beiden Ausdrücke »das Schöpferische« und »das Empfangende« benutzt das *I Ging*, um das Vater-Mutter-Prinzip oder den sich zu Schöpfungszwecken zweiteilenden Gott darzustellen. Die alte chinesische Weisheit besagt, dass das gesamte Universum – Tiere, Menschen, die Erde, die Welt samt den unendlichen Galaxien im Raum – aus der Interaktion dieser beiden Prinzipien entstanden ist, aus ihrer wechselseitigen Einwirkung aufeinander. Dies ist die eigentliche Grundlage der Lehre des *I Ging*.

Der Mensch erschafft auf dieselbe Weise

Sie sind nach dem Bild und Gleichnis Gottes geschaffen. Anders ausgedrückt: Ihr Geist ist Gottes Geist, Ihre Seele ist Gottes Seele, und das Lebensprinzip (Gott) wirkt in Ihnen. Ihre materielle und geistige Welt (Körper, Umgebung, Verfassung und Erleben) ist das Bild und Gleichnis Ihrer inneren Überzeugungen.

Das Wesentliche der Lehre des *I Ging* ist, einfach ausgedrückt, dies: Wenn Ihr Bewusstsein und Ihr Unterbewusstsein harmonisch, friedlich und synchron zusammenarbeiten, im Einklang mit den göttlichen Ideen und ewigen Wahrheiten, werden die Kinder – die Ergebnisse, Ihre Erfahrungen – aus einer solchen harmonischen Interaktion Gesundheit, Glück, Frieden, Sicherheit und Fülle sein. Arbeiten die beiden Elemente Ihres Geistes in Harmonie und im Einklang mit den unveränderlichen Wahrheiten, so werden Sie auf Erden glücklich sein. Dasselbe geschieht physisch: Wenn Mann und Frau harmonisch zusammenarbeiten, einander lieben und achten, indem jeder im anderen Gott preist, wird im Lauf der Jahre der Ehe immer größerer Segen beschieden sein; die Partner werden gedeihen, glücklich sein und bei allen ihren Unternehmungen Erfolg haben, und in ihren Kindern wird sich die Harmonie der Eltern widerspiegeln. Deshalb heißt es: »Die Weisheit wird von ihren Kindern gerechtfertigt.«

Die psychologische Bedeutung der Zahlen

Zahlen im *I Ging* verkörpern wie in der Bibel Eigenschaften und Kräfte Gottes. So ist beispielsweise die Eins ein Symbol für Gott und wird in der Bibel häufig erwähnt. Gott – »der Eine« – ist der Ursprung und die Ursache aller Dinge.

Zwei bedeutet zwei Einheiten oder zwei Eine; vier bedeutet vier Einheiten und so fort. Zwei verkörpert die Teilung, die Gegensätze, wie männlich und weiblich, wie Nacht und Tag. Psychologisch gesehen stellt die Zwei Ihren Wunsch dar. Wenn Sie einen Wunsch haben, sind Sie innerlich gespalten; Sie befinden sich nicht in einem Zustand der Ganzheit oder des Einsseins. Stärken und stützen Sie Ihren Wunsch, widmen Sie ihm Aufmerksamkeit, aus dem Gefühl und dem Wissen heraus, dass Sie den Wunsch, indem Sie über den Gegenstand Ihres Wunsches meditieren, ihn sozusagen für sich vereinnahmen, indem Sie ihn Ihrem Unterbewusstsein einverleiben.

Drei bedeutet Überzeugung: unterbewusst ist der Wunsch eingeprägt, den Sie bewusst nicht mehr haben. Dies ist ein konditionierter Zustand, der auf die mit der Zahl Zwei geleistete Arbeit folgt.

Vier verkörpert die Sichtbarwerdung oder Vergegenständlichung dessen, was Sie Ihrem Unterbewusstsein eingeprägt haben. Außerdem ist Vier ein Symbol für die Welt.

Fünf, die Summe aus Zwei und Drei, stellt das Wirken von Weisheit und Verständnis dar. Weisheit bedeutet, dass Sie sich der Gegenwart und Kraft in Ihnen bewusst sind, und Verständnis ist die Anwendung der Ihnen innewohnenden Gotteskraft in den Angelegenheiten Ihres Alltags. Fünf ist ferner ein Symbol für die Fantasie, nicht wild wuchernde, verstiegene, sondern gesteuerte Fantasie. Was Sie sich vorstellen und was nach Ihrer Überzeugung eintritt, das wird sich verwirklichen.

Sechs, im *I Ging* häufig benutzt, ist ein Symbol für den sechszackigen Stern, der für eine harmonische Beziehung zwischen Ihrem Bewusstsein und Ihrem Unterbewusstsein steht. Wenn diese beiden sich über alles einig sind, wird Ihr Gebet immer erhört. *Sechs*

Tage soll man arbeiten; aber am siebenten Tag ist Sabbat, die heilige Ruhe des Herrn ... (2. Mose 31, 15). Einerseits steht, psychologisch gesprochen, die Sechs für Sex, also das Geschlechtsleben. Andererseits beziehen sich, psychologisch-metaphysisch gesehen, die sechs Tage nicht auf die Wochentage, sondern auf die Zeit, die Sie brauchen, um Ihrem Unterbewusstsein einen Gedanken oder Wunsch zu übermitteln und einzuprägen. Wenn Sie behaupten und sich davon zu überzeugen vermögen, dass Sie sein werden, was Sie sein wollen, oder besitzen werden, was Sie besitzen wollen, und wenn es Ihnen gelungen ist, dies Ihrem Unterbewusstsein einzuprägen, dann haben Sie das Ende des sechsten Tages erreicht. Sie wissen es, wenn das Ende des sechsten Tages (wie gesagt, nicht Wochentages) gekommen ist, denn Sie wünschen sich das, was Sie geistig schon besitzen, dann nicht mehr. Sie können eine Minute dazu brauchen, eine Stunde, eine Woche oder einen Monat, je nach Ihrem geistigen Wachstum und der Art Ihrer Bitte.

Sieben wird in der Bibel häufig verwendet. Ich werde nur einige wenige Stellen anführen. *Und also vollendete Gott am siebenten Tage seine Werke, die er machte, und ruhte am siebenten Tage von allen seinen Werken, die er machte* (1. Mose 2, 2). *Aber er harrte noch weitere sieben Tage, und ließ seine Taube ausfliegen; die kam nicht wieder zu ihm* (1. Mose 8, 12). Der siebente Tag, die siebente Stunde, die siebente Schale, die sieben Lampen, das siebte Siegel und die sieben Engel bedeuten allesamt ein und dasselbe.

Sieben steht für das Gefühl des Einsseins mit Gott. Es bedeutet Geprägtsein von Gott oder die Zeitspanne zwischen der Prägung Ihres Unterbewusstseins und der daraus folgenden gegenständlichen Verwirklichung. Dies wird auch Sabbat oder siebenter Tag genannt, hat jedoch in Wirklichkeit nichts mit den Wochentagen zu tun. Sehen Sie sich die Zahl Sieben an. Sie besteht aus zwei zusammengefügten Einsen, die Ihre Überzeugtheit von dem Guten in Ihnen symbolisieren. Psychologisch folgt der siebente Tag oder Sabbat den sechs Tagen der Arbeit, was ganz einfach bedeutet, dass auf Ihr subjektives Akzeptieren Ihres Wunsches ein Gefühl der Ruhe folgt. Es ist fast ähnlich wie bei einer schwangeren Frau. Sie verhält sich vorsichtig und bedachtsam, während sie das

Kind trägt, und nach entsprechender Zeit bringt sie es zur Welt. Genauso wissen auch Sie, dass Sie ein Kind – einen dem Unterbewusstsein eingeprägten Wunsch – in sich tragen, und nach angemessener Zeit gebären Sie ihn in der Welt der Wirklichkeit. Ihr Gebet wird erhört. Sieben bedeutet also wesentlich verborgene Weisheit, Ruhe, Stille, Rast.

Acht ... *dass es acht Bretter seien* (2. Mose 26, 25) ... *und regierte acht Jahre zu Jerusalem* (2. Chronik 21, 5). Die Acht erscheint viele Male in der Bibel. Sie ist ein Symbol für das Unendliche, das keinen Anfang und kein Ende hat. Acht ist der Zahlenwert des Namens Jehovah (JHVH). Die Bewegung der Hand beim Schreiben der Ziffer Acht ist ein rhythmischer Wechsel, der an Aktion und Reaktion, Involution und Evolution denken lässt. Acht bedeutet auch Pracht, Fülle, Größe, Unermesslichkeit, Endlosigkeit. Psychologisch bezeichnet die Acht den Zeitpunkt, da Ihnen bewusst wird, dass das »Ich bin« in Ihnen Gott ist, das heißt reines Wesen, Leben, Bewusstheit; und da Sie sich nun auf das Unendliche einstimmen, in dem Wissen, dass das Lebensprinzip Gott der Allvater ist und alle Menschen Ihre Brüder sind, werden Sie Ihr Einssein mit allem Lebenden und mit allen Menschen dieser Erde empfinden. Wenn Sie sich überzeugt sagen, dass alles, was auf Gott zutrifft, auch auf Sie zutrifft, werden Sie von Herrlichkeit zu Herrlichkeit schreiten und von Oktave zu Oktave, deren Symbol die Acht ist, die keinen Anfang und kein Ende hat. Acht bedeutet, dass Sie sich vorwärtsbewegen, aufwärts, Gott entgegen. Es ist ein seelischer und geistiger Akt. In dem Augenblick, da Sie erkennen, dass Sie der Tabernakel des lebendigen Gottes sind, und da Sie sich nicht mehr an Ihren Namen, Ihre Staatsangehörigkeit, Ihren gesellschaftlichen Status und all die materiellen Aspekte Ihrer Persönlichkeit klammern, wird Ihnen klar, dass Sie die Gottgegenwart an sich erfahren, die der achte Tag ist, die achte Stunde, der achte Sohn und so fort.

Die Zahl Neun, letzte der Serie von Zahlensymbolen, stellt Vollendung, Erfüllung, Erkenntnis, das Ende eines Kreislaufs dar. Jedes Ende ist der Same eines Neubeginns ... *neun Ellen lang* ... (5. Mose 3, 11) ... *Finsternis über das ganze Land bis zur neunten Stunde* (Matthäus 27, 45). *Und um die neunte Stunde schrie Jesus…* (Matthäus 27, 46)… *und um die neunte Stunde betete ich …* (Apostelgeschichte 10, 30). Die Neun bedeutet eine neue Geburt in Gott, bei der Ihr Geist göttlich erleuchtet wird. Die Frau bringt im neunten Monat ihr Kind auf die Welt; genauso bringen Sie Gottes Weisheit, Wahrheit und Schönheit in die Welt, womit oft eine mystische Erleuchtung einhergeht. Neun bedeutet auch das Erreichen eines bestimmten Ziels im Leben, beispielsweise Ihres beruflichen Höhepunkts in Wissenschaft, Kunst oder Wirtschaft; doch es gibt kein Ende. Wenn Sie das erreicht haben, was nach Ihrer Überzeugung die oberste Sprosse der Leiter ist, stehen Sie vor einem neuen Anfang, denn es gibt kein Ende für die Herrlichkeit, die der Mensch darstellt.

Zehn ist einfach der in Ihrer Erfahrung vergrößerte Gott. Psychologisch und von einem sexuellen Standpunkt aus besteht die Zehn aus der Eins (Mann, Phallos) und der Null (Frau, Schoß), einem Symbol für Gott in Aktion. Das *I Ging* führt, wie ich schon erklärt habe, aus, dass jedwede Schöpfung im Universum auf der Wechselwirkung des männlichen und des weiblichen Lebensprinzips beruht.

Sechs, Sieben, Acht und Neun in den Hexagrammen

Wie Sie feststellen werden, erscheinen in den Hexagrammen nur diese vier Zahlen, denn die chinesischen Mystiker erklärten, die gesamten menschlichen Erfahrungen im irdischen Leben könnten durch die Interaktion dieser vier Zahlen in den sechs Linien ausgedrückt werden.

Vierundsechzig Hexagramme stehen Ihnen zur Verfügung. Sechs und vier ergibt zehn (10) – die Interaktion Ihres Bewusstseins (1) und Ihres Unterbewusstseins (0). Alle Erfahrungen und Ereignisse Ihres Lebens lassen sich durch diese vierundsechzig Hexagramme offenbaren. Wenn Sie ein Hexagramm nutzen, zapfen Sie lediglich die Weisheit Ihres Unterbewusstseins an, das Ihnen die Antwort enthüllt.

Zusammenfassung

1. Die acht Trigramme verkörpern die aus Vater, Mutter, drei Söhnen und drei Töchtern bestehende Familie und die Beziehung der Familienmitglieder zueinander. Psychologisch gesprochen stellen diese acht Trigramme die Seelen- und Geisteszustände in Ihnen dar.
2. Lichte (oder helle) und dunkle Trigramme bezeichnen die männlichen und weiblichen Aspekte Ihres Geistes. In der chinesischen Terminologie heißen sie Yang (männlich) und Yin (weiblich).
3. Die sechs Linien eines Hexagramms verkörpern Sie selbst: Geist, Seele und Körper.
4. Geist und Materie sind ein und dasselbe. Materie ist sichtbar gewordener Geist.
5. Das Hexagramm symbolisiert auch die Trinität. Wenn Ihr Bewusstsein und Ihr Unterbewusstsein sich in allem einig sind, geht aus diesem harmonischen Einklang etwas hervor, das Ausdruck dessen ist, was Ihrem Unterbewusstsein eingeprägt wurde.
6. Die beiden unteren Linien des Hexagramms stellen den Körper dar, die beiden mittleren die Seele und die beiden oberen den Geist.
7. Das Schöpferische und das Empfangende verkörpern das Vater-Mutter-Prinzip des Lebens, aus dem alle Dinge entstehen. Gott – oder chinesisch das Tao als der Urgrund des Seins – zweiteilt sich zum Zwecke der Schöpfung.
8. Der Mensch erschafft auf dieselbe Weise wie Gott. Der Mensch hat den Geist und die Seele vom Geist und der Seele Gottes, und was immer der Mensch sich vorstellt und als verwirklicht empfindet, das wird in seinem Leben geschehen.
9. Das *I Ging* lehrt: Wenn Ihr Bewusstsein und Ihr Unterbewusstsein harmonisch und freudig aufeinander einwirken, werden Reichtum, Glück und ein erfülltes Leben das Ergebnis dieses Einklangs sein.
10. Zahlen verkörpern die Eigenschaften und Kräfte Gottes. Sie symbolisieren die Bewusstseinszustände. Sechs bedeutet Prägung Ihres Unterbewusstseins. Sieben bedeutet Stille, Ruhe, Überzeugung, eine Periode geistiger Schwangerschaft. Acht bedeutet geistiges Wachstum und die absolute Überzeugung, dass das »Ich bin« in Ihnen Gott ist, Ihr Einssein mit allen Menschen und jedwedem Leben. Neun stellt das Ende eines Kreislaufs dar: eine neue Geburt in Gott, einen Neubeginn nach einer inneren Erleuchtung. Die vier genannten Zahlen sind jene, die im *I Ging* verwendet werden.
11. Die Sechs und die Vier der vierundsechzig Hexagramme ergeben zehn (10), was symbolisch die Interaktion des Männlichen (1) und

des Weiblichen (0) bedeutet. Alles auf dieser Erde entsteht aus der Interaktion dieser beiden Aspekte Gottes.

12. Die Chinesen multiplizierten die Grundzeichen, deren Zahl acht ist, mit acht und erhielten so die Summe der Zeichen, nämlich die vierundsechzig Hexagramme. Sie enthüllen alle denkbaren psychologischen Zustände des Menschen und beantworten mehr als viertausend Fragen.

Kapitel 3

Synchronizität : Inneres Erleben und äußere Erfahrung hängen zusammen

Carl Gustav Jung erklärt in seinem Vorwort zur englischen Ausgabe des *Buchs der Wandlungen* die Synchronizität als Zusammenfall von Ereignissen in Raum und Zeit, der mehr als nur bloßen Zufall darstellt, als einen sinnvollen Zusammenfall von objektiven, konkreten (physischen) Ereignissen mit subjektiven (psychischen) Erlebnissen des oder der Beobachtenden. Jung meint, dass wir »mit dem Begriff des Zufalls etwas zu liberal verfahren«, und damit hat er zweifellos recht.

Wie innen, so außen

Was in Ihrer gegenständlichen oder sichtbaren Welt geschieht, deckt sich immer mit dem, was Sie Ihrem Unterbewusstsein eingeprägt haben. Mit anderen Worten: Ihre konkreten Erlebnisse und Erfahrungen sind ein mathematisch getreues Spiegelbild Ihres Bewusstseinszustandes. Mit Ihrem Bewusstseinszustand ist das gemeint, was Sie denken, fühlen, glauben und geistig-seelisch akzeptieren. Es ist die Gesamtsumme Ihrer bewussten und unterbewussten Überzeugungen, Ihrer Konditionierung.

Gehen wir nun auf das *I Ging* und die Synchronizität ein, so enthüllt Ihnen das Hexagramm, das Sie als Antwort auf eine Frage erhalten, Ihren gegenwärtigen Bewusstseinszustand, und es erklärt auf symbolische Weise, welche sichtbaren Folgen aus dem Inhalt Ihres Unterbewusstseins erwachsen werden.

Sein psychisches Erlebnis und das äußere Ereignis

Während ich dieses Kapitel schrieb, gingen hier in Südkalifornien ausgiebige Regenfälle nieder, die weite Landstriche überschwemmten und zu Erdrutschen führten, durch die zahlreiche Häuser weggerissen wurden. Ein junger Mann erzählte mir, er sei während dieser Zeit geschäftlich in New York gewesen und habe dort eines Nachts im Traum gesehen und erlebt, dass sein Haus zusammenstürzte und weggeschwemmt wurde; seine Frau und sein Sohn seien in Gefahr gewesen zu ertrinken und hätten um Hilfe gerufen. Plötzlich sei er erwacht, er habe seine Frau angerufen und sie aufgefordert, sofort das Haus zu verlassen, in ein Hotel in Los Angeles zu gehen und die Behörden zu benachrichtigen. Sie befolgte seinen Rat, floh mit ihrem Sohn, ihrem Schmuck und einigen anderen Habseligkeiten aus dem Haus. Zwei Stunden nach ihrem Weggang stürzte das Haus zusammen, genau wie ihr Mann es im Traum gesehen hatte.

In diesem Fall deckt sich das objektive konkrete Ereignis (Einsturz des Hauses) mit dem Traum als dem subjektiven Erlebnis des Mannes. Im Seelisch-Geistigen gibt es keine Zeit und keinen Raum, und da der Mann unterbewusst mit seiner Frau in Verbindung stand und wie immer, so auch in jener Nacht vor dem Einschlafen, um ihrer beider Führung und Schutz betete, enthüllte ihm sein Unterbewusstsein die unmittelbar drohende Gefahr. Er handelte auf diese Vision hin sofort und rettete so seine Frau und seinen Sohn. Dies ist ein Beispiel für Synchronizität – bei welcher subjektive Erfahrung mit dem objektiven Ereignis parallelläuft.

Zieht man das *I Ging* zurate, so enthüllt es ebenfalls Ereignisse, bevor sie wirklich geschehen. Die Weisheit des Unterbewusstseins weiß und sieht alles, und wenn ein Mensch ihr vertraut, vermittelt sie ihm Warnungen und Eingebungen, die für ihn in vieler Hinsicht ein Segen sind.

Das *I Ging* rettete ihm das Leben

Ein Bekannter von mir, der gelegentlich zum Roulettespiel nach Las Vegas reist, wurde vor Kurzem von einem Freund eingeladen, ihn und eine Gruppe von Freunden in einem gecharterten Flugzeug dorthin zu begleiten. Er zog das *I Ging* zurate und erhielt Hexagramm 54, das »heiratende Mädchen, das Unheil bedeutet«, wie er sagte. Er lehnte die Einladung ab und die nachfolgenden Ereignisse bestätigten seine Deutung des Hexagramms.

Auf dem Rückflug verschwand die Maschine irgendwo in den Bergen Nevadas während eines Schneesturms spurlos. Man hat sie bis heute nicht gefunden, obwohl dreißig, vierzig Flugzeuge das Gebiet tagelang absuchten. Das Hexagramm warnte in symbolischer Sprache meinen Bekannten. Er war bereits verheiratet; deshalb interpretierte er die Bedeutung des Hexagramms als unheilvoll. Ihm als verheiratetem Mann erschien es, als ob sein Einverständnis mit der nach Las Vegas reisenden Männergruppe eine Art geistiger »Heirat« dargestellt hätte. Er entnahm dem Sinn von Hexagramm 54, dass dies für ihn unheilvoll wäre, und handelte entsprechend. Es ist klar, dass diese Deutung des Hexagramms, die ihm das Leben rettete, eine seinem Unterbewusstsein entstammende Warnung war.

Wie Sie Ihre Intuition entwickeln können

Sie müssen aufrichtig glauben (nicht nur so tun, als würden Sie glauben), dass die Ihnen innewohnende Weisheit Sie auf allen Wegen und in allen Ihren Gedanken, Worten und Taten lenkt und leitet; dann werden Sie den richtigen Weg entlanggeführt. Künstler und Dichter, die Großen der Wirtschaft, der Politik und Kultur hören auf die Stimme ihrer Intuition. Wer das *I Ging* studiert, der lernt, auf diese leise innere Stimme zu lauschen. Das Wort »Intuition« bedeutet ja ganz einfach »Gedanke aus dem Inneren« oder »inneres Hören«.

Auch die älteste Bedeutung von Offenbarung läuft hinaus auf »das, was gehört wird«. Gemeint ist auch damit, dass die höchste Weisheit in Ihrem Inneren Ihnen Eingebungen und Warnungen, auf die Sie hören und achten sollen, als unbestimmtes Gefühl, als übermächtige Ahnung oder als plötzliches unerklärliches Wissen übermittelt. Manchmal kommt die Intuition als unvermittelter Gedankenblitz oder Einfall; oft geschieht es, dass Sie »die Stimme hören«, eine innere Stimme, deren Klangfarbe, Volumen und Tonfall Sie so deutlich wahrnehmen, als wäre es eine Ihnen vom Radio her bekannte Stimme.

Er hörte die rätselhafte Zahl 44

Ein junger Mann, der mit dem *I Ging* vertraut ist, erzählte mir nach seiner Rückkehr von einer Europareise, er habe sich in Frankreich rettungslos verliebt. Die junge Frau, so berichtete er, sei bezaubernd gewesen, charmant, verführerisch als Frau, faszinierend in Rede, Gebaren und Haltung. »Ich verknallte mich Hals über Kopf in sie und verlobte mich mit ihr«, sagte er. Sie drängte ihn, sie sofort zu heiraten. Eines Nachts dann sah er in seinem Pariser Hotel im Traum einen Mann auf die Nummer 44 im *I Ging* deuten, und eine Stimme sagte: »Lies und sei auf der Hut.« Er erwachte und schlug das *I Ging* auf, das er immer bei sich hat. Das Hexagramm warnte vor einer geplanten Eheschließung.

Der junge Mann beschloss, sich von ihr zurückzuziehen. Sie reiste tags darauf grußlos ab. Noch am selben Tag aber wollten ihn zwei französische Kriminalbeamte sprechen und fragten ihn nach dem Aufenthaltsort seiner verflossenen Braut. Von ihnen erfuhr er, dass die Polizei dreier Länder die junge Frau wegen diverser Verbrechen suchte. Sie hatte schon viermal in verschiedenen Ländern geheiratet, ohne sich jeweils vorher scheiden zu lassen.

Der junge Mann war durch sein Unterbewusstsein mittels eines Hexagramms, auf das er hörte, gewarnt worden. Das Unterbewusstsein versucht den Menschen zu schützen. In diesem Fall hatte der junge Mann unbewusst die wirklichen Motive der Frau angezapft.

Die Bibel umreißt das Wirken Ihres Unterbewusstseins folgendermaßen: ... *sondern so viel der Himmel höher ist denn die Erde, so sind auch meine Wege höher denn eure Wege, und meine Gedanken denn eure Gedanken* (Jesaja 55, 9). Wahrlich, die Wege, auf denen Ihr Unterbewusstsein Ihre Probleme löst, sind unerforschlich.

Warum treffen Vorhersagen ein?

Diese Frage wird mir oft gestellt. Ich beantworte sie im Anschluss an ein Beispiel. Vor Kurzem berichtete mir eine Frau, ein Kahuna (hawaiianischer Priester) habe ihre Gedanken exakt gelesen und ihr viel vorhergesagt. Sie fügte hinzu: »Sofort nach meiner Rückkehr von der Insel suchte ich eine alte irische Kartenlegerin in Los Angeles auf, die fast dasselbe prophezeite wie der Kahuna. Alles traf später ein, wie es die beiden vorhergesagt hatten.«

Sie werden feststellen, dass dieses Phänomen leicht zu verstehen und überhaupt nicht rätselhaft oder seltsam ist. Einer intuitiv oder seherisch begabten Person ist es möglich, in einem entspannten, aufnahmebereiten Geisteszustand, in einer Art Halbtrance, wenn das Bewusstsein leicht herabgesetzt ist, Inhalte Ihres Unterbewusstseins anzuzapfen, ins Bewusstsein zu heben und Ihnen mitzuteilen. Sie kann sich einstellen auf Ihre Ängste, Impressionen und Wünsche und deshalb einer Ehe, einer Scheidung oder einer geplanten Reise zuraten oder von einem solchen Schritt abraten; sie kann ein Rechtsverfahren oder andere Dinge vorhersagen, die Ihrem Unterbewusstsein eingeprägt sind, was immer sie betreffen mögen. Eine sensitive Person, die sich auf Ihre subjektiven Gedanken und Gefühle einzustimmen vermag, übersetzt Ihre Stimmungen und Überzeugungen in ihre eigene Sprache und gibt dementsprechend Voraussagen ab, die Sie, solange Sie von solchen Möglichkeiten nichts wissen, in Erstaunen setzen. In Wirklichkeit ist daran nichts Erstaunliches.

Ihr Unterbewusstsein ist ein Erinnerungsspeicher. Viele Suggestionen und Überzeugungen – die von sensiblen Dritten angezapft werden können – wurden von Ihnen angenommen, sogar ohne dass Ihr Bewusstsein etwas davon merkte. Ihre unterbewussten Überzeugungen und Ansichten werden früher oder später in Ihrer Welt vergegenständlicht, verwirklicht. Eine günstige Beeinflussung ist nur möglich durch positives Denken. Beten ist wirksamstes positives Denken.

Die Zukunft liegt vorbereitet in Ihrem Geist

Was Sie den ganzen Tag lang denken, das sind Sie. Ihr Denken und dessen Sichtbarwerdung sind, geistig gesehen, ein und dasselbe. Wenn Sie beispielsweise eine Scheidung erwägen, hat diese in Ihrem Geist bereits stattgefunden und kann von einem Sensitiven gesehen und gedeutet werden. Genauso vermag ein hervorragender Sensitiver oder, schlichter gesagt, jeder intuitiv veranlagte Mensch den Inhalt Ihres Unterbewusstseins auszumachen, vielleicht nicht fehlerfrei, aber, sagen wir, mindestens grundsätzlich richtig. Die Pläne, Entscheidungen, die Reisen, die Verträge, die jetzt in Ihrem Geist bereits existieren, haben in der dreidimensionalen Welt unserer materiellen Wirklichkeit noch keine Verwirklichung erfahren; doch sind in Ihrem Geist, der Zeit und Raum überschreitet, alle diese vorweggenommenen Erfahrungen bereits Wirklichkeit. In Ihrem Geist sind der Gedanke und dessen Verwirklichung, das Ereignis, eins. Ihre Wünsche, Ideen, Gedanken haben in einer anderen geistigen Dimension Form und Substanz; sie sind genauso wirklich wie beispielsweise Ihre Hand und können gesehen werden.

Das *I Ging* und Vorhersagen

Wenn Sie das *I Ging* benutzen, aktivieren Sie Ihr Unterbewusstsein. Sofern Sie entspannt, aufnahmebereit und aufrichtig in Ihrer Seele sind, erhalten Sie eine Antwort aus Ihrem tiefinneren Geist. Das *I Ging* stellt eine Art mechanisches Hilfsmittel der Konzentration zum Erlangen von Antworten dar, die Ihnen in bildlicher bzw. in symbolischer Sprache gegeben werden – einer ähnlichen Sprache wie jene der Bibel.

Das *I Ging* wird Ihnen Antworten geben auf Ihre Fragen, da es von dem universalen Geist ausgeht, aus dem alle Dinge strömen und kommen, dem alle Dinge bekannt sind und der den gesamten Raum durchdringt. Ihr Unterbewusstsein ist eins mit diesem allgegenwärtigen Universalgeist. Deshalb lassen sich Vorhersagen für eine Rasse, ein Volk oder eine Gruppe sowie für eine Einzelperson geben. Warum? Weil die Menschen sich gewöhnlich kaum ändern. Sie leben Generationen hindurch nach denselben uralten Überzeugungen, Traditionen und Konzepten, mit denselben alten Hassgefühlen, Vorurteilen und Ängsten. Sie folgen mehr oder weniger einem vorgegebenen Schema, das jemand, der sich psychisch auf das kollektive Unbewusste der Massen einstellt, leicht erkennen kann; oft werden solche Erkenntnisse intuitiv erlangt.

Nostradamus, der »große Seher« des sechzehnten Jahrhunderts, zapfte bereits damals das kollektive Unbewusste an und machte höchst erstaunliche Prophezeiungen; er verkündigte sie in Form seiner berühmten »Quatrains« (Vierzeiler); viele seiner Prognosen trafen mit verblüffender Genauigkeit ein. Er nahm geschichtliche Figuren wie Hitler vorweg, für den er das Anagramm Hister benutzte, und beschrieb – neben vielen anderen – Mussolini überaus treffend; er sagte den großen Brand Londons und die Bombardierung der Stadt im Zweiten Weltkrieg voraus. Dabei datieren seine Prophezeiungen Jahrhunderte vor dem Eintreffen der vorhergesagten Ereignisse.

Die Zukunft befindet sich wirklich bereits jetzt vorgegeben in unserem Geist; aber sie kann auch verändert werden. Es gibt kein unausweichliches Schicksal. Nichts ist unabdingbar vorherbestimmt, nichts ist prädestiniert. Wie gerade auch das *I Ging* aufzeigt, können wir unsere Zukunft ändern, indem wir uns auf Gott einstimmen und uns in Einklang mit den kosmischen Gesetzen des Universums bringen; tun wir dies, sind uns künftig Glück, Gesundheit, Frieden und ein erfülltes Leben sicher.

Wie man negativen Vorhersagen entgegenwirkt

Wenn Sie mit den im *I Ging* entwickelten Methoden versuchen, Antworten auf Ihre gegenwärtigen Pläne, Entscheidungen oder auf Ihre augenblicklichen Wünsche zu erhalten, enthüllt es Ihnen Ihren derzeitigen seelisch-geistigen Zustand. Nehmen wir einmal an, ein Hexagramm sagt Ihnen Unglück voraus. Dies kann bedeuten, dass Sie falsch motiviert sind oder von einem krankhaften Gefühl oder einem zerstörerischen Impuls beherrscht werden; natürlich kann daraus nichts Segensreiches erwachsen. Denken Sie Gutes, ist Gutes die Folge; denken Sie Schlechtes, ist Schlechtes die Folge. Das *I Ging* sagt es Ihnen, wenn Sie von der eigentlichen »goldenen Regel« der Harmoniegesetze, nämlich jener der kosmischen Gesetze, abgewichen sind; es fordert Sie auf, wieder auf den rechten Weg zurückzukehren und sich selbst, weil Sie mit sich zerworfen sind, sowie den anderen, Ihren Mitmenschen, zu verzeihen. Richten Sie sich auf die Ihnen innewohnende unendliche Weisheit aus und lassen Sie sich vom grenzenlosen Strom des Lebens, der Liebe, Wahrheit und Schönheit durchwogen. Dann verwandeln Sie Unglück in Glück; das Ergebnis wird harmonisch für Sie sein und Sie jeder Lebenslage gewachsen erweisen. Denken Sie daran, Ihr höheres Ich ist Tao, der Urgrund des Seins, ist Gott, der Sie immer zu schützen sucht.

Die Prophezeiungen des Nostradamus und jene unserer heutigen Medien, Seher, Sensitiven, Propheten (oder wie immer man sie nennen mag) würden wenig bedeuten und könnten als entbehrlich abgetan werden, verstünde der Mensch zu beten. Durch richtiges Beten könnten die Menschen ihr Unterbewusstsein und damit ihr Schicksal ändern. Das Gebet löscht im Unterbewusstsein des Menschen Angst, Zweifel, Hass und Vorurteile aus. Mithilfe des Gebets vermag der Mensch in seinem Garten das Unkraut zu jäten, so dass darin nur noch Blumen und Früchte wachsen. Wenn der geistig orientierte Mensch etwas hört, dessen Verwirklichung er nicht wünscht, ändert er die Voraussetzungen, und indem er sie ändert, ändert er das Ergebnis. Zu diesem Zweck wendet er das Gesetz der Substitution an.

Statt etwas wegzubeten, betet er das herbei, was er wünscht. So wird man schöpferisch. Man betet, indem man vom Standpunkt der ewigen Wahrheiten und Lebensprinzipien aus denkt, indem man erkennt: Die mir innewohnende unendliche Weisheit führt und leitet mich. Göttliche Liebe erfüllt meine Seele. Göttliche Harmonie beherrscht meinen Leib und meinen Geist. Göttliches Recht und göttliche Ordnung beherrschen mein Leben. Göttliche Liebe geht mir voraus, macht meinen Weg eben und vollkommen.

Beten heißt, vom Standpunkt der einen universellen Gegenwart und Macht aus denken, sprechen und handeln. Wenn Sie das Gebet nach diesem Muster überzeugt und voll innigem Gefühl häufig wiederholen, löschen Sie die negativen Muster, die Ihrem Unterbewusstsein anhaften, aus und machen den Weg Ihres Lebens zu einem geraden Weg Gott und Ihrem Glück zu.

Wie sie die Vorhersage umkehrte

Eine Bekannte bekam von einer Wahrsagerin eröffnet, die »Todeskarte«, das Pik-Ass, zeige an, dass ihr Kind in einigen Tagen sterben werde. Ihr achtjähriges Mädchen war schon längere Zeit schwer krank und war keiner medizinischen Behandlung zugänglich. Die Frau ging nach Hause und sagte zu dem in seinem Bettchen schlafenden Mädchen: »Du bist ein Kind Gottes. Gott ist Leben, und dieses Leben ist jetzt deines. Gott lebt, und Er lebt in dir, und du lebst, bewegst dich, hast dein Wesen in Gott. Gottes Heilkraft durchströmt dich jetzt, und ich danke für die wunderbare Heilung, die jetzt, wie ich weiß und glaube, stattfindet.«

In dieser durch Gebet herbeigeführten subjektiven Hochstimmung stellte sie sich ihr Kind vor, wie es spielend umherlief, sich freute, Gesundheit und Glück ausstrahlte. Diese Vorstellung vergegenwärtigte sie sich mehrmals am Tag fünf oder zehn Minuten lang; sie spürte die Wirkung und erfreute sich dessen, was sie sich vorstellte. Zwei Tage nachdem sie so zu beten begonnen hatte, trat bei dem Kind eine merkliche Besserung ein. Die Frau erlebte die übergroße Freude, dass ihr Gebet erhört wurde.

Den Tatsachen ins Auge sehen

Das *I Ging* erklärt Ihnen auf seine besondere Art lediglich, dass jede Bedingung, jeder Umstand, jede Erfahrung, die Ihr Leben beeinflussen, nichts anderes ist als die Vergegenständlichung von Impulsen, Meinungen und Überzeugungen, die Ihrem Unterbewusstsein eingeprägt sind. Sie müssen erkennen, dass Störungen, Krankheit, Versagen und Unglücksfälle nur die Verkörperung Ihrer wachbewussten negativen Vorstellungen oder jener Ängste sind, die Sie in Ihrem Unterbewusstsein gespeichert haben.

Denken Sie immer daran, dass positives Denken, am besten inniges Beten, alle Ihrem Unterbewusstsein eingeprägten negativen Muster zu ändern vermag. *Wenn eure Sünde gleich blutrot ist, soll sie doch schneeweiß werden; und wenn sie gleich ist wie Scharlach, soll sie doch wie Wolle werden* (Jesaja 1, 18).

Zusammenfassung

1. Synchronizität bedeutet, dass subjektive Erlebnisse und objektive konkrete Ereignisse parallellaufen und zueinander in Wechselbeziehungen stehen.
2. Was in Ihrem äußeren Leben geschieht, hat immer sein geistiges Äquivalent in Ihrem Unterbewusstsein.
3. Das Hexagramm, das Sie erhalten, wenn Sie eine Frage gemäß dem *I Ging* stellen, offenbart Ihren augenblicklichen geistig-seelischen Zustand und die Folgen, die sich aus den Inhalten Ihres Unterbewusstseins notgedrungen ergeben müssen.
4. Oft enthüllt Ihr Unterbewusstsein bevorstehende Ereignisse in einem präkognitiven (vorausschauenden) Traum, sodass Ihnen Warnungen oder intuitive Einsichten zuteil werden, die sehr wertvoll sind. Ihr Unterbewusstsein weiß manches, lange bevor es tatsächlich geschieht.
5. Wer sich mit dem *I Ging* befasst und sich für dessen mystische Botschaften interessiert, erhält gelegentlich im Traum ein Hexagramm und, wenn er den entsprechenden Text nachliest, eine Antwort auf eine Frage, die ihn bedrängt. Das Unterbewusstsein eines solchen Menschen dramatisiert hier etwas, denn es weiß, worauf der Betreffende hören und achten wird. Durch ein Hexagramm, das jemand im Traum oder im Wachzustand erhielt und beachtete, wurde schon manches Unglück vermieden.
6. Intuition bedeutet, dass die Weisheit Ihres Unterbewusstseins zu Ihnen spricht; Sie können einen überwältigenden Drang verspüren, etwas zu tun, oder Ihnen kann plötzlich, blitzartig, eine Eingebung kommen. Intuition bedeutet, dass Sie aus Ihrem Inneren unterrichtet werden.
7. Sie können Ihre innere Stimme auch hören, wie es vor Kurzem einem Mann geschah, der auf Hexagramm 44 hingewiesen wurde, den Text nachlas und sich vor einem Erlebnis mit sicherlich tragischem Ausgang bewahrte. Die Wege Ihres Unterbewusstseins sind unerforschlich. Der erwähnte Mann schätzt die Weisheit des *I Ging*, und sein Unterbewusstsein kannte den richtigen Weg, ihm die Wahrheit zu enthüllen.
8. Die Zukunft ist bereits jetzt vorgegeben in Ihrem Geist und kann von intuitiv oder sensitiv veranlagten Menschen gesehen werden; diese zapfen in einem entspannten Zustand Ihr Unterbewusstsein an und nehmen so Zukünftiges wahr.

9. Denken Sie daran, jeder Gedanke, jede Idee, Überlegung, Entscheidung und Zielsetzung, mit denen Sie sich geistig beschäftigen, hat Form und Substanz und ist genauso wirklich wie Ihre Hand oder Ihre Uhr. Darum kann ein Sensitiver sie sehen, denn Anfang und Ende sind in Ihrem Geist ein und dasselbe.
10. Wenn Sie das *I Ging* benutzen, um eine Antwort zu erhalten, aktivieren Sie in Wirklichkeit die Weisheit Ihres Unterbewusstseins, das immer bestrebt ist, Ihre Probleme zu lösen.
11. Durch das *I Ging* mag Ihnen klar werden, dass Sie sich vom Gesetz der Harmonie und Liebe gelöst haben, und Sie kehren wieder auf den richtigen Weg zurück, indem Sie sich auf das Tao als den Urgrund des Seins – also auf Gott – ausrichten. Damit bringen Sie in Ihr Leben Liebe, Wahrheit und die Harmonie Gottes, und Sie werden glücklich sein.
12. Negativen Vorhersagen können Sie entgegenwirken, indem Sie sich auf das Unendliche einstimmen und vom Standpunkt der ewigen Wahrheiten und Lebensprinzipien aus denken. Dadurch wird alles Negative in Ihrem Unterbewusstsein ausgelöscht.
13. Es gibt kein unausweichliches Schicksal, nichts ist unabdingbar vorbestimmt oder prädestiniert. Ihr Denken und Fühlen entscheiden Ihr Schicksal. Eine Frau bekam von einer Kartenlegerin eröffnet, ihr Kind werde sterben; sie kehrte das Bild um, indem sie sich in den Gedanken versenkte, das Leben ihres Kindes sei Gottes Leben und Gott heile ihr Kind.
14. Jeder Zustand, jede Erfahrung, jedes Ereignis in Ihrem Leben ist nichts anderes als die Vergegenständlichung der aufgrund Ihres Denkens dem Unterbewusstsein eingeprägten Überzeugungen!
15. Es ist unerheblich, wie sehr Sie gefehlt haben. In dem Augenblick, da Sie Ihre Denk- und Vorstellungsmuster so ändern, dass sie dem entsprechen, was echt, schön, edel und gottähnlich ist, wird Ihr Unterbewusstsein entsprechend reagieren: die Vergangenheit wird vergessen und Sie niemals mehr belasten.

Kapitel 4

Die zeitlose Weisheit des *I Ging*

Die zeitlose, unvergängliche Weisheit Chinas lehrt, dass der lebendige Geist (Gott), den sich die chinesischen Weisen als gestaltlos, gesichtslos vorstellten, sich in Materie kleidete und in die Materialität herabstieg. Anders ausgedrückt: Gott stellte sich vor, Mensch und alle Dinge im Universum zu sein; und er wurde, was er sich vorstellte. Auf der Erde vergaß jedoch der Gott-Mensch seinen göttlichen Ursprung und sein göttliches Wesen.

Das *I Ging* erinnert nun ständig daran, dass in jedem von uns etwas verborgen liegt, das unentwickelt ist, uns aber dennoch an unseren Ursprung erinnert und uns drängt, zu ihm zurückzukehren. Der Sinn Ihres Lebens ist es, diese Erinnerung wachzurufen, zu nähren und zu stärken, bis das Bewusstsein von der Gegenwart Gottes in Ihrem Sein zu einem Licht wird, das Sie ausfüllt und in Ihrem Leben leitet.

Die Gegensätze im Leben

Die namhaftesten Wissenschaftler der Welt sagen schon lange, dass Materie und Energie eins sind. Wir wissen heute, dass Materie transformierbar ist; das Greifbare wandelt sich unablässig in Ungreifbares um. Unser Universum besteht lediglich aus Wellen, einer Reihe verschiedenster Dichtigkeiten, Frequenzen und Intensitäten. Vor einiger Zeit las ich einen alten Zeitungsartikel, in dem der englische Mathematiker und Astronom Sir James Heans ausführte, das Universum setze sich aus Wellen zusammen, eingeschlossene Wellen, die wir Materie nennen, und nichteingeschlossene Wellen, die wir Strahlung oder Licht nennen. Dieser

Aphorismus gibt ein gutes Bild und setzt mehr als nur ein Gleichnis. Und muss uns da nicht die Genesis einfallen? So heißt es doch im 1. Buch Mose: *Und Gott sprach: Es werde Licht!*

Wenn das Absolute sich relativiert, erleben wir Gegensätze. Im Zustand des Absoluten gibt es keine Differenzierung. Das Absolute ist ein Zustand des Einsseins, der Ganzheit, Vollkommenheit und Perfektion. Wenn es sich zu Schöpfungszwecken zweiteilt, erfahren wir Geist und Materie, Großes und Kleines, Nacht und Tag, Inneres und Äußeres, Männliches und Weibliches, Süßes und Saures. Anders ausgedrückt: Wir sind uns bewusst, dass wir leben; wir nehmen tausend Unterschiede wahr. Wie der Philosoph und Dichter Ralph Waldo Emerson sagte: »Jeder Geist baut sich ein Haus.« Sie haben einen Körper, fünf (oder auch mehr) Sinne und die großartige Fähigkeit, Ihre Talente, Ihre Liebe, Ihre Freude und Wertschätzung angesichts all der göttlichen Dinge in Ihrem Leben zum Ausdruck zu bringen. Emerson erklärte die Gegensätze in seinem Essay *Compensation* sehr schön: »Der Polarität oder Aktion und Reaktion begegnen wir in jedem Teil der Natur; in Dunkelheit und Licht; in Wärme und Kälte; in der Ebbe und Flut der Gewässer; im Männlichen und Weiblichen; im Einatmen und Ausatmen der Pflanzen und Tiere; in der Zentrifugal- und Zentripetalkraft. Ein unausweichlicher Dualismus halbiert die Natur, sodass jedes Ding eine Hälfte ist und auf ein anderes Ding verweist, das es erst ganz macht: Geist – Materie; Mann – Frau; ungerade – gerade; subjektiv – objektiv; innen – außen; oben – unten; Bewegung – Ruhe; Ja – Nein. Jedes Süße hat sein Saures; jedes Böse hat sein Gutes.«

Das *I Ging* macht auf die Gegensätze wie Glück und Unglück, Erfolg und Misserfolg usw. aufmerksam. Und es lehrt, auf welche Weise man sie aussöhnt.

Die Aussöhnung der Gegensätze

Zeigt Ihnen ein Hexagramm beispielsweise, dass Sie in Ihrem Unterbewusstsein eine Versagensstruktur hegen, wenden Sie sich nach innen, bringen Sie sich in Einklang mit dem unendlichen Lebensprinzip in Ihnen und erkennen Sie, dass dieses nicht scheitern, nicht versagen kann; es ist allmächtig. Machen Sie sich klar, dass Sie geboren sind, um glücklich zu werden, um zu gewinnen, Erfolg zu haben. Wenn Sie sich selbst versichern: »Erfolg wird mir dank der mir innewohnenden unendlichen Kraft des Allmächtigen zuteil«, dann werden Sie alle Hindernisse überwinden, vorausgesetzt, dass Sie beharrlich sind und diesen Leitgedanken zu Ihrer tiefen Überzeugung machen.

Auf solche Weise söhnen Sie die Gegensätze, die Ihren Geist bedrängen, aus, indem Sie nämlich bewusst den Gedanken an Erfolg dem der unbewussten Angst entstammenden Gedanken an Fehlschlag entgegensetzen. Ihre Gedanken kommen ja auch meist paarweise. Wenn Sie Ihre Aufmerksamkeit von dem Gedanken an Fehlschlag entschieden abwenden und sich voll Hingabe und Achtsamkeit auf den Erfolg aller Ihrer Unternehmungen konzentrieren, prägen Sie Ihr Unterbewusstsein auf Erfolg, sodass die unendliche Kraft, an der Sie teilhaben, in diesen Brennpunkt der Aufmerksamkeit strömt, und der Erfolg ist sichergestellt. Tatsächlich werden Sie zum Erfolg gezwungen werden, denn die Macht Ihres Unterbewusstseins ist zwingend.

Erkennen Sie den Wert der Gegensätzlichkeit? Würden Sie nicht herausgefordert und hätten Sie keine Schwierigkeiten oder Probleme, dann würden Sie Ihre Quelle göttlicher Kraft nie entdecken. Die Gegensätze im Leben ermöglichen es Ihnen, Ihre seelisch-geistigen Werkzeuge zu schärfen, wodurch Sie die Hindernisse überwinden und die Gegensätze aussöhnen, und dabei erleben Sie die Freude, Ihre Probleme zu meistern und von Angst und Sorgen befreit zu sein.

Emerson sagte: »Jedes Ja hat sein Nein.« In der Bibel heißt es: *Eure Rede aber sei: Ja, ja; nein, nein. Was darüber ist, das ist vom Übel* (Matthäus 5, 37). Das *I Ging* legt Ihnen nahe, dass Sie Ja sagen zu allen Ideen, die Ihr Leben stärken, heilen, segnen, inspirieren, erheben und ihm zur Freude gereichen. Sagen Sie kühn Nein zu allen Lehren, Ideen, Überzeugungen, Dogmen und Zwängen, die Ihren Geist hemmen, einschränken und ihm Furcht einträufeln. Mit anderen Worten: Akzeptieren Sie geistig nichts, was Ihre Seele nicht mit Freude erfüllt.

Der Wandel und seine Bedeutung

In einer verloren gegangenen hebräischen meditativen Betrachtung hieß es: »Ständiger Wandel ist die Wurzel aller Dinge, und der Wandel hat zwei Gesichter, ein Gesicht des Lebens und ein Gesicht des Todes.« Wir müssen uns der Tatsache bewusst sein: Alles wandelt sich stets. Das Formlose nimmt ständig Form an, und das Geformte kehrt ständig zur Formlosigkeit zurück. Ist es irgendwo sehr heiß, kann man sicher sein, dass der Hitze Kühle folgen wird. Es kann geschehen, dass wir jetzt irgendwo eine gewaltige Überschwemmung erleben, bei der Häuser weggerissen werden; aber wir können sicher sein, dass die Fluten zurückweichen werden und dass die Sonne wieder scheinen wird. Alles wandelt sich, alles vergeht. So kann man auch nicht »ewig« krank sein. Auch das vergeht. Die heilige Therese sagte, man solle sich durch nichts bekümmern, ängstigen oder stören lassen. »Alles vergeht außer Gott.«

Das *I Ging* ist voll dieser Weisheit. Vergessen Sie nicht, dass es ja nicht zufällig das »Buch der Wandlungen« ist.

Das *I Ging* und beispielsweise Tarockkarten

Vor Kurzem unterhielt ich mich mit einer Frau, die erzählte, dass sie vor einer schweren Entscheidung stehe, einer der wichtigsten in ihrem Leben. Sie habe erst die Tarockkarten, dann das *I Ging* befragt und gleichlautende Antworten erhalten: Sie solle vorwärtsgehen, Glück werde der Entscheidung folgen. Nun fragte sie mich: »Wie erklären Sie das?«

Die Antwort ist einfach. Tarockkarten sind Bildkarten, in denen übrigens unsere heutigen Spielkarten ihren Ursprung haben. Jede der Tarockkarten stellt das Ziel, die Absicht oder den Bewusstseinszustand bildlich dar, den die Karte benennt, und jedes Zeichen auf der Karte steht für bestimmte Wahrnehmungen, Fähigkeiten, Funktionen – mit anderen Worten: Geisteszustände. Über die Entstehung der Karten weiß man nichts Genaues mehr.

Der Überlieferung zufolge bedeuten bestimmte Karten einfach Liebe, Heirat, Scheidung, Tod, Reisen, Verträge, Gesetz, Religion, Glücklichsein, Erfolg, Misserfolg usw. Wenn Sie die Karten mischen und sich dabei auf Ihre Frage konzentrieren, wählt Ihr Unterbewusstsein natürlich die Karten aus, die Ihrem gegenwärtigen Geisteszustand entsprechen. Ein intuitiv begabter Mensch, der Tarockkarten zurate zieht, schaut sich die Karten an, die für ihn eine Art Alphabet seines Unterbewusstseins sind, und deutet sie entsprechend. Die Tarockkarten sind also einfach ein Hilfsmittel zur Aktivierung der in jedem Menschen schlummernden Fähigkeiten innerer Wahrnehmung.

Der folgende Vergleich könnte zum Verständnis beitragen. Nehmen wir einmal an, Sie erhielten einen chinesischen Brief und verstünden die Sprache nicht. Zweifellos würden Sie den Brief einem des Lesens und Schreibens kundigen Sinologen zeigen (oder jemandem, der Chinesisch spricht) und ihn um eine Übersetzung bitten. Diese Übersetzung oder, besser gesagt, die Deutung übernimmt nun im Fall der Tarockkarten Ihr Unterbewusstsein. Die Karten selbst haben keine Macht; sie sind nichts weiter als Papier. Immerhin wurde aber diesen Karten seit alters her ein bestimmter Sinn, eine bestimmte Bedeutung zugeschrieben. Ist jemand damit vertraut und sensitiv begabt, so kann er Ihr Unterbewusstsein anzapfen und für Sie den Sinn der Karten deuten. Das ist umso eher möglich, als die alten Bildsymbole der Tarockkarten – wie die Bedeutungen der Hexagramme des *I Ging* – Schöpfungen des Unterbewusstseins alter Mystiker sind und daher eine universelle Bedeutung haben.

Ich erklärte der Frau, dass die alten Mystiker bei der Benutzung des *I Ging* genauso verfahren seien; sie gaben den Hexagrammen,

Zeichen, Linien, Zahlen bestimmte Bedeutungen. Wenn Sie nun bei der Orakelbefragung nach dem *I Ging* Münzen werfen oder Schafgarbenstengel benutzen, aktivieren Sie lediglich die uralte Weisheit Ihres Unterbewusstseins, das am kollektiven und universellen, allen Menschen innewohnenden Unbewussten teilhat.

Eine lebensrettende Warnung

Einem Mann, der wiederholt über unbestimmte Leibschmerzen klagte, empfahl ich, sich von seinem Arzt untersuchen zu lassen. Auch seine Frau drängte ihn, das zu tun, doch vergebens. Er nahm weiterhin Kodein (ein Opiumderivat) gegen die Schmerzen, womit er lediglich die Symptome linderte, aber die Ursache nicht beseitigte. Eines Nachts hatte seine Frau einen lebhaften Traum: Sie sah, wie ihr Mann ins Krankenhaus gebracht und am Blinddarm operiert wurde, der bereits durchgebrochen war. Sie hörte den Arzt zu ihrem Mann sagen: »Sie haben Bauchfellentzündung. Ihr Zustand ist sehr ernst.«

Die Frau zog das *I Ging* zurate. Sie fragte: »Sollte mein Mann nicht sofort zum Arzt gehen?« Sie erhielt Hexagramm 46 (keine sich bewegenden Linien), in dem es heißt, man müsse »den großen Mann« sehen. Dies besagte für sie, dass ihr Mann seinen Arzt aufsuchen sollte. Für sie gab es gar keine Frage, wer mit dem »großen Mann« gemeint war. Sie erzählte ihrem Mann von dem Traum und von der Antwort des *I Ging* auf ihre Frage. Er war beeindruckt und willigte ein, zum Arzt zu gehen. Nach der Untersuchung brachte der Arzt ihn sofort ins Krankenhaus. Dort eröffnete man ihm, er sei gerade noch rechtzeitig gekommen; denn sein Appendix hätte jeden Moment durchbrechen und ihn in ernste Lebensgefahr bringen können.

Die Frau hatte um Führung für ihren Mann gebetet, und ihr Unterbewusstsein hatte ihr seine bedrohte körperliche Verfassung enthüllt. Das *I Ging* hatte ihr den Weg gewiesen durch die Antwort, er müsse den großen Mann sehen – womit natürlich noch nicht konkret gesagt ist, ob ein weiser geistiger Berater, ein

Psychologe, ein Anwalt, ein Arzt oder ein Geistlicher gemeint ist; das hängt davon ab, was der Fragende wissen will. Zweifellos rettete die Frau durch rasches Handeln und die Befragung des *I Ging* ihrem Mann das Leben.

Moderne Parapsychologie und das *I Ging*

Professor Joseph Banks Rhine von der amerikanischen Duke University in Durham, einer der Altväter moderner Parapsychologie, hat über die außergewöhnlichen psychischen Kräfte, die dem Unterbewusstsein des Menschen innewohnen, ein gewaltiges Material zusammengetragen, das gut belegt und dokumentiert ist. Ganze Generationen jüngerer Forscher, darunter auch viele von den Naturwissenschaften herkommende Parapsychologen, haben sein Werk fortgesetzt und der Parapsychologie als Wissenschaft zur weltweiten Anerkennung verholfen. Einer der führenden Forscher, der durch sein Schrifttum in den USA ebenso wie in Europa bekannt ist, ist Dr. Milan Rýzl, dessen Standardwerk *Handbuch Parapsychologie* ich jedem an dieser Wissenschaft Interessierten empfehlen kann.[3] In seinem Werk *ASW-Training* schreibt er: »Die Parapsychologie ist eine Wissenschaft, die sich mit jenen Fähigkeiten und immensen Kräften der Psyche beschäftigt, die nach den *heute bekannten* Gesetzen der Physik nicht erklärt werden können. Ihr Gegenstand sind die außersinnliche Wahrnehmung (ASW), das heißt Informationsempfang ohne Mitwirkung der fünf Sinne über die Schranken des Raumes und der Zeit hinaus (Telepathie und Hellsehen) einschließlich Präkognition (ASW in die Zukunft) und Retrokognition (ASW in die Vergangenheit), und die Psychokinese, das heißt die rein psychische Beeinflussung materieller, auch biologischer Vorgänge. Die Parapsychologie wird heute maßgebend gerade auch von Naturwissenschaftlern, insbesondere Physikern, vorangetrieben, deren Forschungen zum

---

3 Dr. Milan Rýzls Werke sind in deutscher Sprache im Heinrich Hugendubel Verlag, München, erschienen.

Postulat einer höheren, multidimensionalen Welt *regulärer* Gesetzmäßigkeiten geführt haben.«

Die chinesischen Weisen, die einst das *I Ging* und dessen vierundsechzig Hexagramme ersannen, verfügten über diese »immensen Kräfte der Psyche«, wie das heutige Wissenschaft formuliert. Sie schöpften aus dem Unterbewusstsein und vermochten die diesem innewohnende Weisheit so zu nutzen, dass sie die Gesetze des Universums und die ins Herz des Menschen geschriebenen Gesetze verstanden. In der Symbolsprache des *I Ging* entwickelten sie eine anwendbare Methode der Aktivierung unseres Unterbewusstseins, die modernste Erkenntnis vorwegnahm. Bei der Befragung nach dem *I Ging* offenbart das Unterbewusstsein dem Menschen, nachdem dieser Münzen geworfen hat, auf symbolische Weise seinen augenblicklichen seelisch-geistigen Zustand und den nächsten Schritt, den er unternehmen sollte.

Wenn ich im *Buch der Wandlungen* lese, werde ich immer wieder von tiefer Ehrfurcht und rätselhafter Scheu erfasst. Ich habe das Gefühl, ein Mensch spreche zu mir. Das Buch birgt mehr als fünftausend Jahre alte Weisheit, die zu uns allen spricht.

Zusammenfassung

1. Die zeitlose Weisheit Chinas lehrt, dass Gott, das Formlose, das Gesichtslose, das Lebensprinzip, sich in Materie kleidete und die Gestalt des Menschen und aller Dinge im Universum annahm. Anders ausgedrückt: Gott stellte sich vor, Mensch zu sein, und wurde es; das heißt, Geist, der formlos ist, nahm Form an.
2. Sie sind sich der Gegensätze im Leben bewusst; deshalb fühlen Sie sich lebendig. Sie sind sich des Tags und der Nacht bewusst, der Ebbe und Flut, der Wärme und Kälte, des Großen und Kleinen usw. Sie haben ein Gefühl für Unterschiede, die Empfindung des Lebendigseins. Geist muss, um sich zu offenbaren, einen Körper haben. Die Gegensätze auf der Welt sind Hälften des einen Ganzen. Der absolute Zustand ist ein Zustand des Einsseins, reiner Harmonie und Vollkommenheit.
3. Ihre Gedanken kommen meist paarweise. Denken Sie an Reichtümer, wird Ihnen das Gegenteil, Armut, in den Sinn kommen. Söhnen Sie die Gegensätze aus, indem Sie Ihre Aufmerksamkeit vom Gedanken an Armut abwenden und Gottes Überfluss zuwenden. Wenn Sie die Vorstellung von Reichtum in sich nähren, werden Mangel und Eingeschränktheit verschwinden, und Sie werden beginnen, auf der ganzen Linie Gottes Reichtümer sichtbar zu machen.
4. Sagen Sie Ja zu allen guten Dingen des Lebens und Nein zu allem Negativen. Das, wozu Sie im Leben Nein sagen, vermag keinen Eingang in Ihre Erfahrung zu finden. »Besingen Sie die Schönheit des Guten und hören Sie auf, das Schlechte anzubellen« (Emerson).
5. Alles wandelt sich ständig. Auch Sie verändern sich unaufhörlich, sind heute nicht mehr dieselbe Person, die Sie vor einem Jahr waren. Sie hegen neue Ideen, machen neue Wahrnehmungen, haben neue Erkenntnisse, denken, sprechen und handeln nicht mehr wie vor einem Jahr. In einer alten Hymne heißt es: »Wandel und Verfall sehe ich rund um mich. O du, der sich wandelt, verweile nicht bei mir.« Das Greifbare verändert sich zu Ungreifbarem, und das Ungreifbare verändert sich zu Greifbarem.
6. Zwischen dem *I Ging* und den alten Symbolen der Tarockkarten besteht eine unterschwellige Beziehung. Manche der auf den Tarockkarten abgebildeten Zeichen decken sich mit der Bedeutung von Hexagrammen. Die Zeichen und die Hexagramme sind Schöpfungen des Unterbewusstseins der alten Mystiker, die die großen

ewigen Wahrheiten Gottes und des Kosmos' in Bildform und Zahlensymbolen ausdrückten.

7. Eine Frau, die das *I Ging* für ihren Mann zurate zog, hielt es für unerlässlich, dass er den »großen Mann« – seinen Arzt – sehe. Er tat es, und das rettete ihm das Leben.
8. In der modernen Parapsychologie wurden die Fähigkeiten der Telepathie, des Hellsehens, der Präkognition und Retrokognition sowie der Psychokinese nachgewiesen. Diese Gaben wohnen Ihrem Unterbewusstsein inne. Die Weisen, die das *I Ging* ersannen, kannten diese inneren Fähigkeiten und Kräfte, nutzten sie und entwickelten ein System von vierundsechzig Hexagrammen, die jede vorgebrachte Frage in einer idiomatischen, bildlichen, allegorischen Sprache beantworten.
9. Im vorliegenden Buch wurde dieses uralte Wissen vereinfacht und in die Sprache unseres heutigen Alltags gebracht, damit es für Sie leichter ist, die Hexagramme des *I Ging* zu lesen und zu verstehen.

Kapitel 5

Wie man das *I Ging* zurate ziehen kann

Zunächst erscheint es zweckmäßig, einige der im *I Ging* häufig gebrauchten Ausdrücke im Sinne meiner aus den vorausgegangenen Kapiteln ersichtlichen Erklärungen zu erläutern.

Die Bedeutung der im *I Ging* häufig vorkommenden Begriffe

Das Wort *Urteil* beinhaltet den Urteilsspruch Ihres Unterbewusstseins, wie ihn Ihre augenblickliche Geisteshaltung offenbart, ferner das, was Sie erwarten können. Kurz, es ist die mittels des Hexagramms erlangte Schlussfolgerung oder Entscheidung.

Das *Bild* bezieht sich auf den inneren oder esoterischen Sinn der Linien und auf die Art, wie Sie die erhaltenen Informationen in Ihrem privaten, gesellschaftlichen oder beruflichen Leben nutzen sollten.

Die Ausdrücke *Heil* bzw. *Unheil* bezeichnen im *I Ging* die guten Ergebnisse, die Sie durch richtige Nutzung der Kräfte Ihres Unterbewusstseins erhalten, bzw. das Unglück oder die abträglichen Ergebnisse infolge negativer Nutzung. Denken Sie positiv, und Gutes wird die Folge sein; denken Sie negativ, dann haben Sie Negatives zu erwarten.

Kein Makel bedeutet, dass Sie frei sind von Schuld, wenn Sie keine Kontrolle über die fragliche Situation haben. Beispielsweise kann man Ihnen keinen Vorwurf machen, wenn Ihr Flugzeug wegen Nebel oder Gewitter Verspätung hat.

Beschämung: Wenn Sie nicht gewillt sind, richtig zu denken und zu handeln, nämlich im Einklang mit den universellen Prinzipien der Harmonie und Liebe, ist Beschämung die Folge, denn Sie handeln den Gesetzen des Lebens zuwider.

Fehler besagt im *I Ging* einfach, dass Sie einen Irrtum korrigieren können und keinem Tadel unterliegen, sofern Sie dies tun. Passiert Ihnen beispielsweise bei einer Addition ein Rechenfehler und Sie verbessern ihn, werden Sie nicht kritisiert; Fehler in der Geisteshaltung korrigiert man, indem man sich wieder Gott zuwendet und gemäß dem göttlichen Gesetz denkt. Kehren Sie also auf den richtigen Weg zurück, und der Fehler ist korrigiert. Es bleibt kein Makel.

Reue: Gefühle des Bedauerns überwinden Sie, wenn Sie erkennen, dass Sie – sosehr Sie auch gefehlt haben mögen – immer beginnen können, die universellen Gesetze des Geistes richtig anzuwenden. Dies tun Sie, indem Sie an lautere, schöne, edle und gottgefällige Dinge denken; Ihr Unterbewusstsein wird sofort alles daransetzen, diese positiven Denk- und Vorstellungsmuster zu verwirklichen. Weil dem so ist, heißt es in der Bibel: ... *seine Gnade währet ewig und seine Wahrheit für und für* (Psalm 100, 5). Die gesetzmäßigen Prinzipien des universellen Geistes schließen Hass, Drohung Ihnen gegenüber oder Strafe aus; Sie haben das nicht zu befürchten, wie Sie ja auch angesichts der Prinzipien der Mathematik oder Chemie nichts zu befürchten haben. Wenn Sie beginnen, richtig zu denken, zu fühlen und zu handeln, ist Vergangenes ein für allemal für Sie vergessen; es belastet Sie nicht mehr. Es ist wunderbar, dies zu wissen und im Leben an sich zu erfahren.

Den großen Mann sehen: Im Hinblick auf den großen oder höherstehenden Mann werden Sie Ihr eigenes Urteilsvermögen einsetzen müssen. Wenn Sie seelisch-geistigen Rat brauchen, sollten Sie einen Menschen Ihres Vertrauens aufsuchen, den Sie achten. Vielleicht aber benötigen Sie juristischen oder geschäftlichen Rat, vielleicht einen Arzt. Wie dem auch sei, Sie müssen selbst entscheiden, welche Art Führung Sie nötig haben. Im Großen und Ganzen ist natürlich Gott Ihr bester Berater und Ratgeber, Ihr Leitlicht. Bitten Sie die göttliche Weisheit um Führung, wird Ihr Gebet erhört werden. Und welchen irdisch-weltlichen Rat Sie auch benötigen mögen, er wird Ihnen zuteil werden, sei es in Form einer Eingebung oder sei es, dass Sie dem richtigen Menschen begegnen, der Ihnen Rat oder Hilfe weiß.

Das große Wasser durchqueren: Symbolisch gesprochen, ist auch Ihr Geist Wasser; wie Wasser füllt er die Form jedes Gefäßes aus, in das er gegossen wird. Das große Wasser durchqueren bedeutet, dass Sie im Hinblick auf Ihren Wunsch oder Plan zu einer klaren Entscheidung kommen müssen. Sie wollen das Gute. Sie bewegen sich über das Wasser Ihres Geistes. Zunächst werden Sie sich Ihres Wunsches oder Planes deutlich bewusst werden. Dann stellen Sie sich den Inhalt Ihres Wunsches oder Planes lebhaft vor, dadurch akzeptieren Sie diesen innerlich, und Sie werden zu einer Schlussfolgerung gelangen, die zum Guten führt.

Zufall: Das Lexikon definiert den Zufall als »ungewolltes und nicht berechnetes Ereignis, das durch das Zusammenwirken von Ursachen entsteht, die nicht aufeinander hingeordnet erscheinen«. Wer an den Zufall glaubt und überall Zufälligkeiten sieht, ist schlecht beraten, ist falsch eingestellt. Den Zufall gibt es nicht. Selbst viele maßgebende Wissenschaftler erklären, wir befänden uns in einem geordneten Universum, das von regulären Gesetzmäßigkeiten im Sinne einer höheren Intelligenz beherrscht, erhalten und gelenkt werde. Dabei wurde auf die mathematische Unmöglichkeit hingewiesen, dass alle die essenziellen Lebensfaktoren auf unserem Planeten durch Zufall oder eine zufällige Konfluenz von Kräften, Energien oder Atomen zustande gekommen sein können.

Der Mensch sagt, etwas sei zufällig geschehen, womit er meint, dass er das Gesetz oder Prinzip, das hinter dem Geschehnis wirkt, nicht wahrnahm, nicht kennt. Stellen Sie sich vor, Sie würden Ihre Gedanken, Vorstellungen und Gefühle nicht selbst wählen, sondern es zulassen, dass der anonyme Geist der Masse für Sie denkt, Geist jener negativen Einstellung, die Angst, Hass, Krankheit, Unfälle und Unglück begünstigt: Sie wären seelisch-geistig von dieser anonymen Masse manipuliert, ja beherrscht und wüssten nicht einmal, von welchen Ängsten und Zwängen Sie getrieben und kontrolliert werden. Alle Ängste tauchen im kollektiven seelisch-geistigen Grund der Masse oder Rasse ein und wirken auf uns ein. Wenn Sie es unterlassen, selbst und vom Standpunkt der ewigen Wahrheiten aus zu denken, machen Sie sich zur Beute, zum Opfer negativer Impulse, die sich in Ihrem Leben in Form von Unfähigkeit, Versagen, Unfällen, Krankheiten und Mangel aller Art niederschlagen werden. Das kann nicht Ihre Wahl sein ... *erwählet euch heute, wem ihr dienen wollt* (Josua 24, 15).

Der Mensch spricht von Zufall, weil er die entscheidende Ursache nicht kennt: seine seelisch-geistige Einstellung. Hinter Not und Unglück steht immer ein Bewusstseinszustand, der durch negatives Denken gekennzeichnet ist, und dieses ist die Ursache. Wie Emerson sagte: »Nichts geschieht durch Zufall; alles wird von hinten geschoben.« Hinter jedem Ereignis steht eine Ursache, auch wenn wir sie nicht sehen oder nicht begreifen.

Wählen Sie daher Ihre Gedanken. Entscheiden Sie sich für gottgefälliges, richtiges Handeln, für göttliches Gesetz und göttliche Ordnung, für göttliche Liebe und göttlichen Frieden. Bejahen Sie diese Lebenswahrheiten und leben Sie mit ihnen, dann werden Sie entdecken: »Ordnung ist des Himmels erstes Gesetz.« Pflegen Sie das Edelste, Beste und Höchste in sich, und Gottes Weisheit wird Sie auf Wege des Glücks und des Friedens führen. So manche Menschen möchten die wirkenden Kräfte berechnen, können es aber nicht, und darum benützen sie Worte wie Schicksal, Glück, Pech und Zufall. Doch Emerson sagte sehr richtig: »Schicksal ist lediglich die Aktualisierung der Gedanken eines Menschen und passt ihm wie seine Haut.«

Von *Koinzidenz* oder einem »glücklichen Zusammentreffen« sprechen viele Menschen, ohne die ganze psychologische Bedeutung des mit dem Wort gemeinten Vorgangs zu erfassen. Koinzidenz bedeutet Zusammentreffen in Raum oder Zeit, einen verblüffenden, scheinbar zufälligen zeitlichen Zusammenfall von zwei oder mehreren Ereignissen. Zwei ähnliche Dinge geschehen oft zur selben Zeit und an verschiedenen Orten. Wir haben das bereits in Kapitel 3 im Zusammenhang mit dem Phänomen der Synchronizität erörtert. Ihr Denken löst die Reaktion Ihres Unterbewusstseins aus, und dieses die Verwirklichung. Das äußere Ereignis stimmt mit dem inneren Erlebnis überein.

Ein Beispiel sei angeführt. Vor einiger Zeit ging ich den Beverly Drive entlang und traf eine französische Schauspielerin, die ich Jahre früher in Paris kennengelernt hatte. Sie war vor Kurzem in den Vereinigten Staaten eingetroffen und hatte mein Buch *La puissance de votre subconscient*[4] gelesen. Sie sagte: »Ich habe Sie gesucht und im Telefonbuch nachgesehen, aber dort gab es so viele Joseph Murphys, dass ich nicht wusste, welchen ich anrufen sollte, weil ich ja Ihre Adresse nicht kenne. Ich hatte den starken Wunsch, mit Ihnen über ein Problem zu sprechen ... « Sie nannte unsere Begegnung »ein glückliches Zusammentreffen«, aber diese war weder Glück noch Zufall. Die Intensität ihres Denkens und Wünschens hatte die Macht ihres Unterbewusstseins aktiviert und dadurch das Zusammentreffen »arrangiert«.

Wie Sie bei der Befragung konkret vorgehen

Ihr erster Schritt zu einer erfolgreichen Befragung des *I Ging* besteht darin, dass Sie sich beruhigen, sich entspannen und gehenlassen. Denken Sie an die unendliche Weisheit, die Ihrem Inneren innewohnt, und konzentrieren Sie Ihre Aufmerksamkeit auf die Überzeugung, dass es in der Natur Ihres Unterbewusstseins liegt, auf Fragen zu reagieren. Sie müssen frei sein von allen anderweitigen Motiven und tiefe Achtung vor dem Göttlichen, an dem Sie seelisch-geistig teilhaben, empfinden. Ihre Einstellung soll entspannt, aber aufnahmebereit sein, und Sie müssen wissen, dass Sie die Weisheit Ihres Unterbewusstseins aktivieren, wenn Ihnen durch das *I Ging* Antwort zuteilwird.

Die Frage, die Sie stellen, soll klar und entschieden sein, sie darf nichts Unbestimmtes oder Vages haben; hüten sollten Sie sich bei Ihrer Frage besonders vor einem Entweder-oder. Nachfolgend sind mehrere Fragen aufgeführt, wie diese mir oft gestellt wurden:

---

4 Die französische Ausgabe des deutschen Titels *Die Macht Ihres Unterbewusstseins*. Beide Ausgaben sind im Heinrich Hugendubel Verlag, München, erschienen.

- Soll ich diesen Mann heiraten?
- Ist es vorteilhaft für mich, die angebotene Stellung anzunehmen?
- Ist es zu meinem Besten, in dieses Grundstücksangebot einzusteigen?
- Ist es günstig für mich, jetzt Gold zu kaufen?
- Welches verborgene unterbewusste Problem hat (sagen wir) Hans Meier?
- Habe ich Zukunft in dieser Organisation?
- Wird mein Manuskript von diesem Verlag angenommen werden?
- Was steht meinem Wohlstand als Blockierung im Weg?
- Was verhindert meine Genesung?
- Wird die Industrie meine Erfindung übernehmen?

Das sind natürlich nur ein paar Beispiele. Sie stellen die Frage, die Sie am meisten bedrängt.

Im *Buch der Wandlungen* mit den Erläuterungen von R. Wilhelm werden die Antworten in der ursprünglichen fernöstlichen Symbolik und Bildsprache erteilt und erläutert. Im vorliegenden Buch hingegen versuche ich, wie schon gesagt, alles so weit wie möglich zu vereinfachen und eine Deutung in alltäglicher, für den Durchschnittsleser leicht verständlichen Sprache zu geben. Beherzigen Sie jedoch: *Die Antwort des I Ging auf Ihre Frage werden Sie intuitiv wahrnehmen.*

Er bekam zwei Fragen beantwortet

Während der Arbeit an diesem Buch erhielt ich den Anruf eines alten Freundes aus San Francisco, der wissen wollte: »Wie frage ich das *I Ging*, ob ich meine Tochter auf die Universität in Berkeley oder die Brigham-Young-Universität in Utah schicken soll?« Ich riet ihm, seine Frage folgendermaßen zu formulieren: »Ich würde gern wissen, ob es ratsam ist, dass ich meine Tochter auf die Universität in Berkeley sende.« Des Weiteren empfahl ich ihm, die Antwort zu prüfen und dann dieselbe Frage im Hinblick auf die andere Universität zu stellen: »Ich würde gern wissen, ob es ratsam ist, dass ich meine Tochter auf die Brigham-Young-Universität in Utah sende.« Wenn er auch diese Antwort erhalten hätte, könne er dann beide vergleichen und entscheiden, welche Lösung günstiger sei.

Auf seine erste Frage bekam er Hexagramm 6: Der Streit (keine sich bewegenden Linien). Seine zweite Frage bescherte ihm Hexagramm 11: Der Friede. Das bedeutet Glück und Erfolg. Er sandte seine Tochter auf die Universität in Utah, wo sie sehr glücklich ist.

Wie Sie das Hexagramm aufbauen und ermitteln

Chinesische Münzen sind in der Regel schwer zu erhalten, nehmen Sie darum normale Münzen, beispielsweise Zehner. Der Vorderseite (Zahl) wird der Wert 2 zugeschrieben und der Rückseite (Zeichen, Adler, Wappen) der Wert 3.

Nehmen Sie die drei gleichen Münzen in die Hand, schütteln Sie sie gut und werfen Sie sie, insgesamt sechsmal. Schreiben Sie jeder geworfenen Zahl den Wert 2 und jedem Zeichen den Wert 3 zu. Wenn Sie beispielsweise beim ersten Wurf zwei Zahlen und ein Zeichen haben, wäre die Linie ganz, und ihr Wert wäre 7, also hätten Sie ———— 7. Der erste Wurf bildet die unterste Linie, da man das Hexagramm von unten nach oben liest. Sagen wir, Sie bekommen bei Ihrem zweiten Wurf drei Zahlen. Dies wäre eine geteilte Linie: —— —— 6. Der dritte Wurf könnte zwei Zeichen und eine Zahl erbringen; das ergäbe 8 und eine geteilte Linie: —— —— 8. Beim vierten Wurf erhalten Sie vielleicht drei Zeichen; das ergäbe 9 und eine ganze Linie: ———— 9. Der fünfte Wurf beschert Ihnen beispielsweise zwei Zahlen und ein Zeichen, also 7 und eine ganze Linie: ———— 7. Und beim sechsten bekommen Sie, sagen wir, drei Zahlen, was 6 und eine geteilte Linie bedeutet: —— —— 6. Nun konstruieren Sie

Ihr Hexagramm von unten nach oben, das heißt, das Ergebnis des ersten Wurfes kommt zuunterst:

—— —— 6
————— 7
————— 9

—— —— 8
—— —— 6
————— 7

Bitte sehen Sie sich die Tabelle auf Seite 221 an; sie enthält die vierundsechzig Hexagramme, die in Kapitel 8 dieses Buches ausführlich erörtert werden. Diese Tabelle zur Ermittlung der gezogenen Hexagramme ist dem *I Ging* von R. Wilhelm und C. F. Baynes entnommen.[5] Sie brauchen das erhaltene Hexagramm lediglich in seine beiden Bestandteile zu trennen. Die obere Hälfte suchen Sie in der waagrechten Spalte, die untere Hälfte in der senkrechten Spalte. Aus dem Treffpunkt der beiden Spalten ersehen Sie dann die Nummer Ihres Hexagramms oder »Zeichens«.

Die Linien des Hexagramms werden von unten nach oben gezählt; Sie erhalten also folgendes unteres Trigramm:

—— —— 8
—— —— 6
————— 7

Suchen Sie dieses Trigramm nun in der senkrechten Spalte links. Dann suchen Sie die obere Hälfte Ihres Hexagramms in der obersten waagrechten Spalte. Auf dem Treffpunkt der beiden Spalten finden Sie die Nummer 17. Nun schlagen Sie Hexagramm 17

5 Veröffentlicht mit freundlicher Genehmigung des Verlages Princeton University Press.

nach, das die Bezeichnung »Das Nachfolgende« trägt. Mittels dieses einfachen Verfahrens finden Sie Ihr Hexagramm 17.

—— —— 6
———— 7
———— 9

—— —— 8
—— —— 6
———— 7

Linien, die sich bewegen, und ruhende Linien

Wie Sie sehen, gibt es in dem Hexagramm, das wir erhielten oder »zogen«, drei sich bewegende Linien: Mit 6 oder 9 bezeichnete Linien bewegen sich immer zu ihrem Gegenteil hin und erzeugen ein neues Hexagramm. Die mit 7 und 8 bezeichneten Linien bleiben immer ruhend oder gleich. In unserem Hexagramm ändert sich also die mit 6 bezeichnete Linie in ihr Gegenteil, eine ganze Linie mit der Bezeichnung sieben: ———— 7; die vierte, mit 9 bezeichnete Linie ändert sich auch in ihr Gegenteil, eine geteilte Linie: —— —— 8; die oberste Linie, wiederum mit 6 bezeichnet, ändert sich ebenfalls in ihr Gegenteil, eine ganze Linie: ———— 7. Nun haben Sie ein neues Hexagramm. Beginnen Sie von unten nach oben. ———— 7 bleibt; die mit 6 bezeichnete Linie ist jetzt ———— 7; die Linie —— —— 8 bleibt, die Linie ———— 9 ändert sich in ihr Gegenteil, also —— —— 8; die fünfte Linie ———— 7 bleibt ebenfalls; und aus der obersten Linie —— —— 6 wird ———— 7. Das Hexagramm sieht, von unten begonnen, folgendermaßen aus:

———— 7
———— 7
—— —— 8

—— —— 8
———— 7
———— 7

Sie haben ein neues Hexagramm, die Nummer 61, die Ihnen das Ergebnis aufzeigt, wenn Sie die Feststellungen Ihres ersten Hexagramms weiter verfolgen.

Die Linien mit der Bezeichnung 7 und 8 ruhen, sie bewegen sich nie. Haben Sie in einem Hexagramm Linien mit 6 und 9, so bewegen sich diese und führen zur Bildung eines weiteren Hexagramms. Da diese Linien sich in ihr Gegenteil verkehren, also ebenfalls ruhend werden, können Sie in jedem Fall höchstens zwei Hexagramme erhalten. Das erste Hexagramm könnte man die Diagnose, das zweite die Prognose nennen. Ich habe die Bildung und den Aufbau eines Hexagramms ausführlich behandelt, weil ich sichergehen möchte, dass ich wirklich verstanden werde.

Was Sie ferner beachten müssen

Wenn Linien mit 6 oder 9 bezeichnet sind, werden Sie im entsprechenden Hexagrammtext lesen und verfolgen, wie sie beschrieben sind. Es kann sein, dass die Kommentare zu den Linien 6 oder 9 dem Urteil und dem Bild des Hexagramms widersprechen. Sollte dies der Fall sein, dann halten Sie sich an die Instruktionen zu den Linien und nicht an das Urteil des Hexagramms.

Wenn nur ruhende Linien auftreten, wenn nämlich Ihr Hexagramm keine Linien 6 und 9 aufweist, beachten Sie die Linien überhaupt nicht. Sie lesen den Text des Urteils und des Bildes, der die Antwort auf Ihre Frage darstellt.

Die Linien 6 und 9 in Ihrem *ersten* Hexagramm sind die Linien, die Sie beachten und auf Ihr Leben anwenden müssen. Ändern sich diese Linien zu einem anderen Hexagramm, dann lesen Sie nur das Urteil und das Bild und lassen die Kommentare zu den Linien völlig unbeachtet. Die Linien des zweiten Hexagramms werden immer ignoriert.

Die Zahlen 7 und 8 sind insofern besonders, als Sie zu den mit 7 und 8 bezeichneten Linien Ihres Hexagramms nie Hinweise finden werden, da sie bei der Liniendeutung unberücksichtigt bleiben.

Ein Hexagramm zu ändern, wenn eine Änderung angezeigt ist, wird auf einfache Weise wie folgt bewerkstelligt:

Nehmen wir an, Sie haben folgendes Hexagramm erhalten:

Dies ist Hexagramm 34

—— ——	6
—— ——	6
————	7
————	9
————	9
————	9

Es ändert sich in Hexagramm 12

————	7
————	7
————	7
—— ——	8
—— ——	8
—— ——	8

Sie würden nun das Urteil und das Bild von Hexagramm 34 sowie die Bedeutungen aller mit 9 und 6 bezeichneten Linien lesen. Heißt es im *I Ging:* »Anfangs eine Neun«, so ist die unterste Linie gemeint, mit der Sie Ihr Hexagramm begannen; mit »Sechs auf zweitem Platz« ist die zweite Linie von unten gemeint, und so fort von unten nach oben. Bei Ihrem zweiten Hexagramm, welches das Ergebnis Ihrer Frage aufzeigt (vorausgesetzt Sie befolgen die im ersten Hexagramm erhaltenen Anweisungen), lesen Sie nur das Urteil und das Bild und ignorieren die Linien vollkommen.

Wenn das Hexagramm sich nicht wandelt, das heißt, wenn Sie ein Hexagramm nur aus ruhenden Linien (ohne Linien 6 und 9) erhalten, richten Sie sich nach der Deutung unter Urteil und Bild und ignorieren die Angaben zu den Linien.

Ihre Motivation ist wichtig oder, besser gesagt, die Reinheit Ihrer Motive ist sehr wichtig, wenn Sie Fragen stellen. Ich möchte hier darauf hinweisen, dass die erleuchteten Seher und Mystiker, die das *I Ging* als Methode ersannen, um Weisheit aus dem Unterbewusstsein zu schöpfen, in dieses Zahlensystem einen Mechanismus einbauten, der die Anwendung der Methode für negative Zwecke jeder Art verhindert.

Zahlen sind im I Ging bedeutungsvoll. Studieren wir die Atomstruktur und die Ordnungszahl der Elemente, können wir die Zahl positiver Ladungen bzw. Protonen im Atomkern eines bestimmten Elements erkennen und deshalb auch die Zahl der Elektronen, die normalerweise den Kern umkreisen. Pythagoras sagte, die Welt werde durch Zahl und Bewegung gesteuert. Das ist sehr weise. Der einzige Unterschied zwischen der einen Substanz und einer anderen ist die Zahl und die Bewegungsgeschwindigkeit der Elektronen und Protonen, die um einen Kern kreisen.

Die Wechselbeziehung von Linien und Zahlen im *I Ging* verkörpert Fähigkeiten, Eigenschaften und Geisteszustände in Ihnen. Symbolisch stellen die Zahlen die Kräfte der Ihnen innewohnenden unendlichen Macht und Weisheit dar. Das Hexagramm offenbart, wie Sie diese Macht nutzen, ob konstruktiv oder destruktiv. Es gibt nichts Gutes oder Schlechtes, nur die Art des Denkens macht etwas gut oder schlecht, und die Art, wie Sie Ihre innere Macht nutzen, bestimmt, ob das Ergebnis gut oder schlecht für Sie ist.

Wenn die Linien dem Urteil und dem Bild zu widersprechen scheinen, dann muss in solchen Fällen dem Vorrang gegeben werden, was die sich bewegenden Linien (die mit 6 und 9 bezeichneten Linien) aussagen. Zweifellos hat ein solcher scheinbarer Widerspruch einen besonderen, verborgenen Grund, dessen Sie sich nicht bewusst sind, den aber Ihr Unterbewusstsein kennt.

Wenn Sie als Antwort auf Ihre Frage zwei Hexagramme erhalten, können die beiden Hexagramme einander sehr unähnlich und in ihrer Bedeutung gegensätzlich sein. In Wirklichkeit besteht kein

Gegensatz zwischen ihnen, denn sie führen dem Frager nur die erste Phase und die späteren Folgen ein und desselben Ereignisses vor Augen. Mit anderen Worten: Eine bestimmte Silbermine könnte anfänglich sehr ertragreich sein, nach einer Zeit lang jedoch unrentabel werden. Ihr zweites Hexagramm würde somit auf das Ergebnis bzw. die Konsequenzen Ihrer Frage hinweisen.

Die Antwort bleibt auf höchstens zwei Hexagramme beschränkt, ganz gleichgültig, wie viele sich bewegende Linien Ihr erstes Hexagramm hat. Immer bleibt die Antwort auf Ihre Frage auf zwei Hexagramme beschränkt, weil die sich bewegenden Linien zu ihrem Gegenteil werden, also im zweiten Hexagramm ebenfalls ruhende Linien sind.

Zusammenfassung

1. Urteil bedeutet die Schlussfolgerung oder den Urteilsspruch des *I Ging*, etwa, wie wenn der Richter das Urteil verkündet; Sie sind sich sofort der Entscheidung und der Konsequenzen bewusst. Das Bild bezieht sich auf die subjektive oder innere Bedeutung der Linien des Hexagramms und zeigt, wie man die erhaltenen Informationen nutzen sollte.
2. Kein Makel: es gibt im Leben Vorkommnisse, die Ihnen nicht angelastet werden können. Ein Polizist rettete unlängst einen Mann vor dem Ertrinken, der Mann verwünschte ihn daraufhin. Der Polizist hatte natürlich richtig gehandelt.
3. Beschämung ist die Folge, wenn man gegen die universellen Gesetze des Lebens verstößt. Seien Sie stets auf das Unendliche eingestimmt, und Sie werden vor jeder Beschämung verschont bleiben. Sie sind ein Geschöpf Gottes. Preisen Sie Gott in Ihrem Inneren.
4. Sie haben immer Gelegenheit, einen Ihnen unterlaufenen Fehler zu korrigieren. Auf diese Weise wachsen Sie und lernen Sie. Ihre Fehler sind Trittsteine zu Ihrem Erfolg im Leben.
5. Es hat keinen Sinn, über Geschehenes zu lamentieren. Preisen Sie die Situation, machen Sie weiter, tun Sie Ihr Bestes und seien Sie sich darüber im Klaren, dass Gottes Liebe Sie durchströmt. Reue bedeutet tiefes, schmerzliches Bedauern einer Verfehlung. Nehmen Sie sich vor, den Fehler nicht zu wiederholen. Vergeben Sie sich selbst und den anderen; dann ist die Verfehlung ein für allemal vergessen.
6. Mit dem großen Mann ist ein integrer Mensch gemeint, den Sie achten und bei dem Sie Rat oder Hilfe suchen, ein Mann oder eine Frau von hohem ethischen und geistigen Rang. Rat brauchen Sie vielleicht auf rechtlichem, medizinischem oder einem anderen Gebiet. Der beste Berater ist Gott in Ihrem Inneren.
7. Das große Wasser durchqueren bedeutet, das Wasser Ihres Geistes zu durchqueren und zu einer Entscheidung zu kommen. Dann nimmt das Formlose Form an, Sie reisen geistig immer von einem Problem zu seiner Lösung. Gemeint sein kann damit aber auch, dass eine Reise über Land oder übers Meer günstig wäre.
8. In einer von Gesetz und Ordnung beherrschten Welt gibt es keinen Zufall, kein Pech, kein Glück. Maßgebend ist Ihre geistige Einstellung, Ihr Denken, das sich Ihrem Unterbewusstsein einprägt. Wie Emerson sagte: Jedes Erlebnis passt Ihnen wie Ihre Haut. Wählen Sie Ihr Schicksal, indem Sie sich geistig an die universellen gött-

lichen Wahrheiten halten. So sind auch Koinzidenzen nie Zufall. Das äußere Ereignis widerspiegelt das Innere, die seelisch-geistige Einstellung. »Wie innen, so außen.«

9. Vor der Befragung des *I Ging* bringen Sie sich in eine ruhige, friedliche, aufnahmebereite Geisteshaltung; machen Sie sich auch klar, dass die Ihnen innewohnende unendliche Weisheit des Unterbewusstseins die Lösung Ihres Problems kennt und Ihnen die Antwort durch das *I Ging* gibt.
10. Ihre Frage soll sachbezogen, klar und unzweideutig sein. Niemals sollten Sie unbestimmte Fragen stellen. Sie können jede Frage stellen. Behandeln Sie aber die ganze Angelegenheit nicht leichtfertig: stellen Sie die Frage mit Achtung vor der Weisheit der Jahrhunderte. Die im vorliegenden Buch gegebenen Antworten und Erklärungen sind frei von der symbolischen Bildsprache des Originals, jedermann soll sie leicht verstehen können.
11. Die rascheste Methode, Antworten zu erhalten, ist das Werfen von Münzen. Nehmen Sie normale Münzen und werfen Sie drei solche sechsmal. Die Münzseite mit der Zahl bekommt den Wert 2 zugeordnet, die Seite mit dem Zeichen den Wert 3. Nach sechs Würfen der drei Münzen bilden Sie Ihr Hexagramm. Die Ermittlung des erhaltenen Hexagramms bereitet keine Schwierigkeiten. Ziehen Sie die Tabelle auf Seite 221 zurate. Suchen Sie die drei unteren Linien Ihres Hexagramms in der linken senkrechten Spalte und die drei oberen Linien in der waagrechten Spalte. Der Treffpunkt beider Spalten, ein Quadrat, enthält die Nummer Ihres Hexagramms.
12. Die mit 6 und 9 bezeichneten Linien in Ihrem ersten Hexagramm bewegen sich. Die 6 wandelt sich zur 7 und die 9 wandelt sich zur 8, wodurch ein neues Hexagramm entsteht. Die Linien 7 und 8 sind hingegen ruhend, bewegen sich nicht; sie dienen als Aufbaumaterial des Hexagramms.
13. Lesen Sie die Deutungen zu den mit 6 und 9 bezeichneten Linien in den einzelnen Zeichen, wie: »Sechs auf dem zweiten Platz bedeutet ...« oder: »Neun auf dem fünften Platz bedeutet ...« und so fort. Scheint die Deutung einer Linie dem Urteil oder dem Bild zu widersprechen, dann halten Sie sich an die Anweisungen zu den Linien und nicht an den Text von Urteil und Bild.
14. Enthält Ihr Hexagramm keine Linien, die sich bewegen, dann beachten Sie die Linien überhaupt nicht; Sie lesen nur das Material in Urteil und Bild und halten sich daran.
15. Im zweiten Hexagramm beachten Sie die Linien nicht, sondern lediglich das Urteil und das Bild.

16. Ihre Motivation ist sehr wichtig. Denken Sie an die goldene Regel der Liebe und Harmonie, wenn Sie das *I Ging* benutzen. Es lässt sich im Übrigen für negative oder unlautere Ziele nicht verwenden, denn Ihr Unterbewusstsein zeichnet Ihre heimlichen Motive auf, Sie können es nicht täuschen. Wenn Sie Ihrem Unterbewusstsein Negatives einsenken, ernten Sie in Ihrem Leben nichts als Negatives, und zwar vergrößert und vervielfacht.
17. Erhalten Sie als Antwort auf Ihre Frage zwei Hexagramme, dann verkörpert das erste Hexagramm das Anfangsstadium und das zweite das Resultat oder die letztliche Konsequenz. Die Antwort des *I Ging* bleibt auf höchstens zwei Hexagramme beschränkt.

Kapitel 6

Wie man das Mystische des *I Ging* deutet

Yin und Yang

Yin und Yang verkörpern das weibliche Prinzip (Yin) und das männliche Prinzip (Yang). Soweit Sie betroffen sind, betrachten Sie die beiden Prinzipien einfach als Ihr Unterbewusstsein (weiblich) und Ihr Bewusstsein (männlich) oder als Ihr Denken und Ihr Fühlen. Yin-Linien sind geteilt; Yang-Linien sind ungeteilt. Yin-Linien werden mit 6 und 8 bezeichnet, sind also geteilte Linien; Yang-Linien werden mit 7 und 9 bezeichnet, sind also ganze Linien. Die ganze Linie 9 in einem Hexagramm verändert sich in ihr Gegenteil, eine geteilte Linie, — — 8; und die Linie 6, eine geteilte Linie, wandelt sich in ihr Gegenteil, nämlich 7 bzw. eine ganze Linie 7.

Denken Sie ruhig über das Hexagramm nach, das Sie erhalten haben, und machen Sie sich dabei klar, dass die Weisheit Ihres tiefinneren Geistes sich erheben, klar in Ihr Bewusstsein kommen und Sie dadurch in die Lage versetzen wird, die Antwort zu erkennen und intuitiv zu wissen.

Die vierte Dimension

Die vierte Dimension des Lebens, mit der wir aus der gewohnten Sicht unserer dreidimensionalen Welt nicht zu rechnen gewohnt sind, ist um uns und durchdringt unser Dasein. Nachts, wenn Sie schlafen, gehen Sie darin auf. Es ist eine Dimension des Geistes. Oft erhalten Sie Lösungen für Lebensprobleme im Traum; häufig sehen Sie Ereignisse, bevor diese geschehen; es dauert manchmal

Wochen oder Monate, bevor die Ereignisse, von denen Sie träumten, in unserer dreidimensionalen oder gegenständlichen Erlebniswelt stattfinden. Die Erfahrungen, Ereignisse, Erfolge und Enttäuschungen, die Ihnen bevorstehen, existieren, geistig vorweggenommen, bereits jetzt in Ihrem Geist. Ihr augenblicklicher seelisch-geistiger Zustand bestimmt Ihre Zukunft; folglich besteht Ihre Zukunft aus Ihren dereinst sichtbar werdenden derzeitigen Gedanken und Überzeugungen. Der Anfang und das Ende sind in Ihrer vierdimensionalen Geisteswelt ein und dasselbe. Mit anderen Worten: Gedanke und Ding sind eins, da es in der höheren Dimension Ihres Geistes weder Zeit noch Raum gibt.

Ein Beispiel: Ich sagte zu einem Freund: »Sie haben die Absicht, nach Hawaii zu reisen, nicht wahr?« Er erwiderte: »Ja. Woher wissen Sie das? Niemand hat eine Ahnung von meiner geplanten Reise.« Ich erklärte ihm, sein Gedanke an Hawaii und die Reise seien in seinem Geist ein und dasselbe, er sei geistig bereits dorthin gereist. Zur Erläuterung fügte ich hinzu, dass seine Gedanken und Vorstellungen, seine Pläne und die damit verbundenen Gefühle in der höheren Dimension seines Geistes bereits Form, Gestalt und Substanz besäßen und von vielen Menschen hellseherisch oder intuitiv wahrgenommen werden können.

Die Ideen und Pläne, mit denen Sie sich derzeit geistig beschäftigen, sind genauso wirklich wie Ihre Hand oder Ihr Kopf. Die Vorstellung von etwas ist dessen Wirklichkeit gleichzusetzen. Nehmen wir einmal an, sämtliche Flugzeuge auf Erden würden bei einer gewaltigen Katastrophe über Nacht vernichtet. Es würde genügen, dass ein einziger Ingenieur die Vorstellung von einem Flugzeugmotor im Geist hat: er könnte diesen bauen, und die Fabriken der Welt könnten ihn dann in Millionen herstellen. Der Ingenieur hat mit seiner Vorstellung das Flugzeug im Kopf; das ist die vorweggenommene Wirklichkeit dieses Flugzeugs.

Stellen Sie sich vor, Sie wollten mit dem Auto von Berlin nach Wien fahren und läsen, in Österreich seien die Donau und viele Flüsse über die Ufer getreten und wichtige Straßen überflutet. Objektiv und mithilfe Ihrer fünf Sinne könnten Sie über den

Zustand der Straßen im Süden nichts wissen; der Pilot eines niedrig über das Gebiet fliegenden Flugzeugs könnte sich mithilfe von Fernglas und Fotoapparat ein klares Bild von den unter Wasser stehenden Straßen, eingerissenen Brücken, angespülten Felsbrocken und anderen Hindernissen auf den Fahrbahnen machen. Er würde alles von einer höheren Ebene aus sehen und könnte Ihnen das Wahrgenommene mitteilen. Sie würden geschützt und vor einem möglichen Unfall bewahrt, weil er von einer höheren Ebene aus zu sehen vermag. Dies ist ein guter Vergleich zum Sehen aus vierter Dimension.

Das *I Ging* und höheres Sehen

Nachdem Sie bis hierher gelesen haben, sind Sie sich der Tatsache voll bewusst, dass Sie durch das *I-Ging*-Orakel eine Art höheren Sehens praktizieren, wenn Sie – als Hilfsmittel zur Freisetzung der Botschaften Ihres Unterbewusstseins – die Methode des Münzenwerfens oder das Verfahren mit den Schafgarbenstengeln anwenden. Ihr Unterbewusstsein verfügt über Vorauswissen: es weiß von Ereignissen, bevor sie objektiv eintreten oder in der sichtbaren Welt geschehen werden. Es hat Vorauswissen vom Kommenden, und das *I Ging* enthüllt Ihnen neben Ihrem augenblicklichen seelisch-geistigen Zustand auch das, was als Folge von unterbewusst Aufgenommenem und unterbewusster Konditionierung geschehen wird.

Wären Sie ein Pilot, der in einiger Höhe über einer Bahnstrecke fliegt, dann wäre es Ihnen möglich, zwei Züge zu sehen, die sich einander auf demselben Geleise nähern. Die Lokführer der beiden Züge wüssten nichts von dem drohenden Zusammenstoß, doch der über ihnen fliegende Pilot sähe die Gefahr sofort, könnte die beiden rechtzeitig warnen und so den Zusammenstoß mit seinen katastrophalen Folgen verhindern. In derselben Weise, zu ähnlichen Zwecken, können Sie das *I Ging* benutzen. Das Hexagramm, das Sie erhalten, warnt Sie vielleicht davor, dass eine geplante Aktion zu Verlust führen könnte; Sie haben also die Möglichkeit, auf den richtigen Weg zurückzukehren, Ihre Geisteshaltung zu korrigieren und Ihre Einstellung gegenüber dem betreffenden Unternehmen zu ändern.

Befragung des *I Ging* für eine andere Person

Bittet jemand Sie, das *I Ging* in einer wichtigen Angelegenheit zu befragen, sollten Sie und diese andere Person sich über die Natur der Frage einig sein. Die andere Person kann sich fern von Ihnen aufhalten, sie könnte ihre Bitte telefonisch geäußert haben. Wenden Sie in einem solchen Fall folgendes Verfahren an: Denken Sie ruhig an die betreffende Person und werfen Sie dann die Münzen sechsmal, wie bereits ausgeführt; konzentrieren Sie sich dabei auf die Frage. Lösen Sie sich so weit wie möglich von Ihrer Umgebung und geben Sie sich ganz Ihrer Sache hin. Die Antwort, die Sie erhalten, wird Ihnen enthüllen, was Sie wissen wollen. Verlassen Sie sich immer auf Ihre intuitive Fähigkeit, die es Ihnen ermöglicht, den inneren Sinn des Hexagramms klar zu erkennen.

Münzentechnik und Schafgarbentechnik

Das Verfahren mit den Schafgarbenstengeln ist sehr zeitraubend und bietet keinen wirklichen Vorteil gegenüber dem Verfahren des Münzenwerfens. Entscheidend ist allein Ihre geistige Einstellung. Die Anwendung der in den Büchern über das *I Ging* beschriebenen komplizierten Schafgarbentechnik ist keineswegs notwendig. Wer die Funktionsweise des Unterbewusstseins einigermaßen versteht, der weiß, dass das komplizierte vorgeschriebene Ritual zwar die Freisetzung der Botschaften und deren Deutung suggestiv begünstigt, indem es nachdrücklich an die Fantasie appelliert und dadurch den auslösenden Prozess des Unterbewusstseins ankurbelt. Dieselben Ergebnisse jedoch erzielen Sie auch, indem Sie sich vor dem Werfen der Münzen in einen entspannten, meditativen und aufnahmebereiten Geisteszustand versetzen.

Klares Erkennen der Antwort

Ein Arzt, der sich seit zwanzig oder mehr Jahren intensiv mit dem *I Ging* beschäftigte, hatte folgendes Anliegen: »Ich möchte, dass sich das *I Ging* zu meiner Gesundheit äußert.« Das *I Ging* riet ihm, »den großen Mann zu sehen«, womit ein Mensch höchsten geistigen Ranges, ein sehr weiser Mann, oder auch ein hervorragender Arzt, Anwalt oder Spezialist auf einem anderen Gebiet gemeint sein konnte. Der Arzt entnahm dem Hexagramm, dass er einen seiner Kollegen aufsuchen solle, was er auch tat. Bei einer Röntgenuntersuchung wurde eine krankhafte Wucherung entdeckt, von der er nichts gewusst hatte. Er ließ sie sofort behandeln, und seither hat sich seine Gesundheit geradezu wunderbar gebessert.

Dieser Arzt hatte erkannt, dass sein Unterbewusstsein intuitiv das Vorhandensein der krankhaften Wucherung erfasste und ihm dieses Wissen in dem Rat offenbarte, welchen das Hexagramm ihm gab. Durch sein sofortiges Handeln hatte er zweifellos künftige Schwierigkeiten abgewendet.

Denken Sie daran, es gibt für jedes Problem eine Lösung, auf jede Frage eine Antwort und immer einen Ausweg, wenn man sich noch so tief im Wald verlaufen hat. Doch nur die Ihnen innewohnende unendliche Weisheit kennt diese Lösung, diese Antwort, diesen Ausweg.

Recht und Unrecht

Neulich fragte mich ein Mann, wie man denn erkennen könne, ob das Göttliche in einem spreche oder negative Antriebe am Werk seien. Er hatte gerade in einem Zeitungsartikel über Angehörige einer Sekte gelesen, die behaupteten, Gott habe ihnen aufgetragen, andere Mitglieder ihrer Gruppe zu töten. In einem ähnlichen Pressebericht war die Rede von einem Mann, der angeblich von Gott beauftragt war, seine Schwiegermutter zu töten.

Impulse zum Töten oder Vernichten können nicht von Gott kommen, der der Inbegriff der Liebe und des vollendeten Guten ist. Sie kommen aus dem negativen, destruktiven Denken des Menschen; solches Denken erzeugt Emotionen, die sich im Unterbewusstsein des Menschen einnisten, und das Unterbewusstsein spielt – ähnlich einer Schallplatte – das ab, was ihm eingeprägt wurde. Mord wird zunächst im Herzen begangen, und wer mörderische, hasserfüllte Gedanken hat, der hört in Wirklichkeit seine eigene Stimme, die nach Mord schreit. Was der Mensch durch sein Denken und Vorstellen in sein Unterbewusstsein hineinlegt, das kommt aus diesem heraus.

Wie man sich echter Führung sicher ist

In erster Linie muss Ihre Motivation richtig sein. Sie muss auf der goldenen Regel der Harmonie und dem Gesetz der Liebe beruhen, womit Wohlwollen gegenüber allen Menschen gemeint ist. Hat jemand andere Motive und erfüllen ihn Angst oder Hass, wird sein Unterbewusstsein ihm genau das vorspielen, was er ihm eingeprägt hat; alle Antriebe und Impulse, die er dann erhält, werden natürlich negativer Art sein.

Gehen Sie nach folgendem Verfahren vor und sagen Sie sich voll Überzeugung: »Meine Motivation ist richtig. Ich strahle gegenüber allen Männern und Frauen Liebe und Wohlwollen aus und wünsche ihnen aufrichtig alle Segnungen des Lebens. Ich glaube ausdrücklich an Gott, der die Liebe ist, und ich weiß, dass die Antriebe und Impulse, die von der mir innewohnenden unendlichen Weisheit kommen, immer auf das Leben und auf Gott ausgerichtet sein werden. Alles, was ich im Leben erstrebe, und jede Frage, die ich stelle, kommt auf einem einzigen Weg zu mir, nämlich auf dem Weg göttlichen Rechts und göttlicher Ordnung. Ich erkenne die Führung, die sich klar in meinem Bewusstsein mitteilt.«

Prägen Sie den Inhalt dieses Gebets durch häufige Wiederholung Ihrem Unterbewusstsein ein, und Sie werden keine Mühe haben, die echte göttliche Führung zu erkennen. *Denn Gott ist nicht ein Gott der Unordnung, sondern des Friedens* (1. Korinther 14, 33).

Das *I Ging* und echte Führung

Wahrscheinlich werden Sie oft feststellen, dass das *I Ging* Ihnen rät, von einem bestimmten Kurs abzugehen und etwas »zu lassen«. Der Grund dafür ist offensichtlich. Es kann sein, dass Sie unter dem Einfluss negativer Emotionen stehen; und der Kurs, den Sie einschlagen, würde natürlich zu Verlust und Beschränkung führen. Sie können immer auf den rechten Weg zurückkehren, indem Sie beharrlich beten, dass in allen Bereichen Ihres Lebens göttliches Recht und göttliche Ordnung herrschen sollen.

Es darf in Ihnen keine Neigung zu Täuschung oder Übervorteilung anderer herrschen, da eine solche negative Haltung nur Elend, Schmerz und Verlust aller Art in Ihr Leben bringen würde. Halten Sie sich an das Bibelwort: *Alles nun, was ihr wollt, dass euch die Leute tun sollen, das tut ihr ihnen auch. Das ist das Gesetz ...* (Matthäus 7, 12).

Zusammenfassung

1. Die Yang- und Yin-Linien beziehen sich in der chinesischen Symbolik auf das männliche und das weibliche Prinzip in jedem von uns. Die Yang-Linien sind ganz, wie die Linien 9 und 7; die Yin-Linien sind geteilt, wie die Linien 8 und 6.
2. Denken Sie ruhig über das Hexagramm nach, das Sie erhalten, und machen Sie sich gleichzeitig klar, dass sich die Weisheit Ihres Unterbewusstseins durch das *I Ging* ausspricht und Ihnen die richtige Antwort gibt.
3. Es gibt eine vierte Dimension; sie ist geistiger Natur. Sensitive Menschen mit außersinnlicher oder intuitiver Begabung sind für solche höhergeistigen Inhalte empfänglich.
4. Das *I Ging* verhilft Ihnen zu Botschaften Ihres Unterbewusstseins. Es enthüllt Ihnen Ihren augenblicklichen seelisch-geistigen Zustand und offenbart Ihnen die Zukunft. Ihre Zukunft ist immer Ihr sichtbar werdender augenblicklicher Zustand.
5. Ihr Unterbewusstsein verfügt über Vorauswissen über das Kommende. Ist dieses Kommende negativer Art, können Sie es ändern, indem Sie sich auf das Unendliche einstimmen und zum Brennpunkt der Harmonie, des Friedens und der Liebe Gottes werden. Ihr so geprägtes Unterbewusstsein wird Sie lenken und führen.
6. Natürlich können Sie auch Fragen für eine andere Person stellen. Diese Person und Sie sollten jedoch über die Frage einig sein. Konzentrieren Sie Ihre Aufmerksamkeit auf die Frage in dem Wissen, dass Sie die richtige Antwort erhalten werden, und es wird Ihnen geschehen, wie Sie glauben.
7. Das Verfahren mit den Schafgarbenstengeln bietet gegenüber der Münzentechnik keinen besonderen Vorteil. Entscheidend ist einzig eine aufnahmebereite Geisteshaltung, die die Freisetzung der Botschaften des Unterbewusstseins fördert.
8. Die Antwort, die Sie erhalten, werden Sie intuitiv deuten, indem Sie sich klarmachen, dass Ihnen die unendliche Weisheit Ihres Unterbewusstseins die Antwort durch das *I Ging* enthüllt, das Sie lediglich als Hilfsmittel benutzen.
9. Ihr Unterbewusstsein ist wie eine Schallplatte; es spielt für Sie das ab, was Sie ihm durch Ihr Denken, Vorstellen und Fühlen eingeprägt haben. Wenn Sie voll Liebe und Wohlwollen gegenüber allen Menschen sind, frei von Lüge und Täuschung, und wenn Sie danach streben, dass Ihnen alles in Ihrem Leben auf dem Wege göttlichen Rechts und göttlicher Ordnung zukommt, dann handeln Sie richtig.

10. Wenn Sie um göttliche Führung bitten, bleiben Sie immer dem Leben zugewandt – dem erfüllten Leben. Vertrauen Sie ruhig solcher Führung. Ihre Motivation muss förderlich, muss positiv sein und auf der goldenen Lebensregel beruhen: Sie wünschen allen Menschen, was Sie sich selbst wünschen. Dann wird Ihnen echte Führung zuteilwerden, und Sie werden sie immer erkennen.

Kapitel 7

Die Hexagramme des *I Ging* und ihre Deutung

Die Tabelle zur Ermittlung der gezogenen Hexagramme auf Seite 221 hilft Ihnen, jedes Hexagramm aufzufinden, das Sie gebildet haben. Wie Sie ein Hexagramm bilden, wenn Sie Rat suchen, können Sie in Kapitel 5 nachlesen. Aus der Tabelle ersehen Sie, dass vierundsechzig Hexagramme möglich sind. Alle diese Hexagramme werden nun nacheinander ausführlich erörtert. Die Kennziffern in der Tabelle dienen auch in der folgenden Analyse zur Kennzeichnung der einzelnen Hexagramme.

1. KIËN / DAS SCHÖPFERISCHE

oben: Kiën, das Schöpferische, der Himmel

unten: Kiën, das Schöpferische, der Himmel

Die alten chinesischen Mystiker erklärten, Gott habe sich, um das Universum und den Menschen zu erschaffen, in zwei Teile geteilt, einen männlichen und einen weiblichen, und aus dem männlichen Yang und dem weiblichen Yin sei das gesamte Universum entstanden. Betrachten Sie im Rahmen dieses Buches Kiën, das erste Hexagramm, als das männliche Prinzip in Ihnen, d. h. als Ihr Bewusstsein. Dieses hat die Fähigkeit zum Erwählen und Auswählen. Es gibt das Erwählte an Ihr Unterbewusstsein, das weibliche Prinzip, weiter, das dann getreulich reproduziert; was ihm eingeprägt wurde. Ihr Bewusstsein lässt sich folglich mit dem Geist an sich vergleichen, denn Sie schaffen Ihre Lebensbedingungen und -erfahrungen nach demselben Verfahren, nach welchem Gott die Sonne, den Mond, die Sterne, die Galaxien im Raum und alle Dinge dieser Welt erschaffen hat. Sie sind nach dem Bild und Gleichnis Gottes geschaffen. Ihr Geist ist Ihr göttlicher Anteil.

Das Urteil

Das erleuchtete Bewusstsein wählt ewige Wahrheiten, die Gottes Ideen sind. Werden diese Wahrheiten als wirklich empfunden, sinken sie ins Unterbewusstsein und sprießen wie Samen gemäß ihrer Natur wieder hervor.

Das Bild

Gott ist der lebendige allmächtige Geist, die einzige Gegenwart, Ursache, Macht. Wenn Sie sich geistig mit dieser höchsten Macht verbinden, wird sie in Ihrem Leben wirksam.

Die einzelnen Linien

Anfangs eine Neun bedeutet: … *durch Stillesein und Hoffen würdet ihr stark sein* (Jesaja 30, 15). Verhalten Sie sich einstweilen ruhig und still; der rechte Weg wird sich Ihnen zur rechten Zeit offenbaren.

Neun auf zweitem Platz bedeutet: Es wäre zu Ihrem Vorteil, wenn Sie einen Menschen, den Sie achten und dem Sie vertrauen, um Rat fragten. Seien Sie sich bewusst, dass Gott Sie zu dem geeigneten Menschen führt.

Neun auf drittem Platz bedeutet: Nach der Heimkehr von der Arbeit sollten Sie sich entspannen und von allen Ärgernissen und Zwistigkeiten des Tages lösen; vergegenwärtigen Sie sich Gottes Gegenwart. Seien Sie sich bewusst, dass göttliche Kraft Sie durchströmt. Sagen Sie sich voll Überzeugung: … *es ist keine Obrigkeit die nicht von Gott* (Liebe) stammt … (Römer 13, 1). Wandeln Sie in Liebe, und alles wird gut sein.

Neun auf viertem Platz bedeutet: Gelangen Sie zu einer klaren Entscheidung, seien Sie dabei von dem Wissen und Glauben erfüllt, dass gottgefälliges richtiges Handeln Sie lenkt, und beherzigen Sie: *Alle eure Dinge lasset in der Liebe geschehen!* (1. Korinther 15, 14).

Neun auf fünftem Platz bedeutet: Es wäre förderlich, einen geistig hochstehenden Menschen aufzusuchen und sich von ihm beraten zu lassen. Seien Sie sich bewusst, dass Sie auf allen Ihren Wegen göttliche Führung haben. Glück ist Ihnen beschieden.

Oben eine Neun bedeutet: *Du sollst deinen Nächsten lieben wie dich selbst* (3. Mose 19, 18). … *wer in der Liebe bleibt, der bleibt in Gott* … (1. Johannes 4, 16). Preisen Sie das Göttliche in den Menschen Ihrer Umgebung. Seien Sie freundlich und rücksichtsvoll und wünschen Sie allen Menschen Gesundheit, Glück, Frieden und sämtliche Wohltaten des Lebens. Verzeihen Sie sich, dass Sie negative Gedanken über sich selbst oder andere hatten … *wandelt in der Liebe* … (Epheser 5, 2).

2. KUN / DAS EMPFANGENDE

☷ *oben: Kun, das Empfangende, die Erde*

☷ *unten: Kun, das Empfangende, die Erde*

Dies ist der weibliche Aspekt Gottes, das universelle Unbewusste. Die Bibel bezeichnet es als das Herz (Unterbewusstsein), als das Gesetz, die Frau und das Weib. Betrachten Sie im Rahmen dieses Buches hier das zweite Hexagramm als Ihr eigenes Unterbewusstsein, Ihr schöpferisches Medium. Ihr wählender Geist, Ihr Bewusstsein, wählt eine Idee, einen Plan oder ein Ziel, und wenn Sie diese Vorstellung dann voll Glauben und Vertrauen an Ihren tieferen Geist, das Unterbewusstsein, weitergeben, verwirklicht er sie auf seine Weise. Das universelle Unbewusste, dem Ihr Unterbewusstsein als integrierter Bestandteil angehört, kennt die Entstehungsweise der ganzen Welt und die gesamte Schöpfung. Ihr Unterbewusstsein ist eins mit der grenzenlosen, unendlichen Weisheit. Denken Sie daran, Ihr Unterbewusstsein wird jedes Vorstellungsmuster verwirklichen, auf das sich Ihr Bewusstsein konzentriert und das es, denkend und fühlend, vertrauensvoll stärkt. Ihr Unterbewusstsein ist jene Kraft Ihres Geistes, die die Inhalte Ihres Denkens und Fühlens im Leben verwirklicht.

Das Urteil

Ihrem Unterbewusstsein wohnen göttliche Eigenschaften und Kräfte inne. Sie können die Kräfte Ihres Unterbewusstseins auf zweierlei Art nutzen: Denken Sie gut, und Gutes wird die Folge sein; denken Sie schlecht, und Schlechtes wird die Folge sein. Denken Sie an Dinge, die edel, lauter und gottgefällig sind, dann werden Sie eine wunderbare Ernte einbringen.

Das Bild

Was Sie lieben, pflanzen Sie Ihrem Unterbewusstsein ein, wie Sie Samen in Ihrem Garten säen. Ihre alles beherrschende Überzeugung sollte lauten: »Gott liebt, lenkt und leitet mich auf allen meinen Wegen.« Dann wird Ihre äußere Welt wie durch Zauber zum Bild und Gleichnis der in Ihnen herrschenden Überzeugung.

Die einzelnen Linien

Anfangs eine Sechs bedeutet: Man achte darauf, dass man *im Stand guter Werke gefunden* wird (Titus 3, 8). Befreien Sie sich von Feindseligkeit und Hass. Sie wissen es, wenn Sie anderen vergeben haben, denn Sie können dann diesen anderen im Geiste begegnen, ohne dass Sie noch einen Stachel empfinden. Es ist, wie wenn Sie von einem schmerzhaften Abszess genesen wären; Sie erinnern sich noch daran, spüren aber keinen Schmerz mehr. Alles verstehen heißt alles vergeben.

Sechs auf zweitem Platz bedeutet: *... und was er macht, das gerät wohl* (Psalm 1, 3). Seien Sie von dem Wissen erfüllt, dass Ihnen alles, was Sie tun, gelingen wird, weil jetzt gottgefälliges richtiges Handeln Ihrem Tun zugrunde liegt.

Sechs auf drittem Platz bedeutet: Erkennen Sie, dass Gott die Quelle Ihrer Versorgung und Ihr Führer ist. Erweisen Sie Gott Ehre und preisen Sie ihn. Prahlen und renommieren Sie nicht.

Führen Sie sich die Wahrheit vor Augen: »Ich kann durch die Gotteskraft, die mich stärkt, alles erreichen.«

Sechs auf viertem Platz bedeutet: *Sorget nichts, sondern in allen Dingen lasset eure Bitten im Gebet und Flehen mit Danksagung vor Gott kund werden* (Philipper 4, 6). Entspannen Sie sich, machen Sie sich frei von Ihren Sorgen. Seien Sie ruhig und still. Vertrauen Sie auf Gott, und alles wird gut sein.

Sechs auf fünftem Platz bedeutet: *Ihre Wege sind liebliche Wege, und alle ihre Steige sind Friede* (Sprüche 3, 17). Was Sie in Angriff nehmen, wird gedeihen. … *die Freude am Herrn ist eure Stärke* (Nehemia 8, 10).

Oben eine Sechs bedeutet: Welchem Konflikt auch immer Sie ausgesetzt sind, machen Sie sich klar, dass Sie jede Gefahr und alles Schlechte mit Gutem naturgemäß besiegen. Kämpfen Sie nicht gegen die negativen Gedanken, die Sie bestürmen. Ersetzen Sie sie durch konstruktive Gedanken der Liebe, der Harmonie und des Friedens. Licht vertreibt die Dunkelheit; Dunkelheit ist ja nur das Fehlen von Licht. Spüren Sie Ihr Einssein mit Gott, jetzt, in diesem Augenblick, und ein unendlicher Friedensstrom wird Sie durchfließen und Ihnen Frieden bringen.

3. DSCHUN / DIE ANFANGSSCHWIERIGKEIT

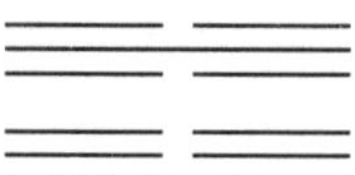

oben: Kan, das Abgründige, das Wasser

unten: Dschen, das Erregende, der Donner

Das Urteil

Wer aber bis an das Ende beharrt, der wird selig (Matthäus 10, 22). Mit Beharrlichkeit werden Sie die Lösung finden, wenn Sie von dem Wissen erfüllt sind, dass Sie mit Gottes Hilfe Ihr Ziel zu erreichen vermögen. Denken, fühlen und handeln Sie richtig.

Das Bild

Halten Sie mutig an Ihrem Plan fest und seien Sie sich bewusst, dass Sie jedes Problem meistern, denn göttliches Recht und göttliche Ordnung bestimmen alle Ihre Aktivitäten.

Die einzelnen Linien

Anfangs eine Neun bedeutet: *Befiehl dem Herrn deine Wege und hoffe auf ihn; er wird's wohl machen* (Psalm 37, 5). Setzen Sie Ihr Tun beharrlich fort und seien Sie sich dabei klar, dass die unendliche Weisheit, die Ihrem Unterbewusstsein innewohnt, Ihnen alles offenbart, was Sie wissen müssen, und dass Sie durch göttliche Fügung zu den richtigen Menschen geführt werden, die mit Ihnen zusammenarbeiten.

Sechs auf zweitem Platz bedeutet: *Sei stille in dem Herrn und warte auf ihn* (Psalm 37, 7). Sitzen Sie still in Ihrem Boot und beruhigen Sie Ihren Geist. Lassen Sie sich durch nichts bekümmern. Warten Sie vorläufig voll Geduld, es wird eine Lösung und einen harmonischen Abschluss geben.

Sechs auf drittem Platz bedeutet: *... durch Stillesein ... würdet ihr stark sein* (Jesaja 30, 15). Seien Sie nicht ängstlich. Bleiben Sie, wo Sie sind, und seien Sie überzeugt, dass die Morgendämmerung kommen wird und alle Schatten weichen werden. Verhalten Sie sich einstweilen ruhig.

Sechs auf viertem Platz bedeutet: *Harre des Herrn! Sei getrost und unverzagt und harre des Herrn!* (Psalm 27, 14). Sie können die Saat im Boden nicht zum Wachsen zwingen. Sie gießen und düngen die Samen einfach und beschleunigen dadurch deren Wachstum. Genauso wird Ihr Herzenswunsch, den Sie nun Ihrem Unterbewusstsein einpflanzen, sich zur rechten Zeit und in göttlicher Fügung verwirklichen.

Neun auf fünftem Platz bedeutet: *Ich aber sage euch, dass ihr nicht widerstreben sollt dem Übel ...* (Matthäus 5, 39). Übles überwindet man mit Gutem. Wenn Sie etwas im Geiste bekämpfen, verleihen Sie dem, was Sie stört, nur noch mehr Gewicht und bringen das Gesetz der umgekehrten Wirkung zur Geltung. Anders ausgedrückt: wenn Sie sich quälen, aufregen und wütend werden, erreichen Sie das Gegenteil dessen, was Sie möchten. Beruhigen und besänftigen Sie Ihren Geist und versenken Sie sich in den Gedanken, dass sich für Sie alles nach göttlichem Recht und göttlicher Fügung verwirklichen wird.

Oben eine Sechs bedeutet: *Haltet an dem Gebet und wachet in demselben mit Danksagung* (Kolosser 4, 2). Bleiben Sie mit jedem Schritt Ihrem Weg treu, und Sie werden die Freude erleben, ans Ziel zu gelangen.

4. MONG / DIE JUGENDTORHEIT

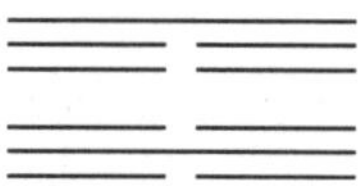

oben: Gen, das Stillehalten, der Berg

unten: Kan, das Abgründige, das Wasser

Das Urteil

… dass unsere Söhne aufwachsen in ihrer Jugend wie die Pflanzen (Psalm 144, 12). *Gedenke an deinen Schöpfer in deiner Jugend …* (Prediger 12, 1). In der Jugend sind wir unreif. Wir gehen zur Schule, um zu lernen und uns ausbilden zu lassen, nicht um dem Lehrer zu sagen, wie er Schule halten soll. Wir müssen Hunger nach Weisheit und Achtung vor der Weisheit des Höchsten empfinden, dann werden wir auf der ganzen Linie Fortschritte machen.

Das Bild

Echte Bildung geht über die bloße Aneignung von Wissen hinaus, sie besteht vor allem auch in der Erkenntnis der geistigen Werte des Lebens. Wir müssen lernen, Gott zu erkennen, und auf der Suche nach unserer inneren Schatzkammer das Göttliche in uns entdecken.

Die einzelnen Linien

Anfangs eine Sechs bedeutet: *Wie man einen Knaben gewöhnt, so lässt er nicht davon, wenn er alt wird* (Sprüche 22, 6). *… aber ein Knabe, sich selbst überlassen, macht seiner Mutter Schande* (Sprüche

29, 15). Es gibt keine Liebe ohne Disziplin und keine Disziplin ohne Liebe. Diese Wahrheiten sind heutzutage besonders wichtig.

Neun auf zweitem Platz bedeutet: *Richtet nicht, so werdet ihr auch nicht gerichtet. Verdammt nicht, so werdet ihr nicht verdammt* (Lukas 6, 37). Auf Erden begegnet man vielen schwierigen Menschen. Seien Sie gegenüber solchen Menschen tolerant. Halten Sie Ihr Urteil zurück. Gegenüber einem Krüppel wären Sie nicht zornig oder ungehalten. Zahlreiche Menschen sind seelisch-geistig verkrüppelt. Wünschen Sie ihnen Gutes und gehen Sie Ihres Weges. Lassen Sie in Ihrem Denken und Fühlen, Ihren Aktionen und Reaktionen Disziplin walten und halten Sie sich immer an die goldene Regel der Harmonie und der Liebe.

Sechs auf drittem Platz bedeutet: *Ein jegliches hat seine Zeit, und alles Vornehmen unter dem Himmel hat seine Stunde. Geboren werden und sterben, pflanzen und ausrotten, was gepflanzt ist* …(Prediger 3, 1f.). Warten Sie – im Augenblick ist nicht die richtige Zeit, um zu pflanzen oder jemanden zu umarmen. … *herzen und ferne sein vom Herzen* (Sprüche 3, 5).

Sechs auf viertem Platz bedeutet: Wo es keine Sicht gibt, kommen die Menschen um. Ihre Sicht ist das, was Sie denken und sich vorstellen. Ihr geistiges Bild muss jedoch ein Fundament haben. Seien Sie praktisch. Ihre Fantasie muss klug und vernünftig gelenkt werden. Ihr Traum, Ihre Vorstellung wird utopisch bleiben, wenn Sie nicht Ihr Unterbewusstsein entsprechend zu prägen verstehen.

Sechs auf fünftem Platz bedeutet: *Wahrlich, ich sage euch: Es sei denn, dass ihr euch umkehrt und werdet wie die Kinder, so werdet ihr nicht ins Himmelreich kommen* (Matthäus, 18, 3). Ein Kind ist aufgeschlossen, aufnahmebereit und vertrauensvoll. Öffnen Sie sich vertrauensvoll der Wahrheit, dass Sie selbst auf sich ziehen, was Sie fühlen, und dass Sie das werden, was Sie sich vorstellen. Glauben Sie an Glück, und Sie werden Glück erfahren. Glauben bedeutet, etwas als wahr akzeptieren und sich dieser Wahrheit bewusst sein. Ihr Leben ist Ihr sichtbar gewordener Glaube.

Oben eine Neun bedeutet: Vergeben und nachsehen sind nicht dasselbe. Sie vergeben Ihrem kleinen Sohn, dass er Äpfel gestohlen hat, aber Sie sehen es ihm nicht nach – sonst würde er vermutlich zu einem Dieb heranwachsen. Sie »bestrafen« ihn, indem Sie ihm beispielsweise bestimmte Arbeiten übertragen. Oder Sie erziehen ihn, indem er zwei Wochen kein Taschengeld bekommt und dann das Geld, das er normalerweise erhalten hätte, der Besitzerin des Apfelbaums für die Äpfel bringt, die er »geborgt« und zu zahlen vergessen hat. Wenn Sie einen Jungen oder wen immer bestrafen, müssen Sie dafür sorgen, dass er sich der goldenen Regel unterordnet.

5. SÜ / DAS WARTEN (DIE ERNÄHRUNG)

oben: Kan, das Abgründige, das Wasser

unten: Kiën, das Schöpferische, der Himmel

Das Urteil

Gehen Sie von dort, wo Sie im Geiste sind, weiter zu einer neuen Erfahrung. Sie bewegen sich im Geiste immer von einem Ort zu einem anderen. Akzeptieren Sie die innere und auch die äußere Reise zu reicherer Lebensfülle und zur Weiterentwicklung auf der ganzen Linie.

Das Bild

... ich will euch Brot vom Himmel regnen lassen ... (2. Mose 16, 4). Leben Sie in freudiger Erwartung des Besten, und das Beste wird Ihnen unweigerlich zuteilwerden. Akzeptieren Sie die Wohltaten des Lebens, denen Sie mit zunehmender Aufgeschlossenheit und Aufnahmebereitschaft gegenüberstehen.

Die einzelnen Linien

Anfangs eine Neun bedeutet: *... durch Stillesein und Hoffen würdet ihr stark sein* (Jesaja 30, 15). Kümmern Sie sich um Ihre alltäglichen Angelegenheiten und seien Sie überzeugt, dass alles zu Ihrem Besten zusammenwirkt. Der Weg öffnet sich für Sie in göttlicher Ordnung durch göttliche Liebe.

Neun auf zweitem Platz bedeutet: *Wer festen Herzens ist, dem bewahrst du Frieden …* (Jesaja 26, 3). Bleiben Sie geistig auf das Unendliche eingestimmt. Geben Sie anderen Menschen keine Macht über Sie. Niemand kann Sie behindern oder stören, weder in Worten noch in Taten. Die Macht liegt in Ihrem eigenen Denken. Richten Sie Ihre Gedanken auf Gott und seine Liebe, und nichts wird Sie verletzen.

Neun auf drittem Platz bedeutet: *… denn wenn ich schwach bin, so bin ich stark* (2. Korinther 12, 10). Geben Sie nie der Angst nach. Angst ist Glaube an das Falsche. Angst ist verkehrter Glaube. Verbinden Sie sich geistig mit der Gottesgegenwart und denken Sie beharrlich: »Gottes Liebe erfüllt meine Seele und reinigt meinen Geist. Göttliche Liebe geht mir voraus und macht meinen Weg eben und vollkommen. Göttliche Liebe löst alles auf, was ihr nicht gleicht.«

Sechs auf viertem Platz bedeutet: *Es wird dir kein Übel begegnen, und keine Plage wird zu deiner Hütte sich nahen* (Psalm 91, 10). *Der Herr wird für euch streiten, und ihr werdet still sein* (2. Mose 14, 14). In Ihrem Geiste sollen Sie nicht Gewalt anwenden, denn dies würde Ihre Situation nur verschlimmern. Seien Sie überzeugt, dass die in Ihrem Unterbewusstsein beheimatete Kraft und Weisheit Ihnen den glücklichen Ausgang herbeiführen werden.

Neun auf fünftem Platz bedeutet: *Wir wissen aber, dass denen, die Gott lieben, alle Dinge zum Besten dienen …* (Römer 8, 28). Gott lieben heißt, dass Ihre ganze Hingabe und Treue dem lebendigen allmächtigen Geist, an dem Sie teilhaben, gehören. Seien Sie darum überzeugt, dass Gott in Ihrem Leben wirkt, was rundum Harmonie und Frieden hervorbringt. Halten Sie an dieser Wahrheit fest, und viele Wohltaten werden Ihnen zuteilwerden.

Oben eine Sechs bedeutet: *… gedenke an ihn in allen deinen Wegen, so wird er dich recht führen* (Sprüche 3, 6). *Denn so du durch Wasser gehst, will ich bei dir sein, dass dich die Ströme nicht sollen ersäufen; und so du ins Feuer gehst, sollst du nicht brennen, und die Flamme soll dich nicht versengen* (Jesaja 43, 2).

Wenden Sie, wenn Sie deprimiert oder mutlos sind, Ihren Blick nach innen auf die Gottesgegenwart in Ihnen. Durch den Glauben an Gott können Sie Berge versetzen. Liebe bedeutet die höchste

Erfüllung. Strahlen Sie gegenüber allen Menschen Liebe und Freundlichkeit aus. Preisen Sie das Göttliche in den Mitmenschen und wünschen Sie ihnen alle Wohltaten des Lebens. Wenn Sie dies tun, werden in Ihrem Leben Wunder geschehen. Alles Gute ist Ihnen beschieden.

6. SUNG / DER STREIT

oben: Kiën, das Schöpferische, der Himmel

unten: Kan, das Abgründige, das Wasser

Das Urteil

Lass dich nicht das Böse überwinden, sondern überwinde das Böse mit Gutem (Römer 12, 21). *Und des Menschen Feinde werden seine eigenen Hausgenossen sein* (Matthäus 10, 36). Sie sollen nicht kämpfen oder Krieg führen. Ihr Haushalt, das ist Ihr eigener Geist. Die sogenannten »Feinde« sind negative Regungen der Angst, des Zorns und der Feindseligkeit in Ihrem Geist. Handeln Sie nicht, wenn Sie unter dem Einfluss eines negativen Gefühls stehen. Merzen Sie die negativen Impulse durch konstruktives Denken aus und bitten Sie um göttliche Führung und seelisch-geistigen Frieden. Es wäre vorteilhaft für Sie, Führung und geistigen Rat zu suchen.

Das Bild

Erkennen Sie, dass die unendliche Heilkraft Gottes, die in Ihnen wirkt, alles nach göttlichem Recht und göttlicher Ordnung geschehen lässt.

Die einzelnen Linien

Anfangs eine Sechs bedeutet: *Wirf dein Anliegen auf den Herrn: der wird dich versorgen …* (Psalm 55, 23). Lösen Sie sich von allen Problemen, stimmen Sie sich auf das Unendliche ein und machen Sie sich bewusst, dass Gott in Ihrem Leben wirkt, dass er Harmonie, Frieden und Segnungen in Ihr Leben bringt.

Neun auf zweitem Platz bedeutet: *Alle eure Sorge werfet auf ihn; denn er sorget für euch* (1. Petrus 5, 7). Halten Sie beharrlich an der Wahrheit fest, dass es in Ihnen eine Weisheit und Kraft gibt, die dort Frieden bringt, wo Zwietracht herrscht, und dass Sie für jedes Bedürfnis einen reichen Vorrat in sich tragen. Wenn Sie geistigen Zwang ausüben und Willensgewalt anwenden, wirkt sich das Gesetz der umgekehrten Wirkung aus und Sie bekommen das Gegenteil dessen, worum Sie beten. Seien Sie still und machen Sie sich bewusst, dass Gott in Ihrem Leben wirkt.

Sechs auf drittem Platz bedeutet: *Wir wissen aber, dass denen, die Gott lieben, alle Dinge zum Besten dienen …* (Römer 8, 28). Erkennen Sie, dass Gott Ihr Arbeitgeber ist und dass Sie für ihn arbeiten. Preisen Sie das Göttliche in allen Ihren Mitarbeitern. *Wie könnet ihr glauben, die ihr Ehre voneinander nehmet? Und die Ehre, die von Gott allein ist, suchet ihr nicht* (Johannes 5, 44).

Neun auf viertem Platz bedeutet: *Wenn er Frieden gibt, wer will verdammen?* (Hiob 34, 29). Bestärken Sie sich in dem Wissen, dass mithilfe der Weisheit und Macht Gottes eine harmonische Lösung erfolgen wird. Lassen Sie Gottes Frieden in Ihrem Geist und Ihrem Herzen herrschen, und alles wird gut sein.

Neun auf fünftem Platz bedeutet: *Gott war mit ihm und errettete ihn aus aller seiner Trübsal …* (Apostelgeschichte 7, 9f.). Ihr Anliegen wird ein glückliches Ende nehmen, und Sie werden eine wunderbare Antwort auf Ihr Gebet erhalten.

Oben eine Neun bedeutet: *Alle eure Dinger lasset in der Liebe geschehen* (1. Korinther 16, 14). Wir müssen unsere Gedanken, Gefühle, Aktionen und Reaktionen im Zaum halten. Schulen und erziehen Sie sich, sodass Ihre sämtlichen Gedanken, Vorstellungen und Gefühle den Normen dessen entsprechen, was lauter, schön, edel und gottgefällig ist. Wo Neid und Zwist herrschen, dort herrschen auch Verwirrung und alle Übel. Ihr echter Sieg besteht darin, Ihre Seele mit der Liebe Gottes zu füllen und von da aus Ihre Gedanken, Vorstellungen und Gefühle zu steuern. So werden Sie ein triumphales Leben führen.

7. SCHI / DAS HEER

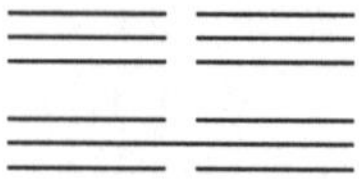

oben: Kun, das Empfangende, die Erde,

unten: Kan, das Abgründige, das Wasser

Das Urteil

Dein Glaube hat dir geholfen; gehe hin in Frieden (Lukas 7, 50). Ihr vertrauensvoller Glaube an eine allmächtige Kraft, die Sie stützt, wird Sie zur Überwindung aller Ihrer Probleme führen. *Ist Gott für uns, wer mag wider uns sein?* (Römer 8, 31). Das Heer verkörpert die Vielzahl der Gedanken, Ideen, Meinungen, Überzeugungen und Bilder, die Sie in Ihrem Geist hegen. Versammeln Sie diese und lehren Sie sie, dass es nur eine einzige Macht gibt – den allmächtigen lebendigen Geist –, der durch Ihre Gedanken und Vorstellungen strömt; dann werden Sie in sich ein siegreiches Heer haben. Sie sind auf Erden, um das Heer Ihrer Gedanken zum Glauben an Frieden und Glück zu führen.

Das Bild

Um ein echter Führer zu sein, müssen Sie die bunte Schar in Ihrem Geiste führen, indem Sie nur die Wahrheit sehen, nur die Wahrheit hören, Gutes von Bösem unterscheiden, die geistigen Werte des Lebens in sich aufnehmen und diese Ihrem Unterbewusstsein einprägen. Wenn Sie beharrlich die ewigen Wahrheiten nähren und sich geistig und gefühlsmäßig damit befassen, sinken diese Wahrheiten in Ihr Unterbewusstsein; und weil Ihr Unterbewusstsein zwingend wirkt, werden Sie zu Erfolg und Triumph gezwungen werden.

Die einzelnen Linien

Anfangs eine Sechs bedeutet: *… er ordnete sie …* (Psalm 148, 6). Es heißt, Ordnung sei das erste Gesetz des Himmels. Versichern Sie sich voll Kühnheit: »Göttliches Recht und göttliche Ordnung beherrschen meine sämtlichen Unternehmungen, und alles, was ich erstrebe, wird mir in göttlicher Liebe und göttlicher Ordnung zuteil.« Wenn Sie in Ihrem Unterbewusstsein den Begriff »göttliches Recht und göttliche Ordnung« einprägen, werden Sie sich bald auf höchster Ebene zu verwirklichen beginnen. Ihre verborgenen Talente werden ans Licht kommen; Heiterkeit, Frieden und Harmonie werden in Ihrem Leben vorherrschen.

Neun auf zweitem Platz bedeutet: *Rufe mich an, so will ich dir antworten, und will dir anzeigen große und gewaltige Dinge, die du nicht weißt* (Jeremia 33, 3). Erkennen und anerkennen Sie Gott als Wegweiser und Führer in Ihrem Leben. Wenn Sie Gottes Gegenwart in Ihnen lieben und preisen und ihr größte Ergebenheit bezeigen, werden Sie das Göttliche auch in anderen Menschen achten und lieben, und Sie werden auf der ganzen Linie wachsen und gedeihen.

Sechs auf drittem Platz bedeutet: *Lass die Toten ihre Toten begraben …* (Lukas 9, 60). Errichten Sie in Ihrem Geist keine Friedhöfe. Dies tut, wer in Kummer, Leid und Missgunst versinkt. Wenn Sie einem erlittenen Schmerz, einem alten Kummer nachgrübeln, indem Sie sich gedanklich wiederholt damit beschäftigen, schaufeln Sie sich in Ihrem Geist ein Grab. Über vergangenen Schmerz und Verlust nachzudenken, bedeutet Tod. Hegen Sie keine negativen Gedanken. Merzen Sie die Vergangenheit aus, vergessen Sie sie. Denken Sie konstruktiv. Lassen Sie in Ihrem Geist göttliche Liebe herrschen. Dieser Augenblick liebevoller Erfülltheit birgt das Gute für Sie. Ihre Zukunft – das sind Ihre sichtbar werdenden jetzigen Gedanken.

Sechs auf viertem Platz bedeutet: *Oder, welcher König will sich begeben in einen Streit wider einen anderen König und sitzt nicht zuvor und ratschlagt, ob er könne mit Zehntausend begegnen dem, der über ihn kommt mit Zwanzigtausend? Wo nicht, so schickt er Botschaft, wenn jener noch ferne ist, und bittet um Frieden* (Lukas 14, 31f.). Wenn Sie sich nicht selber einen Zahn wachsen lassen können, ist es am besten, Sie gehen zum Zahnarzt und segnen diesen. Wenn Sie ernstlich krank sind, gehen Sie zum Arzt. Hätten Sie den richtigen, tiefen Glauben, wären Sie nicht krank. Warten Sie nicht, bis es Ihnen noch schlechter geht; lassen Sie sich sofort behandeln. Gemäß Ihrem Glauben wird Ihnen geschehen. Machen

Sie sich keine Vorwürfe, weil Sie irgendeine Situation nicht meistern. Tun Sie Ihr Bestes und seien Sie dann damit zufrieden. Scheinen Ihnen die Schwierigkeiten unüberwindlich, kämpfen Sie nicht dagegen an, sondern suchen Sie Rat und Hilfe und beten Sie um Führung. Denken Sie daran: lebten Sie stets im Bewusstsein Gottes, würden Sie nie krank und wären zur Lösung aller Probleme fähig. Sie haben diese Lauterkeit des Bewusstseins mangels Glaubens noch nicht erreicht.

Besäßen Sie kein Geld, hätten aber den unerschütterlichen Glauben, dass Gott Ihre Bedürfnisse befriedigt, geschähe Ihnen gemäß Ihres Glaubens.

Sechs auf fünftem Platz bedeutet: *Der Ältere soll dienstbar werden dem Jüngeren* (Römer 9, 12). Sie dürfen nicht zulassen, dass Angst, Furcht, Hass oder Rachsucht Ihr Tun beherrschen. Mit dem Älteren sind das Massendenken und die Summe angelernter falscher Überzeugungen, sind die ewig alten Ansichten und Meinungen der anderen gemeint. Zunächst werden Sie sich Ihres Körpers und Ihrer Umgebung bewusst. Dann lernen Sie die wahren geistigen Werte kennen, Sie hören von Gottes Gegenwart in Ihrem Inneren und lassen sich von Weisheit, Wahrheit und Schönheit beherrschen. Darum soll der Ältere, der mit den alten Gedanken, jetzt vom Jüngeren, von dem geistig eingestellten Menschen, beherrscht werden, der seinen Wert von innen her hat. Wenn Sie in Ihrem Geist nicht Gottes Liebe inthronisieren und sich von ihr leiten lassen, wird Versagen die Folge sein. Denken Sie gut, und Gutes wird daraus erwachsen; denken Sie schlecht, und Schlechtes wird daraus erwachsen.

Oben eine Sechs bedeutet: ... *Du bist ein Fürst Gottes* ... (1. Mose 23, 6). Ein Fürst Gottes sind Sie, wenn in Ihrem Geist und Ihrem Herzen Ehrlichkeit, Aufrichtigkeit und Vertrauen auf Gott vorwalten. Ihre Urteile gehen von ewigen Wahrheiten aus, von den Wahrheiten Gottes, die zeitlos und unveränderlich sind. Von nun an werden alle Ihre Wege zum Ziel führen.

8. BI / DAS ZUSAMMENHALTEN

䷇ *oben: Kan, das Abgründige, das Wasser*

unten: Kun, das Empfangende, die Erde

Das Urteil

Willst du aber zum Leben eingehen, so halte die Gebote (Matthäus 19, 17). Halten Sie beharrlich fest an Ehrlichkeit, Gerechtigkeit und Gottvertrauen. Weichen Sie nicht von dem Kurs ab, der – wie Sie im Innersten Ihres Herzens wissen – richtig ist.

Das Bild

Also lasst euer Licht leuchten vor den Leuten, dass sie eure guten Werke sehen und euren Vater im Himmel preisen (Matthäus 5, 16). Wenn Sie Gott in Ihrer Mitte preisen, preisen Sie auch Gott in allen Menschen Ihrer Umgebung und tragen zur Harmonie, zum Frieden und zum Wohlergehen Ihrer Angehörigen, Freunde und Bekannten bei.

Die einzelnen Linien

Anfangs eine Sechs bedeutet: *... lasset uns nicht lieben mit Worten noch mit der Zunge, sondern mit der Tat und mit der Wahrheit* (1. Johannes 3, 18). Liebe ist ein Ausgießen des Herzens; sie ist echte Freundlichkeit gegenüber allen Menschen. Wenn Sie diese Haltung einnehmen und beharrlich beibehalten, wird das Gesetz der Anziehung für Sie wirksam und beschert Ihnen überraschend und prompt zahllose Wohltaten und Segnungen in allen Bereichen.

Sechs auf zweitem Platz bedeutet: *Ein guter Mensch bringt Gutes hervor aus seinem guten Schatz des Herzens ...* (Matthäus 12, 35). Wenn Sie weiterhin gute Schwingungen aussenden und gegenüber allen Menschen Freundlichkeit ausstrahlen, sind Ihnen Erfolg und Gedeihen sicher.

Sechs auf drittem Platz bedeutet: *Wer sein eigen Haus betrübt, der wird Wind zum Erbteil haben* (Sprüche 11, 29). Mit dem »Haus« ist Ihr Geist gemeint. Sorgen Sie dafür, dass Sie nur Gedanken hegen, die von Harmonie, Frieden, Freude, Gesundheit und Freundlichkeit geprägt sind. Wenn Sie sich geistig an Gedanken binden, die auf den ewigen Wahrheiten beruhen, werden Sie sich nicht mit Menschen verbünden, die der Lauterkeit Ihres Denkens nicht entsprechen. Wählen Sie als Freunde nur Menschen, die dies tun.

Sechs auf viertem Platz bedeutet: *Eure Rede sei allezeit lieblich und mit Salz gewürzt, dass ihr wisset, wie ihr einem jeglichen antworten sollt* (Kolosser 4, 6). Man muss das Salz kosten, um seinen Geschmack wahrzunehmen. »Salz« haben heißt, bildlich gesprochen, Eifer, Begeisterung und innere Freude zu haben, die das Leben viel »würziger« und lebensvoller machen. Ihre innere Einstellung ist ansteckend, überträgt sich auf Ihre Umgebung und bewirkt, dass Sie in allen Lebensbereichen wachsen und sich entwickeln.

Neun auf fünftem Platz bedeutet: *... was die Gerechten begehren, wird ihnen gegeben* (Sprüche 10, 24). Seien Sie sich der Tatsache bewusst, dass gottgefälliges richtiges Handeln für Sie wirkt und Ihnen Erfolg und Glück garantiert.

Oben eine Sechs bedeutet: *Denn wo zwei oder drei versammelt sind in meinem Namen, da bin ich mitten unter ihnen* (Matthäus 18, 20). Für die Erfüllung Ihrer Wünsche und Sehnsüchte sind ständige Harmonie und Eintracht überaus wichtig. Mit anderen Worten: Ihre vorherrschende Überzeugung muss auf göttlichem Recht und göttlicher Ordnung beruhen, da Verwirrung im Geiste zu Verlust und Fehlschlägen führt.

9. SIAU TSCHU / DES KLEINEN ZÄHMUNGSKRAFT

oben: Sun, das Sanfte, der Wind

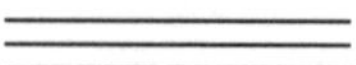

unten: Kiën, das Schöpferische, der Himmel

Das Urteil

Der Herr ist mein Hirte; mir wird nichts mangeln (Psalm 23, 1). Die Kraft des »Herrn« – das Bewusstsein von der Gottesgegenwart in

Ihnen – wacht über Sie, und es wird Ihnen nicht an Beweisen für die Tatsache mangeln, dass Gott Sie führt und hier und jetzt alle Ihre Bedürfnisse erfüllt.

Das Bild

Der Herr aber stand mir bei und stärkte mich (2. Timotheus 4, 17). Leben Sie weiterhin im Glauben und im Vertrauen auf Gott, und Sie werden geistig wachsen und in allen Belangen vorankommen.

Die einzelnen Linien

Anfangs eine Neun bedeutet: *Denn Gott der Herr … wird kein Gutes mangeln lassen den Frommen* (Psalm 84, 12). Bleiben Sie auf das Unendliche eingestimmt; Sie können versichert sein, dass Sie die Verwirklichung Ihrer größten Herzenswünsche erreichen werden.

Neun auf zweitem Platz bedeutet: … *aber Gott war mit ihm und errettete ihn aus aller seiner Trübsal* … (Apostelgeschichte 7, 9f.). Versuchen Sie nicht, etwas zu erzwingen. Entspannen Sie sich, seien Sie gelöst und vertrauen Sie darauf, dass die Ihnen innewohnende unendliche Weisheit alles in der richtigen Weise und zur rechten Zeit regeln wird.

Neun auf drittem Platz bedeutet: *Und wenn ein Haus mit sich selbst uneins wird, kann es nicht bestehen* (Markus 3, 25). Ihr »Haus« ist Ihr Geist. Wenn Sie geistig verwirrt, zornig oder hasserfüllt sind, nehmen die Dinge kein gutes Ende. Beruhigen Sie sich. Kehren Sie auf den Weg der inneren Harmonie zurück.

Sechs auf viertem Platz bedeutet: *Wenn er Frieden gibt, wer will verdammen?* (Hiob 34, 29). Gewähren Sie anderen Menschen keine Macht. Niemand hat die Macht, Sie zu beunruhigen oder zu verletzen; diese Macht hat nur Ihr eigenes Denken. Übertragen Sie jedwede Macht der Gottesgegenwart in Ihnen und seien Sie überzeugt, dass sich die Dinge in göttlicher Ordnung entwickeln werden, dann weicht jegliche Angst aus Ihrem Geist.

Neun auf fünftem Platz bedeutet: *Wer festen Herzens ist, dem bewahrst du Frieden* … (Jesaja 26, 3). Wenn Sie Gott in Ihrer Mitte preisen, werden alle Menschen, mit denen Sie zu tun haben,

Ihre positiven Schwingungen und Ihre Begeisterung spüren, und Sie werden vorwärtskommen.

Oben eine Neun bedeutet: *Gott stärkt mich mit Kraft und weist mir einen Weg ohne Tadel* (2. Samuel 22, 33). Alles unter der Sonne hat seine Zeit. Rasten Sie und entspannen Sie sich. Vertrauen Sie darauf, dass die unendliche Weisheit, an der Sie teilhaben, alles zur rechten Zeit und in der richtigen Weise regeln wird.

10. LÜ / DAS AUFTRETEN

☰ *oben: Kiën, das Schöpferische, der Himmel*

☱ *unten: Dui, das Heitere, der See*

Das Urteil

Die Reden des Freundlichen sind wie Wabenhonig, trösten die Seele und erfrischen die Gebeine (Sprüche 16, 24). Eine sanfte Antwort wendet Zorn ab. Bestimmt würden Sie niemals zornig auf einen Menschen sein, der einen Buckel hat oder anderweitig verkrüppelt ist; Sie hätten Mitleid mit ihm. Viele Menschen sind geistige Krüppel, haben einen verbogenen, verdrehten, verkümmerten Geist. Wünschen Sie diesen Menschen Gutes, doch gehen Sie Ihres Weges. Gottes Überfluss gehört Ihnen.

Das Bild

Darum lasset uns dem nachstreben, was zum Frieden dient und was zur Besserung untereinander dient (Römer 14, 19). Wählen Sie Ihre Gedanken sorgfältig. Setzen Sie Ihr Unterscheidungsvermögen ein. Scheiden Sie in Ihrem Geiste die Spreu vom Weizen. Begrüßen Sie das Göttliche in Ihnen und machen Sie sich klar, dass jeder Mensch ein verkleinerter Inbegriff Gottes ist, dann wird Ihnen Gutes beschieden sein.

Die einzelnen Linien

Anfangs eine Neun bedeutet: ... *die den Herrn suchen, haben keinen Mangel an irgendeinem Gut* (Psalm 34, 11). Erkennen Sie die Gottesgegenwart in Ihrem Inneren an und seien Sie überzeugt, dass Ihre innere Harmonie von anderen intuitiv empfunden und überall Freundlichkeit und Wohlwollen auslösen wird. Ihre Erlebnisse werden glücklich verlaufen.

Neun auf zweitem Platz bedeutet: Shakespeare ließ – sehr überzeugend – Polonius sagen: »Sei dir selber treu, und daraus folgt, so wie die Nacht dem Tage, du kannst nicht falsch sein gegen irgendwen.« Bleiben Sie Ihren Idealen und Lebenszielen treu, dann werden Sie bei allem, was Sie tun, Erfolg haben.

Sechs auf drittem Platz bedeutet: *Wie einem Krüppel das Tanzen, also steht den Narren an, von Weisheit zu reden* (Sprüche 26, 7). ... *Wenn dein Auge einfältig ist, so wird dein ganzer Leib licht sein* (Matthäus 6, 22). Dies besagt, dass Sie Ihre Aufmerksamkeit der Gottesgegenwart in Ihnen widmen und der Macht Gottes in Ihrem Leben die erste Stelle einräumen sollen; dann werden Sie ein Kanal für das Göttliche, dann ist Ihr Auge »einfältig«, und Ihr ganzer Leib wird licht und von Liebe erfüllt.

Jede Parabel hat zwei Seiten: eine innere und eine äußere Bedeutung, die einander entsprechen. Ihre innere Welt oder Ihr Denken und Fühlen beherrschen Ihre Außenwelt. Tadeln Sie andere Menschen nicht; lassen Sie sich von anderen nicht reizen. Seien Sie sich klar, dass Ihr höheres Ich Ihr Chef ist, und unterwerfen Sie sich dem göttlichen Gesetz der Güte, Wahrheit und Schönheit in Ihnen, dann wird nichts Sie verletzen. Wenn Sie Groll hegen und zulassen, dass Ihr Gefühlsleben gestört ist, werden Sie auf vielerlei Weise Verlust erleiden. ... *durch Stillesein und Hoffen würdet ihr stark sein* ... (Jesaja 30, 15).

Neun auf viertem Platz bedeutet: Sie sollten darauf achten, dass Sie stets *in einem Stand guter Werke gefunden werden* ... (Titus 3, 8). Handeln Sie nicht draufgängerisch. Lassen Sie bei allem, was Sie tun, Vorsicht walten, setzen Sie den gesunden Menschenverstand ein. Machen Sie sich bewusst, dass Sie durch die Gotteskraft, die Sie stärkt, alles erreichen und bewerkstelligen können.

Neun auf fünftem Platz bedeutet: *Guter Rat wird dich bewahren, und Verstand wird dich behüten* (Sprüche 2, 11). Seien Sie wachsam, auf der Hut. Stellen Sie sicher, dass Ihre Entscheidungen auch wirklich klug sind. »Verständnis« haben heißt, einen Ausweg aus Schwierigkeiten zu kennen und zu wissen, wie man auf unserem Planeten in Frieden und Harmonie lebt. Machen Sie sich klar, dass die Ihnen innewohnende unendliche Weisheit Sie bei allen Ihren Unternehmungen führt und dass ständig Gottes allbeschützende Gegenwart Sie bewacht.

Oben eine Neun bedeutet: *Denn durch mich werden deiner Tage viel werden, und werden dir der Jahre des Lebens mehr werden* (Sprüche 9, 11). Wenn Ihre Gedanken klug sind, werden auch Ihre Taten klug sein. Wenn Ihre Einstellung richtig ist und Sie in Erwartung des Besten leben, wird Ihnen unweigerlich das Beste zuteilwerden. Erfolg und Gelingen sind Ihnen jetzt beschieden.

11. TAI / DER FRIEDE

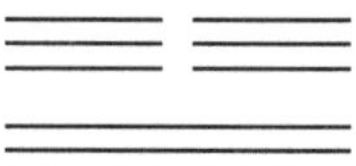

oben: Kun, das Empfangende, die Erde

unten: Kiën, das Schöpferische, der Himmel

Das Urteil

Wer festen Herzens ist, dem bewahrst du Frieden … (Jesaja 26, 3). Herrschen in Ihrem Inneren Frieden und Einklang mit dem Unendlichen, werden Sie in Ihrer Familie, Ihren Geschäften und in allen Aspekten Ihres Lebens Frieden finden. Außerdem werden Sie Erfolge erringen, die Sie in Ihren kühnsten Träumen nicht erwartet haben.

Das Bild

Wo zwei unter euch eins werden auf Erden, worum es ist, dass sie bitten wollen, das soll ihnen widerfahren von meinem Vater im Himmel (Matthäus 18, 19). Wenn Ihr Bewusstsein und Ihr Unterbewusstsein sich einig sind, wird die schöpferische Kraft (der »Vater«)

Ihren Wunsch verwirklichen. Herrscht zwischen Ihrem Bewusstsein und Ihrem Unterbewusstsein Übereinstimmung in Bezug auf Ihre Ideale und Ziele, werden Sie die Freude der Verwirklichung erleben. Ihre Gebete werden erhört.

Die einzelnen Linien

Anfangs eine Neun bedeutet: ... *und was er macht, das gerät wohl* (Psalm 1, 3). »Wohlgeraten« heißt, auf der ganzen Linie wachsen und sich entwickeln – geistig, seelisch, materiell. Das Gesetz der Anziehung wirkt für Sie, und Sie ziehen lauter Menschen an, die Ihnen helfen und beistehen werden, damit Sie Ihre Ziele erreichen.

Neun auf zweitem Platz bedeutet: *Und die Pforte ist eng, und der Weg ist schmal, der zum Leben führet; und wenige sind ihrer, die ihn finden* (Matthäus 7, 14). Nur durch eine Änderung Ihrer Geisteshaltung können Sie die äußeren Bedingungen ändern. Dies ist die »enge Pforte«, der Königsweg der Alten und der mittlere Pfad Buddhas. Es gibt nur einen Weg, Harmonie, Frieden, Erfolg und Gesundheit in Ihr Leben zu bringen: Ihrem Unterbewusstsein Gedanken der Harmonie, des Friedens, der Fülle und Sicherheit einzuprägen.

Geben Sie anderen Menschen oder Äußerlichkeiten keine Macht über Sie. Weigern Sie sich, falsche Überzeugungen der Masse anzuerkennen – wie den Glauben an die Macht der Sterne, an böse Geister, Vorherbestimmung, Schicksal usw. Überlassen Sie alle Macht Gott in Ihrem Inneren, und wandeln Sie auf Erden im Vertrauen auf das Göttliche, dann werden Sie auf der ganzen Linie triumphieren.

Neun auf drittem Platz bedeutet: Eine alte Lebenswahrheit lautet: »Auch dieses wird vorübergehn.« Alles wandelt sich zu seinem Gegenteil. Sie können ein ausgewogenes, schöpferisches Leben führen, ohne den Zyklen des Auf und Ab zu unterliegen, indem Sie kühn erklären: »Göttliches Recht und göttliche Ordnung beherrschen mein ganzes Leben, und gottgefälliges Handeln leitet mich allezeit gut.« Abwechslungen, die das Leben interessant gestalten, sollen Sie erfreuen, nicht erschüttern. Viele Menschen schwanken ständig hin und her, sind bald himmelhoch jauchzend, bald zu Tode betrübt. Man kann an einem Regentag genauso glücklich sein wie an einem Sonnentag. Beobachten Sie Ihr geistig-seelisches Klima. Dieses bestimmt Ihre sämtlichen Erfahrungen im Leben. Genießen Sie das Gefühl des Erfolgs und der vollbrachten Leistung und bleiben Sie in der Erwartung weiterer Erfolge.

Sechs auf viertem Platz bedeutet: *Dies sollte man tun und jenes nicht lassen* (Lukas 11, 42). Wenn Sie einem Menschen Hilfe gewähren, müssen Sie überlegt vorgehen. Sie »lassen jenes«, wenn Sie dem anderen Menschen nicht das Wissen vermitteln, wie man die Kräfte des Unterbewusstseins nutzt. Wird sich der Mitmensch dieser Kräfte bewusst, braucht er nie mehr um ein Almosen, einen Teller Suppe oder einen alten Anzug bitten. Die Lebenslektion, die jeder von uns lernen muss, heißt: auf eigenen Füßen stehen, die persönlichen Probleme und Herausforderungen, vor die man gestellt wird, selbst bewältigen. Zu leicht gewährte Hilfe beraubt den Bemitleideten seiner Selbstachtung und nimmt ihm den eigenen Antrieb. Klären Sie ihn vielmehr über die unendlichen Kräfte, die seinem göttlichen Inneren innewohnen, auf, dann geben Sie ihm das Wissen, das er braucht, und Sie haben »jenes nicht gelassen«. Helfen Sie ihm, ja, aber sorgen Sie dafür, dass er sich nicht auf Sie stützt. Lehren Sie ihn, sich auf Gott zu stützen, und es wird immer für ihn gesorgt werden.

Sechs auf fünftem Platz bedeutet: *Was nun Gott zusammengefügt hat, das soll der Mensch nicht scheiden* (Matthäus 19, 6). Gott ist die Liebe, und wenn Liebe zwei Herzen verbindet, schlagen sie in Einklang und Harmonie. Ehe aus einem anderen Grund wäre keine Ehe, wäre bloß eine Farce, eine Maskerade, falscher Schein. Psychologisch gesprochen kann eine »Ehe« auch ein Geschäftsvertrag, eine Partnerschaft, eine berufliche Verbindung sein. Solche Abkommen sollten immer auf beiderseitigem guten Willen und auf Harmonie beruhen und für jeden der Beteiligten akzeptabel und zufriedenstellend sein. Bei jeder harmonischen Verbindung ist der Erfolg sichergestellt.

Oben eine Sechs bedeutet: *... dass ihr nicht widerstreben sollt dem Übel; sondern, so dir jemand einen Streich gibt auf deinen rechten*

Backen, dem biete den anderen auch dar (Matthäus 5, 39). Dies gehört zu den Geheimnissen des Erfolges und Glücks im Leben. Wenn Sie geistig Widerstand leisten gegen einen unerwünschten oder unangenehmen Zustand, verleihen Sie diesem mehr Macht, was die Sache für Sie nur verschlimmert. Stürmen Sie nicht in Gedanken gegen den Zustand an. Vermeiden Sie, gegen Schwierigkeiten durch Grübeleien zu kämpfen. Vergegenwärtigen Sie sich die Gegenwart Gottes, die in Ihrem Leben wirkt, und machen Sie sich bewusst, dass das göttliche Harmoniegesetz für Sie und alle Menschen Ihrer Umgebung funktioniert, dann werden Sie feststellen, dass das Problem sich auflöst und Sie frei sind. Dies ist der wahre Sinn der Forderung: *Liebet eure Feinde*, die so viele Menschen verwirrt. Solche Haltung ist eine hervorragende geistige Strategie. Versuchen Sie es, wenden Sie die Strategie an, und Sie werden siegen.

12. PI / DIE STOCKUNG

oben: Kiën, das Schöpferische, der Himmel

unten: Kun, das Empfangende, die Erde

Das Urteil

Was der Gottlose fürchtet, das wird ihm begegnen; und was die Gerechten begehren, wird ihnen gegeben (Sprüche 10, 24). … *Er ist ein Schild allen, die ihm vertrauen* (2. Samuel 22, 31). Halten Sie an den Wahrheitsprinzipien fest und erlauben Sie niemandem, Sie von den Prinzipien der Harmonie, der Gesundheit und des Friedens abzubringen. Seien Sie still und ruhig und vertrauen Sie darauf, dass alle Dinge in göttlicher Fügung verwirklicht werden.

Das Bild

Haben Sie sich Ideale geschaffen, sollten Sie trotz Ärger, Kritik und Rügen daran festhalten. Bleiben Sie Ihrem inneren Antrieb und Ihren Lebensgrundsätzen, die auf Güte, Ehrlichkeit und Liebe beruhen, beharrlich treu. Seien Sie sich bewusst, dass alles, was für Sie richtiges Handeln ist, dies zwangsläufig auch für alle anderen sein muss, die sich auf das Prinzip richtigen Handelns stützen. Lassen Sie sich von niemandem ablenken oder auf Nebengeleise verdrängen, mit welchen Argumenten und Überredungskünsten man Ihnen auch kommen mag.

Die einzelnen Linien

Anfangs eine Sechs bedeutet: *… wohl dem, der sich auf den Herrn verlässt!* (Sprüche 16, 20). Vertrauen Sie voll und ganz auf die Ihnen innewohnende Weisheit, die Ihr höheres Ich ist; diese hat Interesse an Ihrem Wohlergehen und geistigen Wachstum.

Seien Sie sich ständig bewusst, dass Gott Sie liebt und für Sie sorgt, dass der unendliche Geist, an dem Sie teilhaben, Sie leitet und Ihnen den nächsten Schritt Ihrer Entfaltung enthüllt. Jetzt ist die rechte Zeit für Meditation und Gebet, der Erfolg wird nicht ausbleiben.

Sechs auf zweitem Platz bedeutet: *Sei unverworren mit dem, der Heimlichkeit offenbart … und mit dem falschen Maul* (Sprüche 20, 19). Achten Sie nicht auf Speichelleckereien oder leere Schmeicheleien. Halten Sie beharrlich an den geistigen Lebenswerten fest, die ewig und unveränderlich sind. Machen Sie sich weiterhin das Erlangen von Weisheit zur Leidenschaft, dann werden große, gewaltige Dinge Ihr Leben bereichern, und Sie werden einen inneren Frieden haben, der Sie wunschlos glücklich sein lässt.

Sechs auf drittem Platz bedeutet: *Denn wer sich selbst erhöhet, der soll erniedrigt werden …* (Lukas 14, 11). Ein Mensch, der unaufrichtige oder betrügerische Mittel anwendet oder schiefe Wege beschreitet, um voranzukommen, missbraucht die Kräfte seines eigenen Unterbewusstseins, indem er sich auf *unrechte* Weise erhöht. Weil sein Unterbewusstsein natürlich seine Minderwertigkeit, seine Schuld und sein Gefühl des Mangels kennt, wird er gezwungen werden, von der Position herabzusteigen, die er auf unrechte Weise erlangte. In der Politik, der Gesellschaft, in der Geschäftswelt und dem Berufsleben ist es eine altbekannte Tatsache, dass ein Mensch, der mit allen Mitteln äußerlich voranzukommen versucht, nur seinen Abstieg beschleunigt. Der Mensch »befördert« sich wirksam, indem er seinem Unterbewusstsein das geistige Äquivalent von Erfolg, Aufrichtigkeit und Zielstrebigkeit einprägt, worauf das Unterbewusstsein ihn dann von selbst zum Aufstieg zwingt. Mit anderen Worten: Ein Mensch bringt sich durch seine seelisch-geistige Haltung, die er sich bewusst beilegt, voran.

Neun auf viertem Platz bedeutet: *Aber der Geist ist es in den Leuten, und der Odem des Allmächtigen, der sie verständig macht* (Hiob 32, 8). Gott ist die höchste und größte Autorität, er ist der Inbegriff der Weisheit. Er ist der erhabene Geist in Ihnen. Er ist allwissend, allweise, unsterblich. Rufen Sie Gott an, dann werden Sie inspiriert und angeleitet, das Richtige zu tun. Sie werden vorankommen, Erfolge erringen und ein Segen für alle sein, die mit Ihnen zu tun haben.

Neun auf fünftem Platz bedeutet: *Die Weisheit stärkt den Weisen mehr denn zehn Gewaltige, die in der Stadt sind* (Prediger 7, 19). »Weisheit« ist das Bewusstsein, dass man die Gegenwart und Macht Gottes in sich trägt. Verbinden Sie sich mit dieser Gottesgegenwart in Ihnen und denken Sie daran: *Die auf den Herrn warten, erhalten neue Kraft, dass sie auffahren mit Flügeln wie Adler, dass sie laufen und nicht matt werden, dass sie wandeln und nicht müde werden* (Jesaja 40, 31).

Seien Sie sich bewusst, dass die Kraft des Allmächtigen für Sie wirkt und sich seiner Allmacht nichts entgegenzustellen vermag. Mit dieser Haltung werden Sie alle Probleme überwinden. Das Wort »warten« der Bibel fordert dazu auf, den Geist zu beruhigen und die unendliche Macht anzurufen, die reagiert und in Ihrem Leben aktiv und mächtig wird. Das Unendliche kann nicht scheitern. Nichts kann ihm entgegentreten oder entgegenarbeiten. Es ist allmächtig.

Oben eine Neun bedeutet: *Seid stille und erkennt, dass ich Gott bin …* (Psalm 46, 11). Sie sollen Ihren Geist beruhigen und erkennen, dass Ihr eigenes »Ich-bin« Gott ist und dass Sie, wenn Sie sagen: »Ich bin«, Gottes Gegenwart in Ihnen kundtun, die Gegenwart des reinen Geistes, der Weisheit, des Lebensprinzips. Der

Name Gottes ist die Natur Gottes, da Gott keinen Namen hat. Wenn Sie erkennen und anerkennen, dass Gott in Ihrem Leben wirkt, wird sich für Sie alles ändern, wird alles geordnet und harmonisch werden. Alles Negative in Ihrem Leben verschwindet, und die zahllosen Wohltaten des Lebens werden Ihnen zuteil.

13. TUNG JEN / GEMEINSCHAFT MIT MENSCHEN

oben: Kiën, das Schöpferische, der Himmel

unten: Li, das Haftende, das Feuer

Das Urteil

... denn der Herr, dein Gott, wird selber mit dir wandeln und wird die Hand nicht abtun noch dich verlassen (5. Mose 31, 6). Neigen Sie sich vertrauensvoll einem größeren, umfassenderen geistigen Erlebnis zu. Begeben Sie sich von da, wo Sie im Geiste sind, geistig an einen neuen Ort, in eine neue Stellung, an eine neue Aufgabe oder eine neue Wohnstatt. Der Geist des Menschen wird in der Bibel als Wasser bezeichnet, und Sie durchqueren das große Wasser, wenn Sie sich von Ihrem gegenwärtigen geistigen Standpunkt zur geistigen Annahme dessen begeben, was Sie sein, tun oder haben wollen. Ihr Gebet ist dabei eine geistige Reise »ins gelobte Land« oder zur Erkenntnis Ihres Herzenswunsches. Sollte mit diesem Wunsch eine Reise nach Griechenland oder anderswohin verknüpft sein, dann machen Sie die Reise und genießen Sie die Verwirklichung Ihres Traums. Sie werden glücklich sein.

Das Bild

Befiehl dem Herrn deine Wege und hoffe auf ihn; er wird's wohl machen (Psalm 37, 5). Strahlen Sie immer Liebe und Freundlichkeit aus. Bestimmen Sie Ihr Ziel und Ihr Wollen. Das Gesetz der Affinität wird bewirken, dass Sie alle jene anziehen, die Ihnen bei der Erfüllung Ihres Wunsches helfen werden. Göttliche Weisheit lenkt Sie, und Sie werden richtig geführt werden.

Die einzelnen Linien

Anfangs eine Neun bedeutet: *Vor dem Herrn wird solches Mannes Gang gefördert, und er hat Lust an seinem Wege* (Psalm 37, 23). Ehrlichkeit, Aufrichtigkeit, Freundlichkeit und Wohlwollen beherrschen alle Ihre Unternehmungen; Kameradschaft herrscht und kommt allen Beteiligten zugute.

Sechs auf zweitem Platz bedeutet: *Wer seinen Bruder liebt, der bleibt im Licht, und ist kein Ärgernis bei ihm* (1. Johannes 2, 10). Ihre Entscheidungen dürfen nicht von Feindseligkeit, Vorurteil bestimmt sein und auch nicht von Bigotterie. Ihre Motivationen, Entscheidungen und Handlungen müssen auf Freundlichkeit gegenüber jedermann beruhen; andernfalls ziehen Sie Verlust und Einschränkung an.

Neun auf drittem Platz bedeutet: *Und wenn ihr stehet und betet, so vergebet, wo ihr etwas wider jemand habt …* (Markus 11, 25). … *Vergebt, so wird euch vergeben* (Lukas 6, 37). … *Die Rache ist mein; ich will vergelten, spricht der Herr.* (Römer 12, 19). Sie können es sich nicht leisten, Feindseligkeit oder Hass zu empfinden oder mit jemand anderem abrechnen zu wollen. Vergessen Sie nicht, Sie selbst sind derjenige, der die Feindseligkeit büßt. Eine hasserfüllte Geisteshaltung beraubt Sie jeglicher Begeisterung und Energie und macht Sie zum körperlichen und seelisch-geistigen Wrack. Geben Sie den Gegner geistig frei, wünschen Sie ihm Gutes und gehen Sie Ihres Weges. Was Sie für jemand anderen wünschen, das wünschen Sie für sich selbst. Schlagen Sie sich den Gegner aus dem Sinn, indem Sie ihn Gott befehlen und ihm alle Wohltaten des Lebens wünschen. Wenn Sie dies tun, entfernen Sie den Stachel aus Ihrem Geist.

Neun auf viertem Platz bedeutet: So *wir uns untereinander lieben, so bleibt Gott in uns …* (1. Johannes 4, 12). Erkennen Sie die Gegenwart Gottes im Mitmenschen und behaupten Sie, dass Harmonie, Frieden und Verständnis vorwalten, dann werden Ihnen Erfolg und Frieden zuteil.

Neun auf fünftem Platz bedeutet: *Wes das Herz voll ist, des geht der Mund über. Ein guter Mensch bringt Gutes hervor aus seinem guten Schatz des Herzens …* (Matthäus 12, 34f.). Wenn zwei Herzen wie eines schlagen, herrschen zwischen ihnen Einigkeit, Harmonie und Verständnis. Das Gesetz der Anziehung führt die beiden in göttlicher Fügung zusammen, und sie erreichen miteinander große Dinge.

Oben eine Neun bedeutet: ... *und wandelt in der Liebe* ... (Epheser 5, 2). Liebe ist ein Ausgreifen des Herzens, ist Freundlichkeit gegenüber allen Menschen. Strahlen Sie Wohlwollen aus und preisen Sie das Göttliche in jedem Menschen, mit dem Sie zusammentreffen. Die Vergangenheit ist tot. Nichts lebt außer diesem gegenwärtigen Augenblick. Ändern Sie jetzt Ihre Gedanken und halten Sie an der Änderung fest, dann ändern Sie Ihr Schicksal. *Gedenket nicht an das Alte und achtet nicht auf das Vorige!* (Jesaja 43, 18).

14. DA YU / DER BESITZ VON GROSSEM

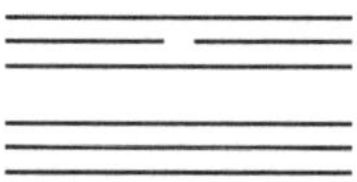

oben: Li, das Haftende, das Feuer

unten: Kiën, das Schöpferische, der Himmel

Das Urteil

Der Herr, dein Gott, wird dich segnen in allem deinem Einkommen und in allen Werken deiner Hände; darum sollst du fröhlich sein (5. Mose 16, 15). Was Sie auch tun, alles wird bestens, wird großartig geraten.

Das Bild

Der Mund des Gerechten redet die Weisheit ... (Psalm 37, 30). »Weisheit« heißt, dass Sie sich der Gegenwart und Macht Gottes in Ihnen klar bewusst sind. Geben Sie Gott – der höchsten Weisheit – in Ihnen jede Macht und weigern Sie sich, negativen Gedanken oder negativ denkenden Menschen irgendwelche Macht zuzugestehen. Streben Sie nur nach Schönem und Gutem.

Die einzelnen Linien

Anfangs eine Neun bedeutet: *Denn Gott hat uns nicht gegeben den Geist der Furcht, sondern der Kraft und der Liebe und der Zucht* (2. Timotheus 1, 7). Furcht ist ein Zeichen für mangelnden Glauben an Gott. Furcht ist Glaube an das Falsche. Vermeiden Sie, sich negativen Gedanken jeder Art zu überlassen. Ersetzen Sie negative Gedanken sofort durch die Vergegenwärtigung Ihres Glaubens an Gott und alle guten Dinge.

Neun auf zweitem Platz bedeutet: *Wirf dein Anliegen auf den Herrn: der wird dich versorgen ...* (Psalm 55, 23). Suchen Sie den Felsen der Kraft in sich. Gott ist in Ihnen; Sie werden feststellen, dass Sie stark sind, sobald Sie sich seiner bewusst sind. Seine unendliche Kraft bewegt sich ständig durch Sie und alle, die mit Ihnen in Verbindung stehen; diese Kraft versetzt Sie in die Lage, in Verfolgung Ihrer Ziele alle Hindernisse zu überwinden.

Neun auf drittem Platz bedeutet: *... als die nichts innehaben, und doch alles haben* (2. Korinther 6, 10). Gott hat alles. Sie sind ein Verwalter des Göttlichen und sollten Ihre Fähigkeiten und Kräfte klug, umsichtig und konstruktiv einsetzen. Erkennen Sie Gott als Quelle Ihrer Versorgung an und preisen Sie diese Quelle aller Wohltaten. Der Reiche, von dem im Markusevangelium, Kapitel 10, gesprochen wird, war ein Mann, der »reich« war an vorgefassten Meinungen, falschen Ansichten über Gott, das Leben und das Universum. Er war auch verstopft von seinen falschen Ansichten über Krankheit, so wurde er von Mangel jeder Art befallen. Befreien Sie sich von falschen Ansichten, von falschem Glauben; glauben Sie an *den lebendigen Gott, der uns dargibt reichlich ...* (1. Timotheus 6, 17).

Neun auf viertem Platz bedeutet: *Alle eure Dinge lasset in der Liebe geschehen!* (1. Korinther 16, 14). *... die Liebe eifert nicht ...* (1. Korinther 13, 4). Wünschen Sie jedermann Glück und Erfolg. Sie sind einmalig, auf der Welt gibt es niemanden, der Ihnen gleich ist; Gott wiederholt sich niemals. Erkennen Sie, dass Gott der Ursprung aller Dinge ist, dass Sie in sich gehen und von der Überfülle, so viel Sie brauchen, haben können; Ihr Unterbewusstsein wird entsprechend reagieren. Sie erhalten nichts, es sei denn durch Bewusstmachung. Sie müssen das geistige Äquivalent dessen besitzen, was Sie erlangen wollen.

Sechs auf fünftem Platz bedeutet: … *durch Liebe diene einer dem andern* (Galater 5, 13). Wenn Sie anderen in Liebe dienen, dienen Sie auch sich selbst, und es wird Ihnen zugutekommen.

Oben eine Neun bedeutet: *Weiche nicht, weder zur Rechten noch zur Linken, auf dass du weise handeln mögest in allem, was du tun sollst* (Josua 1, 7). Dies heißt, dass Sie der gegenständlichen Welt (der »Rechten«) keine Macht zugestehen sollen, genauso wenig dem Glauben an Falsches (der »Linken«); vielmehr sollen Sie alle Macht dem Ihnen innewohnenden Göttlichen geben und sich bewusst sein, dass der lebendige Geist sich für Sie regt; so werden Sie zahllose Wohltaten und Segnungen erfahren, und alles, was Sie unternehmen, wird gelingen.

15. KIËN / DIE BESCHEIDENHEIT

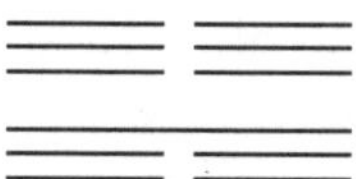

oben: Kun, das Empfangende, die Erde

unten: Gen, das Stillehalten, der Berg

Das Urteil

So ziehet nun an … Demut (Kolosser 3, 12). … *der Demütige wird Ehre empfangen* (Sprüche 29, 23). »Demut« heißt, dass Sie belehrbar, aufgeschlossen und empfänglich für die Wahrheiten Gottes sind; Wachstum, Entwicklung und Erreichen des Ziels sind natürliche Folgen. Die Großen dieser Welt sind demütig. Wirkliche Demut stellt die Wahrheit über alles andere und ist stets bereit, sie anzunehmen. Der Lohn der Demut ist geistiger und materieller Reichtum, Ehre und ein erfülltes Leben.

Das Bild

Selig sind die Sanftmütigen; denn sie werden das Erdreich besitzen (Matthäus 5, 5). Mit dem »Erdreich« sind Ihr Körper und Ihre materielle Situation, Ihr Heim, Ihr Geschäft, Ihr Beruf und Ihre

Lebenserfahrung gemeint. Alles dies ist Ausdruck Ihrer inneren seelisch-geistigen Haltung. Die »Sanftmütigen« sind jene Menschen, die alle Macht und Ehre Gott geben und erkennen, dass Gottes Wille etwas Wunderbares, Erfreuliches, Faszinierendes für alle Menschen ist und unsere kühnsten Träume übertrifft. Darin liegt der Schlüssel zu Gesundheit, Glück und Fülle.

Die einzelnen Linien

Anfangs eine Sechs bedeutet: *Der Weg des Lebens geht aufwärts für den Klugen* … (Sprüche 15, 24). *Und er sprach: Lass uns fortziehen und reisen, ich will mit dir ziehen* (1. Mose 33, 12). Fassen Sie einen Entschluss, »reisen« Sie von dort, wo Sie im Geiste stehen, geistig zu jenem Punkt im Leben, den Sie erreichen möchten. Nähren Sie den Entschluss, stärken Sie ihn durch Glauben und Vertrauen, dann wird er Wirklichkeit. So durchqueren Sie das große Wasser Ihres Geistes, und jede äußere Reise über Wasser oder Land wird Sie beglücken.

Sechs auf zweitem Platz bedeutet: … *und Gott gab ein großes Heil* (2. Samuel 23, 12). Gott wohnt Ihnen inne. Ihr Unterbewusstsein bringt jetzt zum Ausdruck, was Sie ihm eingeprägt haben; Sie wachsen geistig, seelisch und materiell. Erfolg und Glück sind sichergestellt.

Neun auf drittem Platz bedeutet: *Was du wirst vornehmen, wird er dir lassen gelingen* … (Hiob 22, 28). Hegen und pflegen Sie in sich das Gefühl und das Wissen, dass Ihnen alles Gute gehört. Ihr Herzenswunsch wird erfüllt werden.

Sechs auf viertem Platz bedeutet: *Denn ein jeglicher wird seine Last tragen* (Galater 6, 5). Sie müssen sich im Leben bewähren, indem Sie Ihre Schulter ans Rad stemmen und mit Ihren Gaben zum Wohle der Menschheit beitragen. Stehen Sie auf eigenen Füßen, gehen Sie Ihre Probleme an, und Sie werden Erfolg haben. Sie sind auf dieser Welt, damit Sie zum Frieden und Glück der Menschheit beitragen.

Sechs auf fünftem Platz bedeutet: *Lass dich nicht das Böse überwinden, sondern überwinde das Böse mit Gutem* (Römer 12, 21). Lassen Sie nicht zu, dass negative Gedanken Sie beherrschen. Tilgen Sie solche Gedanken mit positiven Gedanken an die göttliche Liebe. Suchen Sie in den Menschen, mit denen Sie zu tun haben, die Gegenwart Gottes; und wenn Sie Fehler sehen, stellen Sie sich vor, statt der Fehler seien die entsprechenden Tugenden vorhanden. Das Verweilen bei den Fehlern anderer führt nur dazu, dass Sie deren Fehler in Ihr eigenes Denken einbauen. Preisen Sie Gott, und Ihr Tun wird Ihnen und auch zahllosen Mitmenschen zum Segen gereichen.

Oben eine Sechs bedeutet: *Nichts tut durch Zank oder eitle Ehre … und ein jeglicher sehe nicht auf das Seine, sondern auch auf das, was des andern ist* (Philipper 2, 3f.). Der prahlerisch-hochmütige Mensch wird immer gedemütigt oder beschämt. Bescheidenheit bedeutet Freisein von Eitelkeit und Angeberei.

Einfachheit und Mäßigung in allen Dingen charakterisiert den bescheidenen Menschen. Er schätzt Anständigkeit in Verhalten und Rede und achtet darauf. Der bescheidene Mensch ist demütig und erkennt Gott. Irren Ihre Gedanken und Gefühle ab, so vergegenwärtigen Sie sich die Gottesgegenwart in Ihnen; dann können Sie bei allen Ihren Unternehmungen des Erfolges sicher sein.

16. YÜ / DIE BEGEISTERUNG

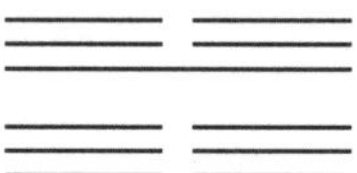

oben: Dschen, das Erregende, der Donner

unten: Kun, das Empfangende, die Erde

Das Urteil

Und du wirst Freude und Wonne haben … (Lukas 1, 14). Wenn Sie von lebhafter Begeisterung oder einem verzehrenden Interesse für ein Anliegen oder einen Menschen erfüllt sind, wenn Ihre Idee Sie wie mit Feuer freudig erfüllt, dann muss Ihr Unternehmen zwangsläufig gelingen. Ihre Begeisterung wird sich auch auf andere übertragen, da Begeisterung ansteckend ist.

Das Bild

Also lasst euer Licht leuchten vor allen Leuten, dass sie eure guten Werke sehen und euren Vater im Himmel preisen (Matthäus 5, 16). Sie verherrlichen Gott, den »Vater« aller, und wenn Sie ein Kanal für das Göttliche werden, strömen seine Weisheit, Liebe, Harmonie und Fülle durch Sie. »Preisen« bedeutet sich Gott weihen. Wenn Sie Ihre gesamte Arbeit Gott befehlen, werden Sie von göttlicher Weisheit geführt. Praktizieren Sie dies, und Sie werden feststellen, dass alle Ihre Wege zum Ziel führen.

Die einzelnen Linien

Anfangs eine Sechs bedeutet: *Denn aus Gnade seid ihr selig geworden durch den Glauben … nicht aus den Werken, auf dass sich nicht jemand rühme* (Epheser 2, 8-9). Das Prinzip Ihres Unterbewusstseins ist gerecht und fair. Es reagiert auf Ihre Denk- und Vorstellungsgewohnheiten – mit »Gnade«. Ihre Erfahrungen, Ihr Status im Leben, Ihr Wohlstand und Ihre Stellung sind eine mathematisch genaue Reproduktion Ihres Glaubens und Ihrer inneren Überzeugungen. Prahlen Sie nicht und rühmen Sie sich nicht selber. Sie sind das, was Sie sich vorstellen; und es hat gar keinen Sinn, so zu tun, als seien Sie etwas, das Sie in Ihrem Herzen nicht als wahr und wirklich empfinden. Sie demonstrieren immer Ihre Überzeugungen und Ansichten. Streben Sie nach einer höheren Sicht Ihrer selbst und seien Sie überzeugt, dass Sie das Erstrebte mit Gottes Hilfe erreichen. Sie bewegen sich zu dem hin, was Sie innerlich sehen. Der Mensch ist sichtbar gewordener Glaube. Der Inhalt Ihres Glaubens wird zwangsläufig im Leben sichtbar; gegenteiligenfalls fehlt es Ihnen an echtem Glauben.

Sechs auf zweitem Platz bedeutet: *Da nun ein Platzregen fiel und ein Gewässer kam und wehten die Winde und stießen an das Haus, fiel es doch nicht; denn es war auf einen Felsen gegründet* (Matthäus 7, 25). Der »Felsen« verkörpert das, was für alle äußeren Kräfte undurchdringlich, unsichtbar und unzugänglich ist. Das »Haus« ist Ihr Geist, wo Ihre Gedanken, Gefühle und Überzeugungen wohnen. Sie haben den Glauben an die Gotteskraft, die erhaben und allmächtig ist, und dank dieses Glaubens kann nichts oder niemand Sie veranlassen, an Ihrem Ziel zu zweifeln oder davon abzuweichen. Glaube ist Vertrauen auf das Göttliche, das durch Ihr Unterbewusstsein reagiert. Der Erfolg ist Ihnen sicher.

Sechs auf drittem Platz bedeutet: *Ein Zweifler ist unbeständig in allen seinen Wegen* (Jakobus 1, 8). Sie müssen gewillt sein, eine Gelegenheit zu ergreifen, wenn sie sich bietet. Erscheint Ihnen ein Vorhaben gut, dann gehen Sie ans Werk; bezeichnen Sie das Vorhaben als gut und sagen Sie sich, dass Sie das Werk mit Gottes Hilfe vollenden. Wenn Sie zweifelnd zögern, gefährden Sie das Gelingen. Vertrauen Sie darauf, dass Gott Sie auf allen Ihren Wegen führt.

Neun auf viertem Platz bedeutet: *Rufe mich an, so will ich dir antworten und will dir anzeigen große und gewaltige Dinge, die du nicht weißt* (Jeremia 33, 3). Wenn Sie sich weiterhin die innere Quelle aller Wohltaten vergegenwärtigen und wissen, dass Gott Sie führt und in jeder Weise vorankommen lässt, werden Sie entdecken, dass aus den Tiefen Ihres Unterbewusstseins neue schöpferische Ideen emporsteigen und Sie diese verwirklichen können.

Sechs auf fünftem Platz bedeutet: *Der Geist Gottes hat mich gemacht, und der Odem des Allmächtigen hat mir das Leben gegeben* (Hiob 33, 4). Gott ist das Leben, das Lebensprinzip in Ihnen und allen Menschen. Erklären Sie innerlich tief überzeugt: »Ich atme den Frieden Gottes ein und atme gegenüber allen die Liebe Gottes aus, denn ich weiß, dass Liebe höchste Erfüllung ist und mir Gesundheit, Glück, Frieden und Wohlstand verschafft.« Gott ist in Ihnen und heilt Sie. *Ich bin der Herr, dein Arzt* (2. Mose 15, 26).

Oben eine Sechs bedeutet: *Sondern gedenke an den Herrn, deinen Gott; denn er ist's, der dir Kräfte gibt, solch mächtige Taten zu tun …* (5. Mose 8, 18). Was Sie auch tun mögen, tun Sie es mit Gott. Beherrschen Sie sich, kontrollieren Sie Ihre Stimmungen und seien Sie stets ausgeglichen. Sie benötigen nur so viel Abwechslung, dass Ihr Leben interessant bleibt. Seien Sie überzeugt, dass göttliches Recht und göttliche Ordnung Sie ständig leiten, dann gehen Sie in keiner Richtung zu weit. Gottes Strom des Friedens durchfließt Sie, und alles wird gut sein.

17. SUI / DIE NACHFOLGE

oben: Dui, das Heitere, der See

unten: Dschen, das Erregende, der Donner

Das Urteil

Wer aber beharret bis an das Ende, der wird selig (Markus 13, 13). Mit dem Wort »selig« ist die Lösung Ihrer Probleme gemeint. Wenn Sie im rechten Denken und richtigen Fühlen beharren, wird Ihr Unterbewusstsein die Lösung liefern. Ihr Gebet wird erhört werden. Ausdauer und Entschlossenheit bei der Verfolgung des Guten und dessen, was Ihnen und anderen zum Segen gereicht, werden unweigerlich zur Verwirklichung des Erstrebten führen.

Das Bild

Und der Herr wird dich immerdar führen ... (Jesaja 58, 11). Planen Sie täglich regelmäßige Sitzungen ein, in denen Sie sich an Gott wenden, der Ihnen innewohnt, und erbitten Sie Führung, Kraft und Weisheit bei Ihren Entscheidungen und Handlungen, dann werden Ihre Unternehmungen gesegnet sein. Laden Sie Ihre seelisch-geistigen Batterien regelmäßig und systematisch auf.

Die einzelnen Linien

Anfangs eine Neun bedeutet: *Von dem Herrn wird solches Mannes Gang gefördert, und er hat Lust an seinem Wege* (Psalm 37, 23). Erkennen und wissen Sie, dass rechtes Tun gottgefällig ist, und strahlen Sie gegenüber allen Menschen Freundlichkeit und positive Schwingungen aus, dann werden Sie die nötige Hilfe und Mitarbeit erhalten, um Ihre Ziele zu erreichen.

Sechs auf zweitem Platz bedeutet: *Ich bin der Herr, dein Gott, der dich lehrt, was nützlich ist, und leitet dich auf dem Wege, den du gehst* (Jesaja 48, 17). In Ihrem Geschäftsleben oder in dem Beruf, den Sie ausüben, sollten Sie darauf achten, dass alle mit Ihnen in Verbindung stehenden Menschen geistige Glieder in der Kette Ihres Wachstums, Wohlergehens und Erfolgs sind. Ihre Mitarbeiter,

Teilhaber, Kollegen und Gefährten sollten Sie anhand geistiger Kriterien auswählen: Sie sollten sich für jene entscheiden, die die göttlichen Wahrheiten achten. Stellen Sie Gott in Ihrem Leben an die erste Stelle, verherrlichen Sie ihn immerdar, dann werden Sie von selbst das Richtige tun.

Sechs auf drittem Platz bedeutet: ... *der Weg des Frommen ist wohl gebahnt* (Sprüche 15, 19). Denken Sie richtig, fühlen Sie richtig, handeln Sie richtig und verhalten Sie sich richtig. Denken, sprechen und handeln Sie vom Standpunkt des unendlichen Prinzips der Harmonie in Ihnen. Um im Leben Erfolg zu haben, müssen Sie das Geringere für das Größere aufgeben. Sie sind hier, um zu wachsen, um die Lebensprobleme zu überwinden und emporzusteigen. Gehen Sie mit der anspruchsvollsten höchsten Denkungsart durchs Leben, und Sie werden unweigerlich das Beste erleben.

Neun auf viertem Platz bedeutet: ... *und deine Ohren werden hören, wenn Er nach dir ruft: Dies ist der Weg; den gehet ...* (Jesaja 30, 21). Halten Sie an dem fest, was Sie als wahr erkannt haben. Bewahren Sie Gleichmut und die unerschütterliche Gewissheit, dass die Gegenwart des Unendlichen für Sie wirkt. Ihre Motivation muss allen zum Segen gereichen.

Neun auf fünftem Platz bedeutet: *Gott ... weist mir einen Weg ohne Tadel* (2. Samuel 22, 33). Festigen Sie in sich die Überzeugung, dass Gott Sie führt, und erwarten Sie vertrauensvoll das Beste, dann werden Sie reiche Ernte einbringen.

Oben eine Sechs bedeutet: *Gott stärkt mich mit Kraft und weist mir einen Weg ohne Tadel* (2. Samuel 22, 33). Geistige Hilfe und Beistand jeder Art sollten Sie nur bei Menschen suchen, die Achtung vor Gott haben, der unser Leben gestaltet. Gemäß Ihrer Führung werden andere Ihnen nachfolgen.

18. GU / DIE ARBEIT AM VERDORBENEN

oben: Gen, das Stillehalten, der Berg

unten: Sun, das Sanfte, der Wind

Das Urteil

… und ging auf dem Wasser, dass er zu Jesu käme (Matthäus 14, 29). Jesus, wie er in der Bibel dargestellt wird, ist die Zuflucht für viele Nöte, Sinnbild dafür, dass er auch Sie aus einer augenblicklichen Notlage befreien würde. Litten Sie Hunger, brauchten Sie Brot; hätten Sie Durst, wäre Wasser Ihre Rettung; säßen Sie im Gefängnis, wäre Freiheit, und quälte Sie eine Krankheit, wäre Gesundheit Ihre Rettung. Wie gehen Sie »auf dem Wasser zu Jesu«? Symbolisch stellt Wasser Ihren Geist dar; öffnen Sie ihn für eine größere Entfaltung. Suchen Sie sich einen neuen geistigen Wohnsitz. Fassen Sie einen neuen Entschluss, halten Sie ihn voll Glauben aufrecht. Wenn damit eine äußere Reise verbunden ist, dann machen Sie diese. Das Innere beherrscht das Äußere. Was Sie voll Glauben und Vertrauen beginnen, wird gut enden und in jeder Weise gelingen.

Das Bild

Sondern gedenke an ihn in allen deinen Wegen, so wird er dich recht führen (Sprüche 3, 6). Wenn Sie eine Wahrheit wie die vorstehende nachdrücklich bekräftigen, aus dem Wissen heraus, dass Gott in Ihrem Leben wirkt, werden Sie emporgehoben und inspiriert, und alle Hindernisse werden beseitigt.

Die einzelnen Linien

Anfangs eine Sechs bedeutet: *… und ihre Verwüstungen richte ich auf* (Jesaja 44, 26). Nichts währt ewig. Alles verändert sich. Die Vergangenheit ist tot. Es zählt nur der gegenwärtige Augenblick. Verändern Sie diesen Augenblick, und Sie ändern Ihr Schicksal. Es besteht kein Anlass, über Fehler zu klagen, die man in der Vergangenheit gemacht hat. Die Zukunft ist Ihr sichtbar werdendes derzeitiges Denken. Sie werden reiche Ernte einbringen, wenn Sie hier und heute gottgefällige Gedanken im Garten Ihres Geistes einpflanzen.

Neun auf zweitem Platz bedeutet: ... *jetzt ist der Tag des Heils!* (2. Korinther 6, 2). Leben Sie in der Gegenwart. Bereiten Sie klug die Zukunft vor und lassen Sie die Vergangenheit ruhen. Heil soll besagen, dass Gott genau jetzt die Antwort, die Lösung gibt. Es ist unsinnig, Energie an die tote Vergangenheit zu verschwenden. Denken Sie gut, und Gutes wird die Folge sein. Sehen Sie Gott in allen Menschen Ihrer Umgebung und wünschen Sie ihnen Gesundheit, Glück und Frieden, dann wird Ihnen Gutes beschieden sein.

Neun auf drittem Platz bedeutet: *Denn wer den Namen des Herrn wird anrufen, soll selig werden* (Römer 10, 13). Überprüfen Sie Ihr Denken und Ihre Glaubensüberzeugungen und stellen Sie sicher, dass diese den ewigen Wahrheiten entsprechen. Im Geist gibt es weder Raum noch Zeit. Wenn Sie konstruktiv zu denken beginnen, erfolgt sofort die Wendung. Ihr Unterbewusstsein wird unverzüglich bestrebt sein, Ihre Pläne zu verwirklichen. Die Fehler und Irrtümer der Vergangenheit werden ausgelöscht, und zwar auf dieselbe Weise, wie im Chemielabor Irrtümer ausgelöscht werden, wenn man beginnt, die Prinzipien der Chemie richtig anzuwenden. Vergessen Sie die Vergangenheit und tadeln Sie niemanden. Sie gestalten Ihr Schicksal durch Ihr Denken und Fühlen.

Sechs auf viertem Platz bedeutet: *Gedenket nicht an das Alte und achtet nicht auf das Vorige* (Jesaja 43, 18). Übernehmen Sie niemals falsche Überzeugungen oder veraltete Glaubensvorstellungen, die unlogisch, unvernünftig und unwissenschaftlich sind. Akzeptieren Sie Ideen und Wahrheiten, die Sie heilen, inspirieren und erheben. Das Wühlen in der eigenen Vergangenheit wie auch die falschen Überzeugungen und abergläubischen Irrwege der Vergangenheit bringen Verlust, Mangel und Beschränkung in Ihr Leben.

Sechs auf fünftem Platz bedeutet: ... *die den Herrn suchen, haben keinen Mangel an irgendeinem Gut* (Psalm 34, 11). Bekräftigen Sie die Wahrheit, dass alles Gute Ihnen gehört, und dieses wird in allen Ihren Belangen sichtbar werden. Sie werden in jeder Weise geführt werden. Die unendliche Weisheit Ihres Unterbewusstseins wird Menschen zu Ihnen ziehen, die Ihnen bei der Verwirklichung Ihrer Träume und Bestrebungen helfen.

Oben eine Neun bedeutet: *Aber der Geist ist es in den Leuten, und der Odem des Allmächtigen, der sie verständig macht* (Hiob 32, 8). Wenn Sie vom Göttlichen inspiriert sind, werden Sie Ihre echte Verwirklichung im Leben erfahren, und Sie werden tun können, was Sie gerne tun möchten. Was Sie auch sagen, unternehmen oder schaffen, kann der Menschheit in jeder Hinsicht nur Segen bringen.

19. LIN / DIE ANNÄHERUNG

oben: Kun, das Empfangende, die Erde

unten: Dui, das Heitere, der See

Das Urteil

Er ruft mich an, so will ich ihn erhören; ich bin bei ihm in der Not; ich will ihn herausreißen und zu Ehren bringen (Psalm 91, 15). *Ich rufe an den Herrn, den Hochgelobten, so werde ich von meinen Feinden erlöst* (Psalm 18, 4). Da Sie auf das Unendliche eingestimmt bleiben, werden Sie in allen Bereichen vorankommen. Wenn Sie die unendliche Weisheit anrufen, reagiert diese gemäß der Natur Ihrer Bitte. Überlassen Sie sich im Geiste nie Ängsten, Sorgen und Haßgefühlen; negative Gefühle bringen nur Verlust und Einschränkungen. Nähren Sie Ihren Geist mit Vorstellungen von Liebe, Glauben und Vertrauen, dann radieren Sie alles Negative aus. Ein Schiff kann, selbst von all dem Wasser des Meeres umtost, nicht versinken, solange kein Wasser ins Schiffsinnere dringt. Genauso können Sie vom negativen Denken oder Handeln anderer nicht verletzt werden, außer Sie gewähren diesen Einflüssen Zugang zu Ihrem Geist. Merzen Sie sie aus; setzen Sie auf die Liebe.

Das Bild

Mein Gott aber fülle aus alle eure Notdurft nach seinem Reichtum in der Herrlichkeit … (Philipper 4, 19). Die Energie, Vitalität, Weisheit, Kraft und Stärke, die Sie brauchen, werden Sie reichlich erhalten. Gott ist Ihre sofortige, immerwährende Versorgung und Stütze, und je mehr Weisheit Sie weitergeben, desto mehr empfangen Sie. Die unendliche Schatzkammer in Ihrem Inneren können Sie ein Leben lang nicht leerschöpfen.

Die einzelnen Linien

Anfangs eine Neun bedeutet: *Und alles, was ihr bittet im Gebet, so ihr glaubet, werdet ihr's empfangen* (Matthäus 21, 22). Glauben Sie an die große Wahrheit, dass alles Gute sich für Sie entfaltet, und es wird Ihr sichtbarer Besitz werden.

Neun auf zweitem Platz bedeutet: *Denn dem Menschen, der ihm gefällt, gibt er Weisheit, Vernunft und Freude* … (Prediger 2, 26). Nichts erregt Sie, nichts bekümmert Sie, nichts macht Ihnen Sorgen, denn Sie wissen: »Auch dieses wird vorübergehn.« Alles vergeht außer Gott, und Gott allein genügt. Gott gibt Ihnen die Weisheit, die Kraft und schöpferischen Ideen, die Sie für die Verwirklichung Ihrer Pläne brauchen; und was Sie unternehmen, wird gelingen.

Sechs auf drittem Platz bedeutet: Man soll *in einem Stand guter Werke gefunden werden* (Titus 3, 8). Wenn Sie im Geiste nachlässig sind und zulassen, dass Sie unter dem Eindruck negativer Gefühle handeln, verläuft nichts gut, was Sie tun. Sie können es sich nicht leisten, unachtsam und gleichgültig zu sein. Wappnen Sie sich durch das Gebet, verbannen Sie Gedanken der Angst, Not und Sorge. Ändern Sie Ihr Denken ein für allemal.

Sechs auf viertem Platz bedeutet: … *denn wer ist der, so mit willigem Herzen zu mir naht?, spricht der Herr* (Jeremia 30, 21). Ihr Herz ist Sitz der Gefühle und der Liebe. Wenn Sie sich voll Glauben und Vertrauen an die Gottesgegenwart in Ihnen wenden, wird alles gelingen, was Sie tun.

Sechs auf fünftem Platz bedeutet: *Der Herr wird's für mich vollführen* (Psalm 138, 8). Ihre Wertschätzung und Anerkennung der

Macht Gottes in Ihnen wird dazu führen, dass alles, was Sie brauchen, sich in göttlicher Fügung verwirklicht.

Oben eine Sechs bedeutet: *Gutes und Barmherzigkeit werden mir folgen mein Leben lang, und ich werde bleiben im Hause des Herrn immerdar* (Psalm 23, 6). Da Sie Ihr Einssein mit Gott und allen Menschen spüren, strahlen Sie gegenüber allen Menschen positive Schwingungen der Liebe und Freundlichkeit aus, und alle, mit denen Sie in Berührung kommen, werden ebenfalls gesegnet, weil Sie diesen Weg gehen.

20. GUAN / DIE BETRACHTUNG (DER ANBLICK)

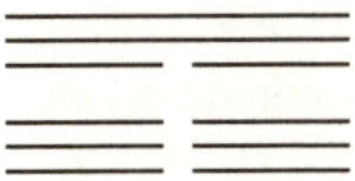

oben: Sun, das Sanfte, der Wind

unten: Kun, das Empfangende, die Erde

Das Urteil

Rufe mich an, so will ich dir antworten und will dir anzeigen große und gewaltige Dinge, die du nicht weißt (Jeremia 33, 3). Der Mensch ist das, was er sich vorstellt. Was immer Sie sich vorstellen, nimmt Form an und kommt in Ihrem Leben zum Ausdruck. Ein Opfer im Sinne der Bibel bedeutet, dass man das Geringere für das Größere aufgibt. Setzen Sie darum an die Stelle eines negativen Gedankens einen konstruktiven. Da Sie die Überlegenheit der Ihrem Geiste innewohnenden Weisheit anerkennen und diese um Führung bitten, werden Sie die Antwort in göttlicher Fügung erhalten.

Das Bild

Sondern gedenke an ihn in allen deinen Wegen, so wird er dich recht führen (Sprüche 3, 6). Da Sie die Wahrheit erkennen, dass Gott allezeit Hilfe verfügbar hat, und da Sie darum bitten, inspiriert und angeleitet zu werden, das Rechte zu sagen und zu tun, werden Sie entdecken, dass alles, was Sie sagen und tun, für die jeweilige Gelegenheit tatsächlich richtig ist.

Die einzelnen Linien

Anfangs eine Sechs bedeutet: *So sich jemand unter euch lässt dünken, er diene Gott, und hält seine Zunge nicht im Zaum, sondern täuscht sein Herz, des Gottesdienst ist eitel* (Jakobus 1, 26). Sie müssen erkennen, dass es Prinzipien und Wahrheiten gibt, die sich nie ändern, die gestern genauso waren, wie sie heute sind und morgen sein werden. Aufrichtigkeit und Ehrlichkeit im religiösen Bekenntnis sind wichtig, und es ist erforderlich, dass es in Einklang mit den Lebenswahrheiten steht. Was Sie als Glauben äußern, müssen Sie in Ihrem Herzen als wahr *empfinden*. Bloßes Lippenbekenntnis der ewigen Wahrheiten ist sinnlos.

Sechs auf zweitem Platz bedeutet: *Wenn dein Auge einfältig ist, so wird dein ganzer Leib licht sein* (Matthäus 6, 22). Alles, dem Sie genug Aufmerksamkeit zuwenden, wird in Ihren Erlebnissen zutage treten. Vermeiden Sie engstirnige, beschränkte Lebensanschauungen. Verschwenden Sie Ihre Aufmerksamkeit an Äußerlichkeiten, die sich ständig ändern, werden Sie zwangsläufig Beschränkungen hinnehmen müssen und Ihr Vorankommen hemmen. Richten Sie Ihre Aufmerksamkeit auf Gott, räumen Sie der Weisheit und Macht Gottes in Ihrem Leben die erste Stelle ein, dann wird Ihr Auge »einfältig«, und alle Ihre Unternehmungen werden gesegnet sein.

Sechs auf drittem Platz bedeutet: *Du tust mir kund den Weg zum Leben …* (Psalm 16, 11). Bitten Sie darum und seien Sie überzeugt davon, dass die Ihrem Unterbewusstsein innewohnende unendliche Weisheit Ihnen den nächsten Schritt zu Ihrer Entfaltung offenbart; und richten Sie sich nach der Führung, die klar und deutlich in Ihr Bewusstsein tritt. Gottgefälliges rechtes Tun ist die Folge.

Sechs auf viertem Platz bedeutet: *… das Himmelreich ist nahe herbeigekommen* (Matthäus 3, 2). Das Reich der unendlichen Weisheit und göttlichen Kräfte befindet sich in Ihnen. Werden Sie aus diesem Wissen heraus zum König über Ihre Vorstellungswelt. Denken Sie richtig, fühlen Sie richtig, handeln Sie richtig, verhalten Sie sich richtig. Sie haben die absolute Herrschaft über Ihre Gedanken, Vorstellungen, Gefühle, Aktionen und Reaktionen.

Stimmen Sie sich auf das göttliche Gesetz der Harmonie ein. Üben Sie Ihre Vorrechte als König über Ihren Geist aus.

Neun auf fünftem Platz bedeutet: *Der Weg des Lebens geht aufwärts für den Klugen …* (Sprüche 15, 24). Sie sind auf dieser Welt, um immer mehr Liebe, Wahrheit und Schönheit zum Ausdruck zu bringen. Ihre Motivation ist dergestalt, dass Sie andere segnen und ihnen in jeder Weise freundlich begegnen.

Oben eine Neun bedeutet: *Selig sind, die reinen Herzens sind; denn sie werden Gott schauen* (Matthäus 5, 8). »Reinheit« im biblischen Sinne besagt, dass Sie Gott als die einzige wirkliche Ursache und die einzige wirkliche Macht betrachten und anerkennen. Da Sie geistig bei Gottes Liebe und Harmonie in Ihrem Leben verweilen, werden Sie erleben, dass Sie allen Krankheiten und Schwierigkeiten entrinnen; und Sie sind in der Lage, anderen Menschen Weisheit zu vermitteln und Gutes zu bezeigen.

21. SCHÏ HO / DAS DURCHBEISSEN

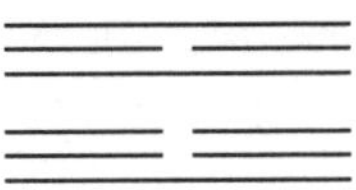

oben: Li, das Haftende, das Feuer

unten: Dschen, das Erregende, der Donner

Das Urteil

Und lass das Buch dieses Gesetzes nicht von deinem Mund kommen … Alsdann wird es dir gelingen in allem, was du tust, und wirst weise handeln können (Josua 1, 8). Da Sie das Gute betrachten, das Sie besitzen, wissen Sie auch, dass die unendliche Kraft Sie stützt und alle Hindernisse überwunden werden. Seien Sie überzeugt, dass für Sie alles in göttlicher Fügung endet.

Das Bild

Denn so spricht der Herr … lasset ab von Frevel und Gewalt und tut, was recht und gut ist … (Ezechiel 45, 9). Jede Ihrer Taten muss auf Richtigkeit und Gerechtigkeit beruhen. Gehen Sie im Hinblick auf das, was recht und richtig ist, keinen Kompromiss ein. Die

Entscheidung in Ihrem Geist muss im universellen Gesetz der Harmonie und der Freundlichkeit gegenüber allen Menschen den Ausgang nehmen.

Die einzelnen Linien

Anfangs eine Neun bedeutet: *Ärgert dich dein Fuß, so haue ihn ab* … (Markus 9, 45). Mit dem Wort »Fuß« ist in der Bibel Verständnis gemeint. Welches Verständnis haben Sie vom Leben? Sie müssen die Lebensgesetze beachten, die sich nie ändern. Sie müssen dem ewigen Prinzip der Harmonie und der Liebe nachleben. Sie dürfen nie von der Wahrheit abweichen. Schneiden Sie sich geistig von anders gearteten Motiven ab und erlauben Sie auch niemandem, Sie auszunützen.

Sechs auf zweitem Platz bedeutet: … *sie haben Nasen und riechen nicht* (Psalm 115, 6). »Riechen« heißt in der bildlichen Sprache der Bibel, die Unterscheidungsfähigkeit einzusetzen, d. h. die Spreu vom Weizen, das Böse vom Guten zu scheiden, und an dem festzuhalten, was schön und gut ist. Beharren Sie auf dem, wovon Sie wissen, dass es gut und recht ist.

Sechs auf drittem Platz bedeutet: *Meine Speise ist die, dass ich tue den Willen dessen, der mich gesandt hat* … (Johannes 4, 34). Das Wort »Speise« bezeichnet die Qualitäten und Kräfte Gottes. Meditieren Sie über Mut, Glauben, Vertrauen, Freude und Liebe – dies ist die »Speise des Himmels«. Feindseligkeit und Bitterkeit sind Gefühle, die, wie Gift, Ihren gesamten Organismus schwächen. Hüten Sie sich vor allen geistigen Giften und preisen Sie Gott in Ihrer Mitte.

Neun auf viertem Platz bedeutet: *Ich habe eine Speise zu essen, von der ihr nicht wisset* (Johannes 4, 32). Die »Speise« steht Ihnen allezeit zur Verfügung. Machen Sie sich klar und seien Sie überzeugt, dass die allmächtige Gotteskraft Sie »nährt« und stützt. Sie werden inspiriert und in jeder Weise geführt werden.

Sechs auf fünftem Platz bedeutet: *Den Vollkommenen aber gehört starke Speise, die durch Gewohnheit haben geübte Sinne, zu unterscheiden Gutes und Böses* (Hebräer 5, 14). Es ist notwendig, dass Sie gefühlsmäßige und geistige Reife erlangen. Werden Sie nie schwach gegenüber dem, was falsch oder unrecht ist. Seien Sie der Wahrheit treu und führen Sie sich vor Augen, dass alles, was für Sie richtiges Handeln darstellt, auch allen anderen Menschen zugutekommen wird.

Oben eine Neun bedeutet: ... *und werden die Ohren von der Wahrheit wenden* ... (2. Timotheus 4, 4). Jedes Mal, wenn Sie sich weigern, auf die Seinswahrheit zu hören, und Ihren eigenen Willen durchzusetzen versuchen, werden Sie in Schwierigkeiten geraten und Verluste sowie Niederlagen erleiden.

22. BI / DIE ANMUT

oben: Gen, das Stillehalten, der Berg

unten: Li, das Haftende, das Feuer

Das Urteil

Denn aus Gnade seid ihr selig geworden durch den Glauben ... (Epheser 2, 8). Gnade ist die mathematisch genaue Reaktion der unendlichen Weisheit Ihres Unterbewusstseins auf Ihre Denk- und Vorstellungsinhalte. Wenn Sie diese Weisheit anrufen, mobilisieren Sie Kräfte zur Verwirklichung dessen, was der Natur Ihrer Bitte entspricht.

Das Bild

Darum lasset uns hinzutreten mit Freudigkeit zu dem Gnadenstuhl ... und Gnade finden auf die Zeit, wenn uns Hilfe Not sein wird (Hebräer 4, 16). Bitten Sie die Ihnen innewohnende Weisheit Gottes um Führung und Inspiration, dann werden Ihre Entscheidungen richtig sein.

Die einzelnen Linien

Anfangs eine Neun bedeutet: *Gnade sei mit euch und Friede von Gott* ... (2. Korinther 1, 2). Mit »Gnade« ist jener Zustand gemeint, in dem der Geist Gottes in Ihnen wirkt, um Sie zu führen und zu stärken. Folgen Sie dem göttlichen Weg; göttliche Liebe wird Ihnen vorausgehen, Ihren Weg eben und freudvoll machen.

Sechs auf zweitem Platz bedeutet: *Eure Rede sei allezeit lieblich und mit Salz gewürzt, dass ihr wisset, wie ihr einem jeglichen antworten sollt* (Kolosser 4, 6). Ihre Gedanken, Worte und Taten müssen der goldenen Regel der Harmonie und der Liebe entsprechen. Sie haben »Salz« in Ihrer Rede, wenn Sie voll Überzeugung und Begeisterung die Wahrheit sprechen. Salz würzt die Speisen und macht sie schmackhafter; ähnlich verhält es sich mit Ihrer Rede: wenn Sie andere ermutigen, begeistern und aufklären, geben Sie Ihren Worten oder Taten Würze.

Neun auf drittem Platz bedeutet: *... und sehet darauf, dass nicht jemand Gottes Gnade versäume ...* (Hebräer 12, 15). Seien Sie sorgfältig und wachsam. Lassen Sie sich vom Geist Gottes leiten, dann kommen Sie voran, und der Sieg ist Ihnen sicher.

Sechs auf viertem Platz bedeutet: *... durch welchen wir auch den Zugang haben im Glauben zu dieser Gnade ...* (Römer 5, 2). Sie glauben an die Güte Gottes, die Macht Gottes und alle guten Dinge. Die Gottesgegenwart in Ihnen reagiert auf Ihren Wunsch, und die Verwirklichung Ihrer Pläne findet statt.

Sechs auf fünftem Platz bedeutet: *So spricht der Herr: Das Volk ... hat Gnade gefunden in der Wüste ...* (Jeremia 31, 2). Wo Sie auch immer sind, Sie können das große Geschenk empfinden und spüren, wie Gottes Gegenwart Sie lenkt und leitet. Bei Gott, der uns alle erschuf, gibt es kein Groß oder Klein. Liebe in Ihrem Herzen wird überall Liebe auslösen. Liebe erobert alles. Großer Erfolg ist Ihnen sicher.

Oben eine Neun bedeutet: *... der Herr gibt Gnade und Ehre; er wird kein Gutes mangeln lassen den Frommen* (Psalm 84, 12). Gott durchströmt Sie jetzt, füllt alle Gefäße Ihres Lebens. Göttliche Liebe erfüllt Ihre Gedanken, Worte und Taten. Alles Gute gehört Ihnen.

23. BO / DIE ZERSPLITTERUNG

oben: Gen, das Stillhalten, der Berg

unten: Kun, das Empfangende, die Erde

Das Urteil

Ein jegliches Reich, so es mit sich selbst uneins wird, das wird wüst; und ein Haus fällt über das andere (Lukas 11, 17). Das »Haus« ist Ihr Geist, und herrscht in Ihrem Geist Zwietracht, wäre es unklug, irgendein neues Wagnis zu unternehmen. Bleiben Sie still und ruhig, vergegenwärtigen Sie sich, dass Ausgeglichenheit in Ihrem Geist, in Ihrem Körper und Ihrer weltlichen Umgebung herrscht; nach und nach werden Sie einen ausgeglichenen seelisch-geistigen Zustand erlangen. Setzen Sie Ihr Vertrauen auf Gottes Führung.

Das Bild

Wer zu diesem Berge spräche: Hebe dich und wirf dich ins Meer!, und zweifelte nicht in seinem Herzen, sondern glaubte, dass es geschehen würde, was er sagt, so wird's ihm geschehen, was er sagt (Markus 11, 23). Selbst wenn es einen ganzen Berg der Angst, Reue, Schuld, schädlicher Gewohnheiten oder Krankheit gäbe, jedes Problem ist zu überwinden; dies sollten Sie sich vor Augen führen. Sofern Sie mutig, voll Vertrauen auf die Allmacht Gottes mit Ihrem Problem ringen, werden Sie den Berg, der Sie behindert, bezwingen, er wird verschwinden und in Vergessenheit geraten. Sie werden die Lösung Ihres Problems an sich erfahren.

Die einzelnen Linien

Anfangs eine Sechs bedeutet: … *nimm dein Bett und wandle* (Markus 2, 9). Sie sollten nicht im »Bett« Ihres Geistes bei negativen Gedanken und Vorstellungen verweilen, da Sie damit unglückliche Erlebnisse und nachteilige äußere Umstände über sich bringen. Erkennen Sie, dass auf dieser Erde nichts ewig währt, dass alles vergeht. Füllen Sie Ihren Geist mit den Wahrheiten Gottes und bekräftigen Sie immer wieder: »Gott liebt mich und sorgt für mich.« Lösen Sie sich sofort von allen negativen, zerstörerischen Gedanken, und Sie vermeiden dadurch Verlust und Versagen.

Sechs auf zweitem Platz bedeutet: ... *in der Finsternis ist mein Bett gemacht* (Hiob 17, 13). »Finsternis«, dieses Fehlen von Licht und das »Bett« verkörpern negative Gedanken, mit denen Sie sich im Geiste niederlegen, d. h. bei denen Sie geistig verweilen. Negative Gedanken werden negative Ergebnisse zeitigen. Die Bibel sagt Ihnen, dass die Feinde sich in Ihrem eigenen Haushalt – in Ihrem Geist – befinden. Machen Sie sich klar, dass ein einziger Mensch zusammen mit Gott eine Mehrheit bildet. Denken Sie an die alte Spruchweisheit: »Auch dieses wird vorübergehen.«

Sechs auf drittem Platz bedeutet: *Wer festen Herzens ist, dem bewahrst du Frieden* ... (Jesaja 26, 3). Verweilen Sie im Geiste beharrlich bei Gott, der Ihnen innewohnt, und Seiner Liebe. Sagen Sie sich nachdrücklich: »Gott führt mich jetzt. Göttlicher Friede erfüllt meine Seele. Ich glaube an Gott und alle guten Dinge, und alles Negative in meinem Geist wird durch das Licht der Liebe geheilt, die mein Unterbewusstsein durchdringt.«

Sechs auf viertem Platz bedeutet: ... *aber damit, dass er seines Vaters Bett entweihte, ward seine Erstgeburt gegeben* ... (1. Chronik 5, 1). Des Vaters Bett entweihen – damit ist die Besudelung Ihres Geistes durch Ärger, Selbstverdammung, Hass und Ähnliches gemeint. Solche geistigen Gifte bewirken Mangel und Einschränkungen in allen Ihren Lebenslagen. Verzeihen Sie sich, dass Sie negative Gedanken hatten, wünschen Sie allen Menschen sämtliche Wohltaten des Lebens und preisen Sie Gott in Ihrer Mitte, der die Macht hat, alle Leiden zu heilen.

Sechs auf fünftem Platz bedeutet: *Und er sprach zu ihnen: Folget mir nach; ich will euch zu Menschenfischern machen!* (Matthäus 4, 19). Mit dem Wort »Mensch« ist der Geist gemeint; Sie können Ideen aus den Tiefen Ihres Geistes fischen. Sie können nicht jedem Menschen folgen, aber Sie können sich die ewigen Wahrheiten und die universellen Gesetze des Geistes vergegenwärtigen, diese anwenden und befolgen. Sie können aus Ihrem Unterbewusstsein die Lösung für jedes Problem »fischen«. Die Antwort liegt in

Ihnen. Göttliche Antworten und Ideen steigen aus den Tiefen Ihres Unterbewusstseins auf, und was Sie tun, wird gelingen.

Oben eine Neun bedeutet: *Die Frucht aber des Geistes ist Liebe, Freude, Friede, Geduld, Freundlichkeit, Güte, Glaube, Sanftmut …* (Galater 5, 22f.). Wenn wir vom Lebensbaum – der Gottesgegenwart in uns – essen, d. h. wenn wir über Harmonie, Frieden, Liebe, Freude und Inspiration meditieren, nehmen wir diese Wahrheiten in uns auf, sodass sie von selbst in unserem Leben Ausdruck finden. Wenn Sie durch Vergegenwärtigung dieser Wahrheiten Ihr Unterbewusstsein prägen, werden Sie feststellen, dass in Ihrem Leben plötzlich Wunder aller Art geschehen. Denken Sie daran, Böses zerstört sich letztlich selbst. Ihr Glaube an Gott und Ihr Gottvertrauen werden hier und jetzt reichlich belohnt werden.

24. FU / DIE WIEDERKEHR (DIE WENDEZEIT)

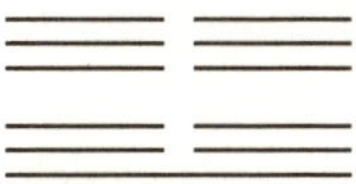

oben: Kun, das Empfangende, die Erde

unten: Dschen, das Erregende, der Donner

Das Urteil

Wenn ihr umkehrtet und stillebliebet, so würde euch geholfen; durch Stillesein und Hoffen würdet ihr stark sein (Jesaja 30, 15). *Wirst du dich bekehren zu dem Allmächtigen, so wirst du aufgebaut werden* (Hiob 22, 23). Wenn Sie sich mit der unendlichen Gottesgegenwart zusammenschließen, wird diese Kraft aktiv und mächtig in Ihrem Leben. Bei solcher innerer Verbindung sind Sie stark und werden bei allen Ihren Unternehmungen zu Ihrem Vorteil geführt; was Sie auch immer beschließen, es wird Ihnen gelingen.

Das Bild

Es donnerte im Himmel, deine Blitze leuchteten auf dem Erdboden … (Psalm 77, 19). Mit dem »Himmel« ist Ihr Geisteshimmel gemeint, die Inspiration durch das Unendliche, durch die Sie wachgerüttelt und geistig emporgehoben werden. Die »Blitze« sind das innere Licht, die Erleuchtung Ihres Verstandes durch die Ihnen innewohnende göttliche Weisheit. Jetzt ist die richtige Zeit für Sie, still und ruhig zu werden und nach innen zu horchen.

Die einzelnen Linien

Anfangs eine Neun bedeutet: ... *und betete stets von Herzen* (Psalm 35, 13). Machen Sie es sich zur routinemäßigen Gewohnheit, jeden negativen Gedanken durch einen konstruktiven zu ersetzen. Konzentrieren Sie Ihre ganze Aufmerksamkeit auf Ihr Ziel, bestärken Sie geistig und gefühlsmäßig Ihren Wunsch, und er wird sich Ihrem Unterbewusstsein einprägen. Großer Erfolg und großes Glück sind Ihnen jetzt beschieden.

Sechs auf zweitem Platz bedeutet: ... *und bekehrst dich zu dem Herrn, deinem Gott, dass du seiner Stimme gehorchest* ... (5. Mose 30, 2). Gott, der in Ihrem Leben wirkt, ist es, der rundum Harmonie und Frieden erzeugt. Horchen Sie auf Ihre innere Stimme, Ihre Intuition; diese wird Sie zu grünen Weiden und einer Fülle an allen Dingen führen.

Sechs auf drittem Platz bedeutet: ... *dass niemand darauf wandeln noch gehen soll* (Ezechiel 35, 7). Wenn Sie zaudern, wanken, schwanken, erreichen Sie wie der Wankelmütige, der stets zögert, nichts. Halten Sie an der Wahrheit fest und beschäftigen Sie sich mit Ideen, die Ihre Seele heilen, inspirieren, erheben und würdigen. Weigern Sie sich, von der geistigen Leitlinie dessen abzuweichen, was gerecht, gut, edel und gottähnlich ist.

Sechs auf viertem Platz bedeutet: *Und die Hirten kehrten wieder um, priesen und lobten Gott* ... (Lukas 2, 20). Ihr Geist bedarf der Führung. Wachen Sie weiterhin über Ihre Gedanken, Ihre Haltungen und Gefühle und wandeln Sie im Bewusstsein der Liebe Gottes, dann werden Sie von selbst in Ihrem Leben glücklich sein.

Sechs auf fünftem Platz bedeutet: *So bekehret euch nun zu mir, so will ich mich zu euch auch kehren, spricht der Herr*... (Maleachi 3, 7). Sobald Sie sich an die Gottesgegenwart in Ihnen wenden, erfolgt eine Reaktion. Das Gesetz der Wechselbeziehung kommt hier zur

Wirkung. Denken Sie stets daran: Die Gottesmacht bestraft niemals. Allein Sie selbst bestrafen sich, und zwar durch negatives Denken, wie auch Sie selbst sich heilen, und zwar durch konstruktives Denken. Lohn und Strafe ergeben sich allein aus Ihrem Denken und Handeln. Vergeben Sie sich selbst, dass Sie negative Gedanken hatten, und beschließen Sie, sich nicht mehr auf solche Weise gehenzulassen, dann ist Ihnen verziehen, und Sie sind frei.

Oben eine Sechs bedeutet: *Und ich sprach, da sie solches alles getan hatte: Bekehre dich zu mir. Aber sie bekehrte sich nicht* ... (Jeremia 3, 7). Welche Fehler Sie auch immer gemacht haben mögen, Sie können auf der Stelle damit beginnen, Ihrem Unterbewusstsein konstruktive, lebensspendende geistige Inhalte einzuprägen, und sofort wird sich dies in Ihrem Leben zu Ihrem Vorteil geltend machen. Im Geiste gibt es weder Zeit noch Raum, und in der Minute, in der Sie positiv zu denken beginnen, ist die Vergangenheit ein für allemal vergessen. Sollten Sie aber versäumen, Ihrem Leben eine neue Richtung zu geben und es auf gottgefällige Wege zu lenken, werden Sie in jeder Hinsicht Verluste und Fehlschläge erleiden und überall Hindernissen begegnen.

25. WU WANG / DIE UNSCHULD (DAS UNERWARTETE)

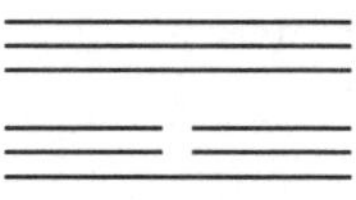

oben: Kiën, das Schöpferische, der Himmel

unten: Dschen, das Erregende, der Donner

Das Urteil

Ich bin rein, ohne Missetat, unschuldig, und habe keine Sünde (Hiob 33, 9). »Unschuldig sein« heißt frei sein von moralischem Fehl, von Schuld und Sünde. Unschuld beinhaltet vor allem auch das völlige Fehlen böser Absicht oder hässlicher Motive. Unsere Welt ist ein Universum des Rechts und der Ordnung, in dem nichts durch Zufall geschieht. Glück oder Pech kommen nicht von außen in Ihr Leben. Wenn Ihre Motivation richtig ist und Sie sich beharrlich sagen, dass göttliches Recht und göttliche Ordnung Ihr Leben beherrschen, werden Sie erfolgreich Ihrem Ziel entgegengehen.

Das Bild

... und ich hörte ... sagen wie mit einer Donnerstimme ... (Offenbarung 6, 1). Mit »Blitz« und »Donner« ist im *I Ging* sowie in der Bibel das Überwechseln des Bewusstseins aus dem unbedingten, willkürlichen Zustand in den konditionierten Zustand gemeint. Denken Sie positiv, so werden Sie Gutes erfahren. Dies ist es, was Sie auf Ihrem Lebensweg voranbringt.

Die einzelnen Linien

Anfangs eine Neun bedeutet: *Mein Gott hat seinen Engel gesandt, der den Löwen den Rachen zugehalten hat, dass sie mir kein Leid getan haben; denn vor ihm bin ich unschuldig erfunden ...* (Daniel 6, 23). Der »Engel« verkörpert den inneren Antrieb, die Ideen, die in Ihnen aufsteigen und Sie drängen, noch höher zu steigen. Die Löwen stellen Hindernisse, Probleme und Schwierigkeiten dar. Diese aber werden überwunden, Erfolg und Glück sind sichergestellt.

Sechs auf zweitem Platz bedeutet: *... wird noch eine Ernte vor sich haben* (Hosea 6, 11). Was Sie in Ihr Unterbewusstsein säen, wird Frucht tragen. Das ist die Ernte, die Sie vor sich haben. Ihr Unterbewusstsein verwirklicht Ihre gewohnheitsmäßigen Gedanken. Ihr Unterbewusstsein vervielfältigt und vergrößert, was Sie dort ablagern. Ist dieses gut oder schlecht? Rätseln Sie nicht daran herum, wie oder wann oder wo Ihr Wunsch verwirklicht, Ihr Gebet erhört werden wird; vertrauen Sie darauf, dass dies geschehen wird.

Sechs auf drittem Platz bedeutet: *... denn ich habe meinen Groschen gefunden, den ich verloren hatte* (Lukas 15, 9). Wenn Sie den Kontakt mit Gott verlieren, tritt Verlust auf in Ihrem Leben. Sollten Sie einen Verlust erlitten haben, können Sie sich geistig mit dem Guten in Ihnen identifizieren, erfüllt von dem Wissen, dass Ihr Unterbewusstsein reagieren und dieses Gute verwirklichen und vervielfachen wird. Weigern Sie sich künftig, Verluste geistig zu akzeptieren, denn alles, was zu Gewinn oder Verlust führt, findet zunächst in Ihrem Geiste statt. Vereinigen Sie sich seelisch-geistig auch mit dem, was Sie angeblich verloren haben, und Ihr Unterbewusstsein wird Sie ungeahnte Schätze finden lassen.

Neun auf viertem Platz bedeutet: *Und betet stets in allem Anliegen … und wachet dazu mit allem Anhalten …* (Epheser 6, 18). Ihre Entschlossenheit und Ihre richtige Einstellung setzen Sie in die Lage, Ihr Ziel zu erreichen. Nicht und niemand kann sich der Macht des Unendlichen entgegenstellen, das für Sie wirkt.

Neun auf fünftem Platz bedeutet: *Ein fröhlich Herz macht das Leben lustig …* (Sprüche 17, 22). Seien Sie sich bewusst, dass die unendliche heilende Gegenwart Gottes, die Sie erschaffen hat, Sie jetzt als Harmonie, Gesundheit und Freude durchströmt. Das Lebensprinzip tendiert dazu, Sie zu kräftigen und völlig gesund zu machen. Wenn Sie jetzt einen Arzt aufsuchen, sollten Sie von der Überzeugung ausgehen, dass Gott ihn leitet und dass alles, was er Ihnen empfiehlt, nur zu Ihrem Segen sein kann. Vollkommene Gesundheit ist Ihnen sicher.

Oben eine Neun bedeutet: *Ein jegliches hat seine Zeit, und alles Vornehmen unter dem Himmel hat seine Stunde* (Prediger 3, 1). Gott ist zeit- und raumlos wie Ihre Seele, aber Sie leben konkret in einer dreidimensionalen Welt der Zeit und des Raums. Es gibt eine richtige Zeit fürs Säen und eine richtige Zeit fürs Ernten. Bleiben Sie still und ruhig; warten Sie den rechten Augenblick ab. Die rechte Zeit zum Handeln kommt später.

26. DA TSCHU / DES GROSSEN ZÄHMUNGSKRAFT

oben: Gen, das Stillehalten, der Berg

unten: Kiën, das Schöpferische, der Himmel

Das Urteil

Wer aber bis an das Ende beharrt, der wird selig (Matthäus 10, 22). Dies besagt, dass Sie Erfolg haben werden, wenn Sie voll Vertrauen und Glauben an die unendliche Kraft, die Sie stützt, an Ihrem Ziel festhalten. Es ist zu Ihrem Vorteil, wenn Sie sich beharrlich und entschlossen eine neue geistige Richtung geben. Reisen Sie also geistig von Ihrem gegenwärtigen Standort zu einer neuen geistigen Wohnstätte. Nachdem Sie dies getan haben, wäre auch eine äußere Reise ein Gewinn.

Das Bild

Denn sehet, das Reich Gottes ist inwendig in euch (Lukas 17, 21). Alle Eigenschaften und Kräfte Gottes sind in Ihnen. Die Schätze der Ewigkeit sind in Ihnen. Meditieren Sie über Harmonie, Gesundheit, Frieden, Liebe, richtiges Handeln und göttliche Führung. Leben Sie mit diesen Wahrheiten, dann werden in Ihrem Leben Wunder geschehen.

Die einzelnen Linien

Anfangs eine Neun bedeutet: ... *und nunmehr gefährlich war zu schiffen* ... (Apostelgeschichte 27, 9). Es ist besser, sich bei drohendem Sturm nicht aufs Meer zu wagen. Bleiben Sie ruhig und gefasst, es wird die Zeit kommen, da Sie sich in göttlicher Fügung vorwärtsbewegen werden.

Neun auf zweitem Platz bedeutet: ... *und die Achsen der Räder waren am Gestühl* ... (1. Könige 7, 32). Wie Sie wissen, ist die Achse jene Stange, um die sich das Rad dreht. Wenn Sie sich seelisch-geistig mit Gott verbinden, ist richtiges Handeln die Folge. In der bildlichen Sprache des *I Ging* wie auch der Bibel ist nach der Entfernung der Achsen keine Bewegung möglich. Ihnen wird also zu verstehen gegeben: Sie sollen Ihren Geist beruhigen, sich um die Routineangelegenheiten kümmern und überzeugt sein, dass Sie zur rechten Zeit und in der richtigen Weise zu persönlichem Vorankommen geleitet werden.

Neun auf drittem Platz bedeutet: *Und ich sah, und siehe, ein weißes Pferd. Und der darauf saß, hatte einen Bogen; und ihm ward gege-*

ben eine Krone, und er zog aus sieghaft, und dass er siegte (Offenbarung 6, 2). Auf dem weißen Pferd – Symbol der Macht und Gegenwart Gottes – reiten Sie, wenn Sie erkennen, dass Ihr Bewusstsein, Ihr »Ich-bin«, gottgegeben ist. Wenn Sie der Gottesgegenwart vollkommen vertrauen, reiten Sie wahrlich das weiße Pferd zum Sieg. Weigern Sie sich, äußeren Umständen und Ereignissen Macht einzuräumen. Alles, was Sie behindert, wird aus dem Felde geschlagen; Sie werden Ihr Vorhaben verwirklichen und Ihr Lebensziel erreichen.

Sechs auf viertem Platz bedeutet: *Es soll nicht durch Heer oder Kraft, sondern durch meinen Geist geschehen, spricht der Herr …* (Sacharja 4, 6). Müheloses Bemühen lautet die Lösung. Der unendlichen Macht, welche die einzige Macht im Universum ist, können Sie keine zusätzliche Macht verleihen. Lassen Sie sich von dieser Macht ruhig und voll Liebe durchströmen und seien Sie überzeugt, dass der Ihnen innewohnende Geist alles in göttlicher Fügung bewirken wird. Wenden Sie keinen geistigen Zwang und keine geistige Gewalt an. Leichtigkeit schafft es. Sie werden siegen.

Sechs auf fünftem Platz bedeutet: *Es haben ihn zerwühlet die wilden Säue …* (Psalm 80, 14). Die animalischen Triebe in uns müssen unter Kontrolle gehalten werden. Tiere verkörpern im *I Ging* und in unserer Bibel das Triebhafte im Menschen. Das Gefühlsleben Ihres Wesens muss in konstruktive Kanäle geleitet werden. Seien Sie friedliebend und vertrauensvoll, dann werden Sie Ihren Herzenswunsch verwirklicht sehen.

Oben eine Neun bedeutet: *… des Herrn Stuhl ist im Himmel …* (Psalm 11, 4). Mit dem »Himmel« ist Ihr in harmonischem Gleichgewicht befindlicher Geisteszustand gemeint; der »Stuhl des Herrn« ist die göttliche Macht oder die Gottesgegenwart in Ihnen – das Wirkliche an Ihnen. Der lebendige Geist vom Geist Gottes bewegt sich jetzt durch Sie, bringt Ihnen die Segnungen des Lebens und die Erfüllung Ihrer Wünsche.

27. I / DIE MUNDWINKEL (DIE ERNÄHRUNG)

oben: Gen, das Stillehalten, der Berg

unten: Dschen, das Erregende, der Donner

Das Urteil

Denn der Herr gibt Weisheit, und aus seinem Munde kommt Erkenntnis und Verstand (Sprüche 2, 6). Seien Sie kritisch und wählerisch im Hinblick auf das, was Eingang in Ihren Geist erhält – er ist der Mund Gottes –, und sorgen Sie dafür, dass förderlich und wahr ist, was Sie denken. Sofern Sie geistig beharrlich bei den Wahrheiten Gottes verweilen, werden Ihnen große Wohltaten zuteil.

Das Bild

Wer will aber den Donner seiner Macht verstehen? (Hiob 26, 14). Sie verstehen diese Macht, wenn Sie beginnen, vom Standpunkt des unendlichen Einen zu denken, zu sprechen und zu handeln; Ihre Rede beruht auf Weisheit, Wahrheit und Liebe. Was immer Sie zu anderen sagen, sollte diesen helfen, sie ermutigen und inspirieren.

Die einzelnen Linien

Anfangs eine Neun bedeutet: *Diese sollen euch auch unrein sein unter den Tieren, die auf Erden kriechen ...* (3. Mose 11, 29). Der Mensch soll nicht wie ein Kriechtier leben, das alles nur von unten her sieht. Sie besitzen die Fähigkeit, in sich zu sehen und dort zu erbitten, was Sie sich wünschen. In Verbindung mit dem Unendlichen können Sie erhalten, was immer Sie brauchen, ohne dass Sie sich herabwürdigen oder die Rechte und Freiheiten anderer in irgendeiner Weise beeinträchtigen müssten. Emerson sagte es drastisch: »Neid ist Unwissenheit, und Imitation ist Selbstmord.« Neid auf andere zeugt von Minderwertigkeit und Unzulänglichkeit und führt zu Verlust, Mangel und Beschränkung jeder Art.

Sechs auf zweitem Platz bedeutet: ... *erzogen in den Worten des Glaubens und der guten Lehre, der du gefolgt bist* (1. Timotheus 4, 6).

Suchen Sie Führung, Kraft und Inspiration bei der Gottesgegenwart in Ihnen. Die unendliche Intelligenz Ihres Unterbewusstseins wird Sie zu Ihrem wahren Platz im Leben führen. Es ist falsch, sich auf andere zu stützen und bei anderen Hilfe zu suchen. Die grundlegende Lebenslektion besteht darin, sich so zu schulen, dass man auf eigenen Füßen stehen und seine Probleme selbst bewältigen kann. Ein Mensch, der sich auf andere stützt und leichthin Hilfe annimmt, zerstört seine Selbstachtung, sein Selbstvertrauen und seine charakterliche Entfaltung. Solche Haltung führt zum Versagen.

Sechs auf drittem Platz bedeutet: *Ich will dich daselbst versorgen … auf dass du nicht verderbest …* (1. Mose 45, 11). Der Mensch kann auf dieser Welt nicht vom Brot allein leben. Er braucht auch geistige Nahrung wie Mut, Glauben, Vertrauen, Freude, Lachen, Inspiration. Die Ängste, Befürchtungen, Sorgen, Eifersüchteleien, Neidereien und negativen Anklammerungen, denen der Massengeist verhaftet ist, sind nicht die richtige Nahrung, denn diese führt zu Verlust, Krankheit und Verwirrung. Es ist nie zu spät, sich wieder dem Schönen und Guten zuzuwenden.

Sechs auf viertem Platz bedeutet: *… ich will euch versorgen und eure Kinder. Und er tröstete sie, und redete freundlich mit ihnen* (1. Mose 50, 21). Sie müssen wachsam bleiben, womit Sie sich versorgen, und sich vor Angst, Zweifel und Negativem jeder Art schützen. Zwingen Sie sich, Ihre Aufmerksamkeit dem Guten zuzuwenden, und denken Sie daran, dass Gottes Allmacht Ihre Träume verwirklichen kann. Die innere Wahrnehmung idealer Helfer wird es Ihnen ermöglichen, solche auch äußerlich zu sich heranzuziehen.

Sechs auf fünftem Platz bedeutet: *… so werdet ihr Ruhe finden für eure Seelen* (Matthäus 11, 29). Wenden Sie sich an die Gottesgegenwart in Ihrem Inneren und bitten Sie darum, dass Frieden, Kraft und Stärke Sie durchströme und leite. Es wäre gut, wenn Sie bei einem geistig hochstehenden Menschen in Ihrer Gegend seelisch-geistige Hilfe suchten. Mittlerweile sollten Sie still und ruhig bleiben und Reisen vermeiden. Die richtige Zeit wird kommen.

Oben eine Neun bedeutet: … *der unter Rosen weidet. Bis der Tag kühl wird und die Schatten weichen* … (Hohelied 2, 16f.). Die Rosen sind Freude, Harmonie, Frieden, Schönheit, Gerechtigkeit und göttliche Ordnung – da sollen Sie verweilen. Ihre Pläne, Reisen und Unternehmungen werden erfolgreich enden. Beharren Sie in Ihrem festen Vertrauen auf Gott, bis die Schatten weichen.

28. DA GO / DES GROSSEN ÜBERGEWICHT

oben: Dui, das Heitere, der See

unten: Sun, das Sanfte, der Wind, das Holz

Das Urteil

Wirf dein Anliegen auf den Herrn; der wird dich versorgen … (Psalm 55, 23). Wenn Ihnen eine Bürde oder Belastung zu schwer erscheint, sollten Sie daran denken, dass Sie an der Gotteskraft teilhaben, die Sie jederzeit stützt und stärkt und Ihre Probleme lösen kann. Es geht einfach darum, dass Sie Ihr Empfinden und Ihre Überzeugung ändern. Weil Beten aufrichtet, sagen Sie sich immer wieder: »Ich werde von Gottes Liebe, Weisheit und Frieden umgeben, gestützt und geführt.« Sie werden Erfolg haben und Ihr Lebensziel erreichen.

Das Bild

Gott ist bei ihr drinnen, darum wird sie fest bleiben; Gott hilft ihr früh am Morgen (Psalm 46, 6). Seien Sie nicht unruhig. Gott ist wirklich in Ihnen und beruhigt die Wasser aufgebrachter Gefühle. Erkennen Sie, dass Gottes Friedensstrom Sie durchfließt, dann werden Sie fest, heiter und glücklich werden.

Die einzelnen Linien

Anfangs eine Sechs bedeutet: *Endlich aber seid allesamt … freundlich* (1. Petrus 3, 8). Freundlichkeit erfließt einer Haltung der Liebe. Achten Sie darauf, dass Sie sich in Ihrem Reden und Handeln immer gemäß dem großen Gesetz der Liebe und Freundlichkeit verhalten.

Neun auf zweitem Platz bedeutet: *Unsere Harfen hingen wir an die Weiden* … (Psalm 137, 2). Die Harfe verkörpert die Musik der Seele oder eine innere Freude, die bewirkt, dass Sie sich über alle Beschränkungen erheben und große Dinge erreichen; und Ihr ganzes Tun wird Ihnen zum Segen gereichen.

Neun auf drittem Platz bedeutet: *Da … nunmehr gefährlich war zu schiffen* … (Apostelgeschichte 27, 9). Wütet auf dem Meer ein Sturm, wagt man sich mit dem Boot besser nicht hinaus. Suchen Sie Führung und Rat. Bleiben Sie ruhig. Geistiger Zwang oder der Versuch, etwas zu erzwingen, führen zu Verlust und Scheitern.

Neun auf viertem Platz bedeutet: *So ziehet nun an … Demut* … (Kolosser 3, 12) … *der Demütige wird Ehre empfangen* (Sprüche 29, 23). Es ist von großer Wichtigkeit, dass man demütig ist. Seien Sie aufnahmebereit und belehrbar, dann werden Sie wachsen und etwas erreichen. Die Großen sind bescheiden, demütig und aufrichtig, und ihre Motivation ist richtig. Vertrauen Sie darauf, dass die Gotteskraft Sie stärkt und führt, dann ist Ihnen Erfolg sicher.

Neun auf fünftem Platz bedeutet: *Und wenn sie gleich alt werden, werden sie dennoch blühen, fruchtbar und frisch sein* (Psalm 92, 15). Die Jugend ist die richtige Zeit für Spiel und Sport. Wenn Sie in die Jahre kommen, sollten Sie sich mehr denn je seelisch-geistigen Interessen zuwenden. Versuchen Sie nicht, der sogenannten »verlorenen Jugend« nachzulaufen. Ihre Aufgabe ist es nun, die immensen Schönheiten in Ihrem Inneren zu entdecken und freizusetzen. Wenn Sie fünfundsechzig oder siebzig Jahre alt sind, können Sie nicht so schnell laufen wie Ihr zwanzigjähriger Sohn. Probieren Sie es erst gar nicht; Sie würden nur ins Unglück rennen, *wie ein Vogel zum Strick eilt, und weiß nicht, dass es ihm das Leben gilt* (Sprüche 7, 23).

Oben eine Sechs bedeutet: … *ward mit der Sintflut verderbt* (2. Petrus 3, 6). Eine Flut von Negativem im Geiste kann zu Krankheit und vorzeitigem Verfall führen. Beruhigen Sie die Wasser Ihres Geistes und erkennen Sie, dass Sie in der Vergegenwärtigung Gottes Frieden, Harmonie und Freiheit finden.

29. KAN / DAS ABGRÜNDIGE, DAS WASSER

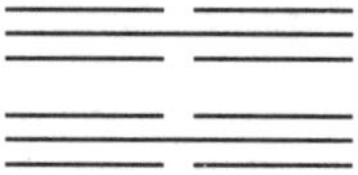

oben: Kan, das Abgründige, das Wasser

unten: Kan, das Abgründige, das Wasser

Das Urteil

Wenngleich das Meer wütete und wallte … (Psalm 46, 4). Sie werden nicht mehr von jedem Wind, der da weht, umhergetrieben, und Sie werden auch nicht mehr wie ein hilfloses Stück Treibholz vom Wasser mitgerissen. Sie vertrauen darauf, dass Gott Sie zu ruhigen Wassern und grünen Weiden führt.

Das Bild

Denn so du durch Wasser gehst, will ich bei dir sein, dass dich die Ströme nicht sollen ersäufen … (Jesaja 43, 2). Erkennen Sie und seien Sie sich bewusst, dass göttliche Liebe Ihnen vorausgeht und Ihre Wege eben und freudvoll macht. Gott füllt alle Gefäße Ihres Lebens.

Die einzelnen Linien

Anfangs eine Sechs bedeutet: *Ich bin wie ein verirrtes und verlorenes Schaf …* (Psalm 119, 176). Wenn Sie von der gottgegebenen Ordnung dessen abweichen, was gut, lauter, edel und schön ist, werden Sie Verlust und Beschränkung erleiden. Kehren Sie auf den Weg der Verherrlichung Gottes zurück und lassen Sie sich bei allen Ihren Taten von Liebe und richtigem Tun leiten.

Neun auf zweitem Platz bedeutet: *Von dem Herrn wird solches Mannes Gang gefördert, und er hat Lust an seinem Wege* (Psalm 37, 23). Erzwingen Sie jetzt nichts. Leisten Sie keinen geistigen Widerstand. Wenden Sie sich an Gott, der Ihnen innewohnt, und bitten Sie darum, dass er alle Ihre Schritte leitet. Seien Sie wachsam, wie das dem gesunden Menschenverstand zukommt.

Sechs auf drittem Platz bedeutet: *Ich rufe zu dem Herrn in meiner Not, und er erhört mich* (Psalm 120, 1). Falls Sie sich in einem Dilemma befinden und keinen Ausweg sehen, beruhigen Sie sich seelisch-geistig und bitten Sie um Wegweisung. Die Antwort wird kommen. Achten Sie darauf: Es gibt immer eine Antwort und eine Lösung.

Sechs auf viertem Platz bedeutet: *Den Frommen geht das Licht auf in der Finsternis* … (Psalm 112, 4). Gott in Ihnen, das innere Licht, ist eine dynamische Kraft. Diese wird Sie befähigen, zur rechten Zeit das Richtige zu allen Menschen Ihrer Umgebung zu sagen und zur rechten Zeit das Richtige zu tun.

Neun auf fünftem Platz bedeutet: *Der Geizige verstört sein eigen Haus* … (Sprüche 15, 27). Versuchen Sie nicht, weniger zu gewähren, als Sie zu empfangen bereit sind. Vertrauen Sie darauf, dass die schöpferische Intelligenz Ihres Unterbewusstseins Sie richtig führt.

Oben eine Sechs bedeutet: … *sondern ging hin und warf ihn ins Gefängnis, bis dass er bezahlte, was er schuldig war* (Matthäus 18, 30). Angst, Krankheit und Feindseligkeit halten den Menschen in Knechtschaft und Sklaverei. Steinmauern allein machen noch kein Gefängnis und Eisenstäbe keinen Käfig. Das schlimmste Gefängnis ist jenes des Geistes, in welchem Schuld und anschließende Selbstbestrafung den Menschen vernichten. Verzeihen Sie sich, dass sie fehlten, weil Sie negative Gedanken hatten, stellen Sie sicher, dass Sie auch allen anderen Menschen verzeihen.

30. LI / DAS HAFTENDE, DAS FEUER

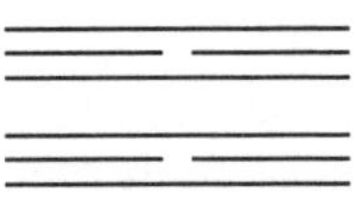

oben: Li, das Haftende, das Feuer

unten: Li, das Haftende, das Feuer

Das Urteil

Wer aber bis an das Ende beharrt, der wird selig (Matthäus 10, 22). Sie sollen Ihr Ziel beharrlich, voll Glauben an die Richtigkeit Ihres Ziels und im Vertrauen auf den Erfolg verfolgen, in dem Bewusstsein, dass die Weisheit Ihres Unterbewusstseins Sie führen wird. Wachen Sie über Ihr Bewusstsein und sorgen Sie dafür, dass nichts Eingang in Ihr Unterbewusstsein findet, was Ihre Seele nicht mit Freude und Freiheit erfüllt.

Das Bild

Und das Licht Israels wird ein Feuer sein … (Jesaja 10, 17). Feuer verkörpert die Erleuchtung aus der Quelle höchster Intelligenz, die Erleuchtung Ihres Unterbewusstseins, sodass Ihnen alles offenbart wird, was Sie wissen müssen und was Sie befähigt, solches Licht an andere weiterzugeben.

Die einzelnen Linien

Anfangs eine Neun bedeutet: *Wer festen Herzens ist, dem bewahrst du Frieden …* (Jesaja 26, 3). Achten Sie darauf, dass Sie nicht von Ängsten, Zweifeln und Schwarzseherei beherrscht werden. Stimmen Sie sich am Morgen als Erstes auf das Unendliche ein und bitten Sie um göttliche Führung und Inspiration. Laden Sie die Batterien Ihres Geistes mit Vertrauen auf Gott und alle guten Dinge auf. Anfang und Ende sind ein und dasselbe. Beginnen Sie, was Sie auch unternehmen, mit Gott, und das Ergebnis wird gut sein.

Sechs auf zweitem Platz bedeutet: *… und wird deine Gerechtigkeit hervorbringen wie das Licht und dein Recht wie den Mittag* (Psalm 37, 6). Mittags wirft die Sonne keinen Schatten. Nichts kann Sie von Ihrem Ziel ablenken, da Sie durch Ihr inneres Führungsprinzip in göttlicher Weise zum Erfolg geleitet werden.

Neun auf drittem Platz bedeutet: *… da die Sonne untergegangen war, brachten sie zu ihm allerlei Kranke …* (Markus 1, 32). Die Sonne stellt das unendliche Lebensprinzip, die unendliche Weisheit und die lebensspendende Kraft dar, denn die Sonne spendet den Menschen dieser Erde Licht und Leben. Wenn Sie es ablehnen, sich dem heilenden Licht in Ihnen zuzuwenden, das Sie segnen, inspirieren und heilen kann, ist die Sonne für Sie untergegangen, weil Sie die falschen Überzeugungen und Meinungen Ihrer Umwelt akzeptieren. Diese Haltung bringt Ihnen Verlust. Zunehmendes Alter ist kein Schwinden der Lebensjahre, sondern das Heraufdämmern von Weisheit im Geiste des Menschen.

Neun auf viertem Platz bedeutet: … *dass man seine Flamme nicht wird löschen können …* (Ezechiel 21, 3). … *und in deinem Licht sehen wir das Licht* (Psalm *36, 10)*. Das ewige Licht befindet sich in Ihnen. Es leuchtet allezeit für Sie, wenn Sie sich auf das Unendliche einstimmen und sich bewusstmachen, dass Sie mithilfe der Gotteskraft in Ihnen alles schaffen können. Was Sie auch tun, sollte göttlichem Recht und göttlicher Ordnung entsprechen. Geben Sie die Meinung auf, Ihre Stärke komme aus Ihrem Gehirn, Ihren Nerven oder Muskeln. Ihre Kraft und Ihr Erfolg stammen von Gott, der Ihnen innewohnt. Vermeiden Sie einen ständigen Wechsel von Höhen und Tiefen, indem Sie alles, einfach alles zum Ruhme Gottes tun. Der Kampf um materielles Glück ist vergebens, denn wenn Sie nicht das geistige Äquivalent des Erstrebten in sich haben, wird Verlust die Folge sein. Hören Sie auf, sich äußerlich zu fördern – Sie fördern sich, wenn es Ihnen gelingt, Ihrem Unterbewusstsein die Vorstellung von Wachstum, Entwicklung, Erfolg und richtigem Tun einzuprägen.

Sechs auf fünftem Platz bedeutet: … *und Gott wird abwischen alle Tränen von ihren Augen …* (Offenbarung 21, 4). Nichts währt ewig. Kummer, Leid, Krankheit, alles geht vorüber. An die Stelle von Trauer tritt Freude, Tränen weichen der Fröhlichkeit. Nach dem Sturm kommt die Windstille. Sind Sie deprimiert oder traurig, konzentrieren Sie Ihre Aufmerksamkeit auf die Lösung, den Ausweg, dann werden unendliche Kräfte zu diesem Brennpunkt der Aufmerksamkeit strömen, und Sie werden die Freude des erhörten Gebetes erleben.

Oben eine Neun bedeutet: *Lass dich nicht das Böse überwinden, sondern überwinde das Böse mit Gutem* (Römer 12, 21). Liest man das Wort »leben« rückwärts, lautet es »Nebel«. Wenn Sie sich im Nebel verlieren, geraten Sie in Gefahr, die Richtung zu verfehlen und gegen den Strom des Lebens zu laufen, der von Harmonie, Frieden und Liebe voll ist, denn Gott ist Leben. Erfüllen Sie daher Ihren Geist mit Gedanken der Harmonie, des Friedens, der Liebe und der Freundlichkeit gegenüber allen Menschen. Vorstellungen von Hass, Rache, Neid und Eifersucht hausen im Geiste wie Banditen; sie reißen alles an sich, gewalttätig und plündernd. Verbannen Sie solche Vorstellungen und befassen Sie sich stattdessen gedanklich mit Schönheit, göttlicher Ordnung und göttlichem Frieden. Über Ihre Vorstellungswelt gebieten nur Sie. Sie sind der absolute Herrscher über Ihr Denken, Fühlen und Handeln. Treten Sie Ihre Herrschaft an, jetzt gleich!

31. HIËN / DIE EINWIRKUNG (DIE WERBUNG)

oben: Dui, das Heitere, der See

unten: Gen, das Stillehalten, der Berg

Das Urteil

Und lass das Buch dieses Gesetzes nicht von deinem Munde kommen … Alsdann wird es dir gelingen in allem, was du tust, und du wirst weise handeln können (Josua 1, 8). Das Gesetz des Geistes bewirkt, dass jeder Plan oder Wunsch, den Sie Ihrem Unterbewusstsein einprägen, verwirklicht wird. Üben Sie Beharrlichkeit und Entschlossenheit, indem Sie Ihr Ideal geistig und gefühlsmäßig nähren, dann wird Ihre Werbung erfolgreich sein. Heirat bedeutet eine seelisch-geistige Verbindung mit dem Guten in Ihnen. Gemeint sein kann auch eine eheliche Verbindung zwischen einem Mann und einer Frau, die miteinander harmonieren.

Das Bild

… dass er stand am See Genezareth … (Lukas 5, 1). Mit dem See ist in der Bibel und im *I Ging* der See göttlichen Lebens gemeint, der alle Schätze des Unendlichen birgt. In der Sprache unseres Alltagslebens stellt der See Ihr Unterbewusstsein dar. Suchen Sie Führung bei der unendlichen Weisheit, die Ihrem Unterbewusstsein innewohnt. Seien Sie demütig und aufnahmebereit für die innere Weisheit, die über Ihren Verstand hinausgeht; sie weiß alles und sieht alles.

Die einzelnen Linien

Anfangs eine Sechs bedeutet: *Und dass die Zehen an seinen Füßen eines Teils Eisen und eines Teils Ton sind; wird's zum Teil ein starkes und zum Teil ein schwaches Reich sein* (Daniel 2, 42). Die »Füße« verkörpern Verständnis, Begreifen der göttlichen Gesetze. Die »Zehen« verweisen auf die Richtung Ihres Denkens, auf Ihre Ideale, Ihr Vorhaben, Ihr Ziel; stehen hinter diesem nicht Gefühl und Begeisterung, wird es sich nicht konkretisieren. »Eisen« stellt Kraft und Stärke dar, »Ton« die gegenständliche Welt; falls Sie glauben, dass äußere Umstände und Menschen Ihr Vorhaben durchkreuzen können, verkennen Sie die Macht des Schöpfers und blockieren das Gute für sich.

Sechs auf zweitem Platz bedeutet: *Alle Stätten, darauf eure Fußsohlen treten werden, habe ich euch gegeben* … (Josua 1, 3). Dies besagt, dass Sie, sofern Sie nicht in einen entschieden ausgeglichenen psychischen Zustand gelangen und von rechtem Tun motiviert sind, Ihr Vorhaben keinesfalls weiterführen sollten. »Fuß« steht im *I Ging* und in der Bibel für Verständnis.

Neun auf drittem Platz bedeutet: … *rührte er das Gelenk seiner Hüfte an* … (1. Mose 32, 26). Hüfte ist ein beschönigender Ausdruck für die Zeugungsorgane des Mannes, die ein Sinnbild für die schöpferischen Kräfte sind, nämlich Ihr Bewusstsein und Ihr Unterbewusstsein. Besteht zwischen Ihrem bewussten und Ihrem unterbewussten Leben Einigkeit darüber, was schön und gut ist, nutzen Sie Ihre Schöpfungskraft konstruktiv. Werden Sie aber von unlauteren Motiven oder negativen Gefühlen beherrscht, wollen Sie beispielsweise andere übervorteilen, werden die Folgen für Sie nachteilig sein.

Neun auf viertem Platz bedeutet: *Alle eure Sorgen werfet auf ihn; denn er sorget für euch* (1. Petrus 5, 7). Das Himmelreich – als eine Sphäre des Friedens, der Harmonie, Freude, Liebe und Schönheit – befindet sich in Ihnen. Beruhigen Sie Ihren Geist und ordnen Sie sich göttlicher Führung unter, dann werden Sie Erfolg haben. Versuchen Sie niemals, unter keinen Umständen, geistigen Zwang gegenüber anderen auszuüben oder andere in irgendeiner Weise auszunützen. Eine solche Haltung führt zu Verlust.

Neun auf fünftem Platz bedeutet: *Auf seinem Halse wohnt die Stärke, und vor ihm her hüpft die Angst* (Hiob 41, 14). Ihr Hals lässt sich drehen, was symbolisch heißt, dass Sie sich in jeder Situation immer der Wahrheit zuwenden und in sich eine Stimmung der Harmonie und der Freundlichkeit erzeugen können. Eine solche Haltung führt zu richtigem Handeln und zieht immer gute Ergebnisse nach sich.

Oben eine Sechs bedeutet: *Der Weisen Zunge macht die Lehre lieblich; der Narren Mund speit eitel Narrheit* (Sprüche 15, 2). *Eine heilsame Zunge ist ein Baum des Lebens; aber eine lügenhafte macht Herzeleid* (Sprüche 15, 4). Ihre Rede muss auf den Werten des Lebens und auf den unvergänglichen Wahrheiten beruhen. Sie sollen vom Standpunkt des Unendlichen aus denken und sprechen. Mit leerem Geschwätz bewirkt man nichts. Andere Menschen spüren unterbewusst, ob Sie aufrichtig und ehrlich sind. Was Sie sagen, soll aus dem Herzen kommen und in Liebe und Freundlichkeit wurzeln.

32. HONG / DIE DAUER

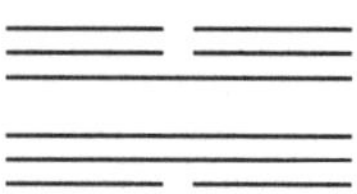

oben: Dschen, das Erregende, der Donner

unten: Sun, das Sanfte, der Wind

Das Urteil

Reichtum und Ehre sind bei mir, angesehener Besitz und Glück (Sprüche 8, 18). Sofern Sie weiterhin in rechtem Denken, Fühlen und Handeln verharren, werden Ihnen die großen Reichtümer des Geistes wie Harmonie und Frieden zuteil, dazu die Fülle materieller Reichtümer, die Sie benötigen. In allem, was Sie erreichen wollen und anstreben, werden Sie Erfolg haben.

Das Bild

Und ich hörte … sagen wie mit einer Donnerstimme …. (Offenbarung 6, 1) … *dass ein jeglicher unter ihnen sein wird wie eine Zuflucht vor dem Wind* … (Jesaja 32, 2). Im Lärm der Welt und im Wind der

Zeit bleiben Sie ruhig, weil Sie von jenem unveränderlichen Gesetz überzeugt sind, das heute genau so ist, wie es gestern war und morgen sein wird. Sie werden von dem Prinzip unendlich weiser Führung geleitet und in göttlicher Fügung an Ihr Ziel geführt.

Die einzelnen Linien

Anfangs eine Sechs bedeutet: *Fahre nicht bald heraus, zu zanken; denn was willst du hernach machen …* (Sprüche 25, 8). Erkennen Sie, dass Ihre Stärke in Ruhe und Vertrauen liegt. Diese bringen die Dinge voran. Das Wachstum eines Kindes können Sie nicht erzwingen. Das Kind wird gemäß dem universellen Gesetz wachsen und sich entwickeln. Übereilte oder zornige Rede führt zu falschem Handeln. In der Eile geht alles schief.

Neun auf zweitem Platz bedeutet: *Gedenket nicht an das Alte und achtet nicht auf das Vorige!* (Jesaja 43, 18). Die Vergangenheit ist tot. Reiben Sie sich nicht auf in Reue über vergangenes Tun. Ein neuer Anfang ist ein neuer Weg, ein neues Ende. In dem Augenblick, in dem Sie richtig zu denken, zu fühlen und zu handeln beginnen, setzen Sie die schöpferischen Kräfte Ihres Unterbewusstseins frei, welches das Gute in Ihnen im Leben verwirklicht.

Neun auf drittem Platz bedeutet: *Ein Zweifler ist unbeständig in allen seinen Wegen* (Jakobus 1, 8). Ein wankender, schwankender Geisteszustand trägt das Scheitern in sich. Ihr seelisch-geistiger Zustand bestimmt Ihre gesamten Lebenserfahrungen. Ängste und Zweifel bringen Sie auf Abwege, und Sie erleiden Verluste und Einschränkungen. Denken Sie richtig, und Sie werden richtig handeln.

Neun auf viertem Platz bedeutet: *Der Herr ist mein Hirte; mir wird nichts mangeln* (Psalm 23, 1). Mit dem »Herrn« ist die Ihnen innewohnende höchste Weisheit gemeint, die alles weiß und alles sieht. Machen Sie diese zu Ihrem Hirten. Bekräftigen Sie betend: »Unendliche Weisheit führt mich zu meinem wahren Platz im Leben, wo ich tun werde, was ich gern tun möchte, wo ich in göttlicher Fügung glücklich sein und gedeihen werde.« Folgen Sie der Führung, die Sie erhalten werden.

Sechs auf fünftem Platz bedeutet: *Denn der Mann ist des Weibes Haupt* (Epheser 5, 23). Der »Mann« stellt ihr Denken dar, die »Frau« Ihr Fühlen. Erfassen Sie bewusst die Tatsache, dass unendliche Weisheit Sie führt, dann denken Sie richtig, und Ihr Gefühl wird Sie stärken und stützen.

Oben eine Sechs bedeutet: ... *durch Stillesein und Hoffen würdet ihr stark sein* ... (Jesaja 30, 15). Ist Ihr Bewusstsein heiter und hoffnungsfroh, enthüllt sich Ihnen die Weisheit Ihres Unterbewusstseins. Sind Sie nicht auf das Unendliche eingestimmt, sondern von Angst und falschen Überzeugungen erfüllt, wird Versagen die Folge sein.

33. DUN / DER RÜCKZUG

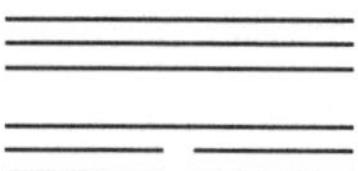

oben: Kiën, das Schöpferische, der Himmel

unten: Gen, das Stillehalten, der Berg

Das Urteil

Wenn ihr umkehrtet und stillebliebet, so würde euch geholfen ... (Jesaja 30, 15). Kehren Sie geistig zum Unendlichen in Ihnen zurück und bitten Sie um Harmonie, Kraft und richtiges Handeln. Sie werden eine Antwort erhalten. Diese tut not, bevor Sie irgendeine wichtige Arbeit beginnen oder eine wichtige Entscheidung fällen können. Jetzt ist nicht die richtige Zeit zum Vorgehen. Beten Sie um göttliche Führung, dann werden Sie zur richtigen Zeit auf die richtige Art vorankommen.

Das Bild

... *und ging auf einen Berg, zu beten* (Lukas 9, 28). Wenn Sie über die Gegenwart und Macht Gottes meditieren, erklimmen Sie den »Berg«, der symbolisch einen gehobenen Bewusstseinszustand darstellt. Und wenn Sie geistig emporgehoben sind, werden alle negativen Gedanken – Gedanken der Angst, des Zorns und Hasses – im Licht der Liebe Gottes aufgelöst.

Die einzelnen Linien

Anfangs eine Sechs bedeutet: *Wenn er Frieden gibt, wer will verdammen? ...*(Hiob 34, 29). *Schweig und verstumme! ...* (Markus 4, 39). Wenn Sie in Schwierigkeiten zu sein scheinen, sollten Sie daran denken, dass Ihr höheres Ich in ewiger Harmonie aufgehoben ist. Erkennen Sie, dass das Böse nur jene Macht besitzt, die Sie ihm in Gedanken zugestehen. Fühlen Sie sich entspannt und ruhig; machen Sie sich klar, dass Ausgeglichenheit in Ihnen wirksam wird, sobald Sie den Gedanken von sich weisen, dass irgendetwas Sie verletzen kann. Es ist besser, derzeit nichts zu unternehmen.

Sechs auf zweitem Platz bedeutet: *Wirst du dich bekehren zu dem Allmächtigen, so wirst du aufgebaut werden ...* (Hiob 22, 23). Wenden Sie sich wegen der Lösung Ihres Problems an das Unendliche, das Ihnen innewohnt. Wiederholen Sie Ihre Bitte voll Glauben und Vertrauen, die Lösung wird kommen.

Neun auf drittem Platz bedeutet: *Der Herr wird ihn erquicken auf seinem Siechbette ...* (Psalm 41, 4). Sind Sie müde, erschöpft, verwirrt, sollten Sie sich still und ruhig an die Gottesgegenwart in Ihnen wenden und sagen, dass Gottes Strom des Friedens und der Harmonie durch Ihren Geist, Ihren Körper und alle Ihre Angelegenheiten fließt und alles, was für Sie Harmonie bedeutet, auch für andere Menschen Harmonie ist. Was Ihnen zum Segen gereicht, ist für alle ein Segen. Tun Sie jetzt, was nach Ihrem Wissen und Gefühl richtig ist.

Neun auf viertem Platz bedeutet: *Gott stärkt mich mit Kraft und weist mir einen Weg ohne Tadel* (2. Samuel 22, 33). Wie immer Sie sich entscheiden, ob Sie bestimmte Aktivitäten aufgeben oder neue in Angriff nehmen, Sie werden jetzt das Richtige treffen, denn Sie wissen, was richtiges Tun für Sie ist.

Neun auf fünftem Platz bedeutet: *Meine Hilfe kommt von dem Herrn ...*(Psalm 121, 2). ... *Menschenhilfe ist nichts nütze* (Psalm 60, 13). Fällen Sie eine Entscheidung, die nach Ihrem Wissen richtig und gut für Sie ist, dann sollten Sie nicht beachten, was andere darüber denken oder sagen. Halten Sie an Ihrem Entschluss fest. Folgen Sie dem inneren Licht Gottes, das aus Ihnen herausscheint.

Oben eine Neun bedeutet: *...und der Herr wird dich immerdar führen ...* (Jesaja 58, 11). Sie werden von der Ihnen innewohnenden unendlichen Weisheit geführt, und Ihrem Tun ist Erfolg beschieden.

34. DA DSCHUANG / DES GROSSEN MACHT

oben: Dschen, das Erregende, der Donner

unten: Kiën, das Schöpferische, der Himmel

Das Urteil

Sondern welcher will groß werden unter euch, der soll euer Diener sein (Markus 10, 43). Die Großen der Welt, von Edison bis Einstein, trugen dazu bei, dass es der Menschheit besser geht. Wenn Sie Ihr Leben in den Dienst der Liebe zu Ihrem Werk und zu den Menschen stellen, werden Sie Erfolg haben.

Das Bild

Es donnerte im Himmel ... (Psalm 77, 19). »Donner« besagt hier, dass Ihr höheres Ich Ihnen gegenüber einen Wunsch äußert, Sie drängt, sich zu erheben und höherzusteigen. Mit dem »Himmel« ist harmonische Ausgeglichenheit Ihres Geistes gemeint. Anders ausgedrückt: Ihr höheres Ich rüttelt Sie aus Ihrer Lethargie und Selbstzufriedenheit auf, um Ihnen zu sagen: »Gott braucht dich auf höheren Ausdrucksebenen.«

Die einzelnen Linien

Anfangs eine Neun bedeutet: *... und auf die große Zehe ihres rechten Fußes ...* (2. Mose 29, 20). Mit »Fuß« ist das Verstehen der Lebensgesetze gemeint. Die fünf »Zehen« stellen symbolisch Ihre fünf Sinne dar: lassen Sie sich von Äußerlichkeiten beherrschen, werden Sie Mangel und Einschränkung erleben. Mit anderen Worten: Wenn Sie das Gegenständliche dieser Welt höherstellen als das schöpferische Geistige in Ihnen – Ihr Denken und Fühlen –, erleiden Sie fortgesetzt Niederlagen. Denken Sie daran: Das Innere beherrscht das Äußere.

Neun auf zweitem Platz bedeutet: *Befiehl dem Herrn deine Wege und hoffe auf ihn; er wird's wohl machen* (Psalm 37, 5). Dies besagt: Wenn Sie sich an die universellen Gesetze des Geistes halten – womit Sie sicherstellen, dass sich alles, was Sie sich vorstellen, verwirklicht – und wenn Sie sich allem Negativen verschließen, werden Sie Erfolg haben.

Neun auf drittem Platz bedeutet: *Denn wer sich selbst erhöhet, der soll erniedrigt werden; und wer sich selbst erniedrigt, der soll erhöhet werden* (Lukas 14, 11). Sie können nur kraft Bewusstmachung etwas wirklich empfangen und festhalten; das heißt, dass Sie das geistige Bild dessen schaffen müssen, was Sie haben wollen. Viele Menschen prahlen, schneiden auf und geben vor, etwas zu sein, was sie nicht sind; damit verbauen sie sich den Weg zu Erfolg und Anerkennung. Sie müssen innere Werte – Selbstschätzung, Aufrichtigkeit und Begeisterung – durch Meditation und Gebet in Ihr Unterbewusstsein senken. So sehr Sie sich äußerlich anstrengen, es ist vergebens, wenn Sie nicht zum Ausdruck bringen, was Sie innerlich als wahr und wirklich empfinden. Hören Sie auf, sich selbst herabzuwürdigen.

Neun auf viertem Platz bedeutet: ... *sondern gedenke an ihn in allen deinen Wegen, so wird er dich recht führen* (Sprüche 3, 6). Erkennen Sie, dass eine allmächtige Kraft für Sie wirkt; nichts vermag sich dieser Kraft entgegenzustellen. Halten Sie beharrlich an dem Wissen fest, dass Gotteskraft Ihnen den Weg zur Verwirklichung Ihres Herzenswunsches öffnet, dann stehen Ihnen jetzt alle Türen offen.

Sechs auf fünftem Platz bedeutet: ... *täglich einen Bock zum Sündopfer opfern* ... (Ezechiel 43, 25). Der »Bock« ist ein Symbol für das Opfer, womit gemeint ist, dass Sie das Geringere für das Größere aufgeben sollen. Dieses Geringere sind Feindseligkeit und Hass. Legen Sie jegliche Feindseligkeit ab, jetzt und, wenn nötig, täglich, bis Sie davon frei sind.

Oben eine Sechs bedeutet: *Und er wird sie voneinander scheiden, gleich als ein Hirte die Schafe von den Böcken scheidet* (Matthäus 25,

32). Sie müssen aufgrund geistiger Bewusstmachung lernen, das Echte vom Falschen zu scheiden. Erkennen Sie, dass die Ihnen innewohnende unendliche Weisheit das Echte ist und allmächtig und allwissend ist, wogegen Sie Furcht und negativem Denken als dem Falschen keinen Raum geben dürfen. Erfolg und Gelingen sind sichergestellt.

35. DSIN / DER FORTSCHRITT

oben: Li, das Haftende, das Feuer

unten: Kun, das Empfangende, die Erde

Das Urteil

… *ein Ross, darauf der König reitet* … (Ester 6, 8). Der auf einem Pferd reitende König bringt zum Ausdruck, dass Sie jetzt von einer Stimmung des Siegs, Triumphs und Erfolgs getragen werden.

Das Bild

Dann werden die Gerechten leuchten wie die Sonne … (Matthäus 13, 43). Die Sonne ist ein Symbol für die unendliche Weisheit, die die dunklen Winkel des menschlichen Geistes erhellt. Halten Sie an dem Wissen fest, dass Ihnen auf allen Ihren Wegen göttliche Führung zuteilwird, dann wird das Licht eine Lampe zu Ihren Füßen und der Morgenstern auf Ihrem Lebensweg sein.

Die einzelnen Linien

Anfangs eine Sechs bedeutet: … *und der Herr wird dich immerdar führen* … (Jesaja 58, 11). Vertrauen Sie der Gottesgegenwart und verfolgen Sie beharrlich Ihr Ziel; Erfolg ist Ihnen beschieden.

Sechs auf zweitem Platz bedeutet: *Denn er hat gesagt: »Ich will dich nicht verlassen noch versäumen«* (Hebräer 13, 5). Die Gottesgegenwart ist Ihr eigentliches Leben. Sie stärkt Sie jederzeit. Halten Sie an Ihrem Lebensziel fest, in dem Wissen, dass Ihr Unterbewusstsein Ihnen den Weg zum Ziel zeigen wird.

Sechs auf drittem Platz bedeutet: ... *der Weg des Frommen ist wohl gebahnt* (Sprüche 15, 19). Die Ihrem Unterbewusstsein innewohnende unendliche Weisheit zieht Menschen zu Ihnen, die Ihnen bei der Verwirklichung Ihrer Ziele helfen. Die Weisheit Gottes bahnt Ihnen den Weg: Sie überwinden alle Hindernisse.

Neun auf viertem Platz bedeutet: *Die Gerechtigkeit des Frommen macht seinen Weg eben; aber der Gottlose wird fallen durch sein gottlos Wesen* (Sprüche 11, 5). Tun Sie stets alles in Liebe und Aufrichtigkeit. Weichen Sie nicht vom Prinzip des rechten Handelns ab. Wenn Sie versuchen, andere zu übervorteilen oder zu verletzen, fügen Sie nur sich selbst Schaden zu. Ehrlichkeit ist die beste Politik.

Sechs auf fünftem Platz bedeutet: *Denket nicht an das Alte und achtet nicht auf das Vorige!* (Jesaja 43, 18). Vergeuden Sie keine Zeit mit Rückblicken und verschwenden Sie weder Zeit noch Energie darauf, an Fehler zu denken, die Sie in der Vergangenheit gemacht haben. Ändern Sie Ihr Denken, und zwar ein für allemal. Tragen Sie die Gewissheit in sich, dass alle Ihre Vorhaben und Unternehmungen in göttlicher Fügung gelingen werden.

Oben eine Neun bedeutet: *Da ich aber die Hörner schaute, siehe* ... (Daniel 7, 8). Hörner wurden in biblischer Zeit als Gefäße sowie als Trompeten benützt; vielen Tieren dienen sie als Waffe. Das Horn ist ein Symbol für Kraft, Ehre und Sieg. Doch die Feinde befinden sich stets im eigenen Geist. Ihr Horn bzw. Ihre Waffe ist Ihre Kraft, Hindernisse zu überwinden. Hassgefühle und Feindseligkeiten liegen Ihnen fern. In Ihrem Herzen darf keine Rachsucht und kein Verlangen nach »Abrechnung« herrschen. Lassen Sie sich von göttlicher Führung leiten, dann werden Sie den Sieg davontragen.

36. MING I / DIE VERFINSTERUNG DES LICHTS

oben: Kun, das Empfangende, die Erde

unten: Li, das Haftende, das Feuer

Das Urteil

Da schied Gott das Licht von der Finsternis (1. Mose 1, 4). »Licht« versinnbildlicht Wahrheit, Verstehen, Begreifen. Bekräftigen und betonen Sie das Gute, dann scheiden Sie das Licht von der Finsternis. Halten Sie ungeachtet aller Rückschläge oder Probleme an der Gotteskraft fest, die in Ihnen und durch Sie wirkt.

Das Bild

Wenn nun das Licht, das in dir ist, Finsternis ist, wie groß wird dann die Finsternis sein! (Matthäus 6, 23). Wenn Ihre Lebensweisheit, Ihre Sicht der Dinge, falsch ist und nicht den ewigen Wahrheiten und Lebensprinzipien entspricht, müssen Sie diese ändern. Wünschen Sie allen Menschen Ihrer Umgebung nur Gutes und vergegenwärtigen Sie sich, dass das Licht in Ihnen die Finsternis vertreibt, dann wird ein verheißungsvoller Morgen dämmern und alle Schatten werden weichen.

Die einzelnen Linien

Anfangs eine Neun bedeutet: *Also lasst euer Licht leuchten vor den Leuten, dass sie eure guten Werke sehen und euren Vater im Himmel preisen* (Matthäus 5, 16). Werden Sie ein Kanal für das Göttliche. Lassen Sie sich von der Liebe, Harmonie und vom Verständnis Gottes durchströmen. Preisen Sie Gott und erkennen Sie, dass jedes Problem zu lösen ist. Werden Sie von Unausgeglichenheit oder Enttäuschung erfasst, sollten Sie sogleich beharrlich daran denken, dass Gott Sie auf dem Weg zu Ihrem Ziel leitet.

Sechs auf zweitem Platz bedeutet: *... der euch berufen hat von der Finsternis zu seinem wunderbaren Licht* (1. Petrus 2, 9). Haben Sie Schwierigkeiten irgendwelcher Art, sollten Sie sich klarmachen, dass Licht die Finsternis zerstreut und dass jedes Problem und jede Herausforderung in göttlicher Fügung zu bewältigen sind. Die Folge ist, dass Sie unweigerlich die Schwierigkeiten überwinden und gleichzeitig alle mit Ihnen verbundenen Menschen geistig emporheben.

Neun auf drittem Platz bedeutet: *Mögen denn deine Wunder in der Finsternis erkannt werden ...?* (Psalm 88, 13). Welchen drohenden

Schatten Sie auch begegnen mögen, seien Sie überzeugt, dass sie sich auflösen werden und das Licht – Ihre geistige Freude – wiederkehren wird. Auf einer Reise müssen Sie vielleicht wegen einer Umleitung eine sehr schlechte Straße befahren und werden ziemlich durchgerüttelt, aber die Umleitung wird ein Ende nehmen. Handeln Sie nicht vorschnell, wenn es einmal nur mühsam oder holprig vorwärtsgeht. Wenden Sie sich an das Licht und sagen Sie: »Sieg dem Licht!« *Seid stille und erkennt, dass ich Gott bin*. (Psalm 46, 11).

Sechs auf viertem Platz bedeutet: *Die Worte des Verleumders sind wie Schläge, und sie gehen durchs Herz* (Sprüche 26, 22). Mit dem »Herzen« ist im *I Ging* und in der Bibel das Unterbewusstsein gemeint. Sie sind nicht verantwortlich für negative Inhalte im Geist eines anderen Menschen. Wenden Sie sich an das heilende Licht in Ihrem Inneren. Mischen Sie sich nicht ein. Wünschen Sie dem Verleumder Gutes und gehen Sie Ihres Wegs.

Sechs auf fünftem Platz bedeutet: ... *da seine Leuchte über meinem Haupt schien und ich bei seinem Licht in der Finsternis ging* (Hiob 29, 3). Welche Einschränkung Sie auch beengt, kämpfen Sie geistig nicht dagegen. Seien Sie überzeugt, dass unendliche Weisheit Ihnen eine neue Tür öffnen, Sie in die Freiheit und zu seelisch-geistigem Frieden führen wird; dann werden Sie durch die Finsternis der Dämmerung eines neuen Tages entgegenschreiten.

Oben eine Sechs bedeutet: ... *vor der Pestilenz, die im Finstern schleicht* ... (Psalm 91, 6). Im Finstern befinden Sie sich, wenn Sie in Melancholie, Depression oder Feindseligkeit versinken. Verdammung Ihrer selbst oder anderer Menschen – dies ist die Pestilenz der Finsternis. Sogar feindselige Handlungen anderer Ihnen gegenüber widerspiegeln nur Ihren eigenen gestörten Gefühlszustand. Die Verletzung des Harmoniegesetzes bringt Schwierigkeiten. Verzeihen Sie sich und den anderen und preisen Sie Gott, der die Macht hat zu heilen.

37. GIA JEN / DIE SIPPE

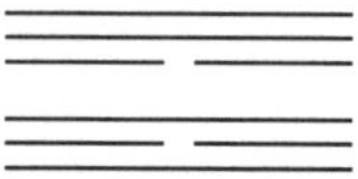

oben: Sun, das Sanfte, der Wind

unten: Li, das Haftende, das Feuer

Das Urteil

Durch weise Weiber wird das Haus erbaut … (Sprüche 14, 1). Das »Haus« ist Ihr Geist, und Sie erbauen es, indem Sie sich die Wahrheiten Gottes vergegenwärtigen, wodurch Sie an Weisheit und Kraft wachsen. Mit dem »Weib« ist das Gefühlsmäßig-Seelische Ihres Naturells gemeint. Wenn Ihr Bewusstdenken das Unterbewusstsein harmonisch prägt, gehen aus dieser geistigen Verbindung »Kinder« der Harmonie, Vitalität, Gesundheit und Fülle hervor. Dasselbe gilt im Leben. Wenn ein Mann und eine Frau einander lieben und einer im anderen Gott preist, liegt über der Ehe im Lauf der Jahre immer größerer Segen.

Das Bild

… Sturmwinde, die sein Wort ausrichten (Psalm 148, 8). Was Sie sprechen, sollte aus dem Herzen kommen; alle Ihre Worte sollten von Ihnen als wahr empfunden und von der Überzeugung getragen werden, dass Sie die Wahrheit sprechen. … *Die Worte, die ich rede, die sind Geist und sind Leben* (Johannes 6, 63).

Die einzelnen Linien

Anfangs eine Neun bedeutet: *Also blieb die Lade Gottes … in seinem Hause … Und der Herr segnete das Haus …* (1. Chronik 13, 14). Die »Lade Gottes« verkörpert Gottes Liebe, die alle Familienmitglieder eint. Eltern, die ihre Kinder lieben, sorgen dafür, dass die Kinder das Rechte tun und sich auch seelisch-geistig entwickeln. Kinder wachsen nach dem Bild und Gleichnis des in ihrem Elternhaus vorherrschenden seelisch-geistigen Klimas heran.

Sechs auf zweitem Platz bedeutet: … *aber ein vernünftiges Weib kommt vom Herrn* (Sprüche 19, 14). Der Ausdruck »Weib« stellt das dar, womit Sie seelisch-geistig verbunden sind, und verkörpert

Ihr Unterbewusstsein. Sie sollten darauf achten, dass Ihr Unterbewusstsein nicht von Angst, Zweifeln oder sonstigen negativen Einstellungen geprägt wird. Seien Sie überzeugt von der Güte Gottes, hier und jetzt, unter Lebenden.

Neun auf drittem Platz bedeutet: *... und in der Erkenntnis Mäßigkeit und in der Mäßigkeit Geduld und in der Geduld Gottseligkeit* (2. Petrus 1, 6). Ein gelegentlicher Temperamentsausbruch zwischen Mann und Frau oder Bruder und Schwester schadet, wenn schnell alles verziehen und vergessen ist, nicht. Stumm gehegter Groll und unterdrückte Wut sind es, die Verwüstungen anrichten. Mäßigung im Handeln sowie Selbstbeherrschung im Denken und Fühlen sind freilich wesentlich für ein glückliches Leben. Für Sie ist Mäßigung in allen Dingen angezeigt.

Sechs auf viertem Platz bedeutet: *In des Gerechten Haus ist Guts genug ...* (Sprüche 15, 6). Die Schatzkammer des Unendlichen befindet sich in Ihrem Unterbewusstsein, das eins ist mit der unendlichen Weisheit Gottes. Die darin befindlichen Schätze können Sie heben, indem Sie sich vornehmen, zu jeder Stunde des Tages das Gottgefällige in Gedanken, Worten und Taten zum Ausdruck zu bringen. Großer Erfolg und Reichtum sind Ihnen sicher.

Neun auf fünftem Platz bedeutet: *Du sagst es, ich bin ein König ...* Johannes 18, 37). Ein »König« sind Sie, wenn Sie die Herrschaft über Ihre Gedanken, Vorstellungen und Gefühle übernehmen und diese auf gottgefällige Wege leiten. Sie können Ihre seelisch-geistigen Kräfte als absoluter Gebieter steuern. Sofern Sie in Ihrem Geiste Harmonie und Liebe inthronisieren, werden Sie gegenüber allen Menschen Freundlichkeit ausstrahlen, bei Ihren sämtlichen Unternehmungen Erfolg haben und Segnungen vielerlei Art empfangen.

Oben eine Neun bedeutet: *... dass wir Gottes Werke wirken?* (Johannes 6, 28). Stellen Sie Ihr gesamtes Tun ins Zeichen liebevoller Freundlichkeit. Da Sie alles zum Ruhme Gottes tun, geschehen in Ihrem Leben Wunder.

38. KUI / DER GEGENSATZ

oben: Li, das Haftende, das Feuer

unten: Dui, das Heitere, der See

Das Urteil

… und zeigst an mit der Stärke deiner Hand, dass du mir gram bist (Hiob 30, 21). Erfolgsvorstellung oder Versagensvorstellung in Ihrem Geist macht tatsächlich den ganzen Unterschied zwischen Erfolg und Versagen aus. Der Mensch ist zum Erfolg geboren. Bestärken Sie sich in der Erfolgsvorstellung durch Glauben und Begeisterung, dann wird Ihr Unterbewusstsein entsprechend reagieren und Sie zum Erfolg zwingen; jegliche Versagensvorstellung in Ihrem Geist wird sterben. Unsere Gedanken treten paarweise, und zwar gegensätzlichen Inhalts auf. Von dem Paar muss ein Gedanke sterben, damit der andere leben kann.

Das Bild

… wir sind in Feuer und Wasser gekommen: aber du hast uns ausgeführt und erquickt (Psalm 66, 12). »Feuer« bzw. »Wasser« stehen hier für erregte Leidenschaften und Gefühlsaufwallungen. Denken Sie in solchen Fällen stets daran, dass die unendliche Weisheit Ihres Unterbewusstseins, in der sich göttliche Liebe ausspricht, Sie sofort wieder einem Zustand der Heiterkeit und Ausgeglichenheit zuzuführen vermag. Geben Sie anderen Menschen niemals die Macht, dass Sie sich zu Zorn und Hass hinreißen lassen. Bleiben Sie auf das Unendliche eingestimmt, dann wird alles gut.

Die einzelnen Linien

Anfangs eine Neun bedeutet: *Kannst du dem Ross Kräfte geben …?* (Hiob 39, 19). Das Pferd ist ein Symbol für Ihre Stimmung, Ihren Gefühlszustand. Werden Ihre Gefühle durch andere verletzt, sollten Sie unbedingt darauf achten, dass Sie deshalb keine Feindseligkeit aufkommen lassen; Sie sollten nicht versuchen, mit solchen unglücklichen geistigen Krüppeln abzurechnen. Das hätte nur zur Folge, dass Sie auf dasselbe geistige Niveau hinabstiegen und sich in den negativen Schwingungen anderer verfingen. Bewahren Sie Zurückhaltung und Gleichmut.

Neun auf zweitem Platz bedeutet: *Meine Seele erhebet den Herrn* (Lukas 1, 46). Der »Herr« ist die herrliche Kraft Gottes in Ihnen, psychologisch aber auch die dominierende Idee, die Ihren Geist beherrscht. Gleich und Gleich gesellt sich gern, und gemäß dem Gesetz der Anziehung werden Sie jenen Menschen anziehen oder ihm begegnen, der in Ihrem Geiste die Vorrangstellung einnimmt. So und nicht anders funktioniert das universelle Gesetz des Geistes.

Sechs auf drittem Platz bedeutet: *Da nahm Mose die Wagen und Rinder …* (4. Mose 7, 6). Der Ausdruck »Mose« bezeichnet seinem inneren Sinn nach einen Menschen, der Gottes Weisheit und Macht aus seinem Unterbewusstsein zu schöpfen versteht und dann seinem Ziel und dem Sieg entgegengeht. Die »Rinder« und »Wagen« sind wie Ihre unterbewussten Kräfte: sie tragen die Last für Sie. Diese Kräfte werden Sie zu Ihrem Ziel führen. Vertrauen Sie ihnen, selbst wenn Sie Rückschläge erleiden sollten oder von anderen Menschen verspottet werden. Stehen Sie fest zu Ihrer inneren Führung und seien Sie überzeugt, dass Sie durch die Ihrem Unterbewusstsein innewohnende Weisheit und Kraft eine göttlich harmonische Lösung finden, und Sie werden einen glücklichen Abschluss Ihres Unternehmens erleben.

Neun auf viertem Platz bedeutet: *Da sie aber widerstrebten …* (Apostelgeschichte 18, 6). Jedes Widerstreben und alle Gegensätze bestehen immer nur in Ihrem Geiste. Durch Beten können Sie die Sie geistig belastenden Gegensätze aussöhnen. Beten ist die Vergegenwärtigung der Wahrheiten Gottes. Machen Sie sich bewusst, dass unendliche Weisheit genau jene Verbündeten zu Ihnen zieht, die Sie suchen. Das Affinitätsgesetz wird für Sie wirksam, und Sie werden den idealen Partner und ideale Verbündete finden.

Sechs auf fünftem Platz bedeutet: *Denket nicht an das Alte und achtet nicht auf das Vorige!* (Jesaja 43, 18). Die Vergangenheit ist tot. Nur der gegenwärtige Augenblick zählt, nichts sonst. Ändern

Sie Ihr gegenwärtiges Denken, dann ändern Sie Ihr Schicksal. Die Zukunft ist Ihr sichtbar werdendes Denken. Ihre neue, von Glauben und Vertrauen bestimmte Geisteshaltung zerbricht alle Schranken, überwindet alle Hindernisse und sichert Ihnen Erfolg.

Oben eine Neun bedeutet: *... der schickte ihn auf seinen Acker, die Säue zu hüten* (Lukas 15, 15). Die Sau verkörpert im *I Ging* und in unserer Bibel einen unsauberen Geisteszustand. Haben Sie ein unbewusstes Schuldgefühl, also ein psychisches Geschwür, und deshalb Angst vor Zurückweisung – etwa indem Sie meinen, andere wären Ihnen gegenüber teilnahmslos –, wird diese Angst bewirken, dass Sie Feindseligkeit und Erbitterung auf Ihre Mitmenschen übertragen. Sie übertragen nämlich Ihren eigenen inneren Tumult auf die Menschen Ihrer Umgebung. Das Problem liegt in Ihnen selbst. Beten Sie täglich: »Gottes Liebe erfüllt meine Seele, und Gottes Frieden durchströmt meinen Geist. Gottes Licht weist mir die Richtung, und die Sonne Seiner Liebe geht mir voraus und ebnet meine Wege.« So werden Sie in dieser wankelmütigen Welt Frieden und Harmonie finden.

39. GIËN / DAS HEMMNIS

oben: Kan, das Abgründige, das Wasser

unten: Gen, das Stillehalten, der Berg

Das Urteil

... es ist keine Obrigkeit nicht von Gott ... (Römer 13, 1). Stellt sich Ihnen irgendeine Schwierigkeit in den Weg, sollten Sie ganz bewusst an die Macht des Unendlichen, an der Sie in Ihrem Inneren teilhaben, denken. Seien Sie geduldig. Suchen Sie geistig die Lösung. Ihr Unterbewusstsein kennt den Weg über alle Hürden. *Der Herr wird für euch streiten, und ihr werdet still sein* (2. Mose 14, 14). Eine harmonische Lösung erfolgt.

Das Bild

Der Rat im Herzen eines Mannes ist wie tiefe Wasser ... (Sprüche 20, 5). Das »Herz« verkörpert im *I Ging* und in der Bibel Ihr Unterbewusstsein, das auch als »tiefe Wasser« bezeichnet wird. Von Ihren tiefen Wassern können Sie Führung erhalten, indem Sie sich sagen: »Unendliche Weisheit enthüllt mir die Antwort und zeigt mir den Weg. Ich folge der Führung, die ich erhalte.« Denken Sie daran, dass jedes Problem immer ein geistiges ist und daher in Ihrem Geiste gelöst werden muss. Sie können sich über jede Herausforderung erheben, wenn Sie vertrauensvoll wissen, dass Ihnen aufgrund Ihrer Verbindung mit der Gottesgegenwart nur Gutes zuteilwerden kann.

Die einzelnen Linien

Anfangs eine Sechs bedeutet: ... *Harre des Herrn, der wird dir helfen* (Sprüche 20, 22). Der »Herr« verkörpert die Kraft und Weisheit Ihres Unterbewusstseins. Warten heißt, sich entspannen und lockern, jeden geistigen Kampf und Widerstand einstellen. Beten Sie: »Gottgefälliges rechtes Tun beherrscht mein ganzes Handeln, und innere Führung offenbart meinem Bewusstsein den nächsten Schritt zur rechten Zeit und auf richtige Weise. Ich warte voll Glauben und Hoffnung; ich weiß, dass mich richtiges Handeln ans Ziel führt.«

Sechs auf zweitem Platz bedeutet: ... *hat seinen Engel gesandt, zu zeigen seinen Knechten, was bald geschehen muss* (Offenbarung 22, 6). Ihre »Knechte« sind Ihre Gedanken, Vorstellungen, geistigen Bilder und Wünsche. Diese müssen Ihnen gehorchen, wenn Sie die universellen Gesetze des Geistes richtig anwenden. Gehen Sie Ihr Problem an; machen Sie sich klar, dass es bewältigt wird. Halten Sie trotz aller Hemmnisse an der Macht und Weisheit Gottes fest, und Sie werden in Sicherheit sein. Solche Bewusstheit bietet Schutz vor Gefahr.

Neun auf drittem Platz bedeutet: ... *sondern gedenke an ihn auf allen deinen Wegen, so wird er dich recht führen* (Sprüche 3, 6). Wenden Sie sich nach innen, an die Ihnen innewohnende Gottesgegenwart, und sagen Sie sich immer wieder, dass Sie von ihr geführt werden. Erheben Sie sich geistig über Ihr Problem hinweg und erkennen Sie, dass Gott alles weiß und für Sie sorgt. Jetzt ist für Sie die Zeit, still zu Hause zu bleiben und darauf zu vertrauen.

Sechs auf viertem Platz bedeutet: *Großen Frieden haben, die dein Gesetz lieben; sie werden nicht straucheln* (Psalm 119, 165). Nur eines müssen Sie tun: die Gegenwart der unendlichen Weisheit in Ihrem Unterbewusstsein erkennen. Erledigen Sie Ihre Aufgaben nach bestem Vermögen und vertrauen Sie Ihrer inneren Führung. Jetzt ist die Zeit, ruhig in Gott zu verharren. Sie werden Menschen anziehen, die Ihnen helfen.

Neun auf fünftem Platz bedeutet: *Ein Freund liebt allezeit …* (Sprüche 17, 17). Ihr bester Freund auf der Welt ist Gott. Er hat Sie erzeugt und erschaffen und stärkt Sie jetzt. Gott verlässt sein Geschöpf niemals. Verbinden Sie sich mit Gott, erkennen Sie, dass mit Gott alles möglich ist und Sie durch die Gotteskraft, die Sie stärkt, alles vermögen. Sie werden Menschen anziehen, die Ihnen bei der Verwirklichung Ihrer Vorhaben helfen.

Oben eine Sechs bedeutet: So *vertrage dich nun mit ihm und habe Frieden …* (Hiob 22, 21). Sie können die Gottesgegenwart kennenlernen, indem Sie sich jetzt auf das Unendliche einstimmen, und Sie können dann spüren, wie der unendliche Friedensstrom durch Ihr Inneres fließt. Sie sind dazu da, der Welt mit Ihren Fähigkeiten zu dienen, und sollten bei jemandem, dem Sie vertrauen und dem Sie ein konkretes Mitwirken an der Erfüllung Ihres Wunsches zutrauen, Rat und Beistand suchen. Erfolg und Wohlergehen sind Ihnen sicher.

40. HIË / DIE BEFREIUNG

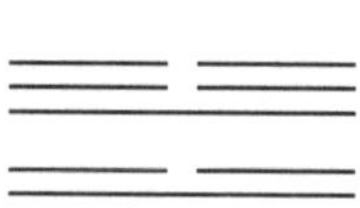

oben: Dschen, das Erregende, der Donner

unten: Kan, das Abgründige, das Wasser

Das Urteil

... zu predigen den Gefangenen, dass sie los sein sollen ... und den Zerschlagenen, dass sie frei und ledig sein sollen (Lukas 4, 18). In Ihnen existiert eine unendliche Heilgegenwart, die Sie emporhebt, wiederherstellt und leitet. Sie befreit Sie von Fesseln und Beschränkungen und bringt Sie auf den erhabenen Weg zu Freiheit und Geistesfrieden. Göttliches Recht und göttliche Ordnung wirken in Ihrem Leben, und Ihr gesamtes Tun wird von Erfolg gesegnet sein.

Das Bild

Und wenn ihr steht und betet, so vergebet, wo ihr etwas wider jemand habt ... (Markus 11, 25). Vergeben heißt, dass Sie dem Menschen, der Sie verletzt hat, Gutes wünschen. Sie müssen alle Verletzungen und Kränkungen von Herzen aufrichtig verzeihen, sodass Sie, wenn Sie an die Menschen denken, die Ihnen solches zugefügt haben, keinen Stachel mehr spüren. Vergeben heißt nicht, dass Sie sich zum »Fußabstreifer« machen sollen. Zorn und der Wunsch, jemanden bestraft zu sehen, verderben Ihre Seele und nieten Ihre eigenen Schwierigkeiten in Ihnen fest. Verzeihen Sie auch sich selbst, dass Sie sich zu Zorn und Rachegefühlen haben hinreißen lassen. Wenn Sie den oder die anderen Menschen aus Ihrem Geist »entlassen«, werden Sie frei und machen Platz für den Strom der Liebe und Fülle, der dann in Ihr Leben einfließen kann.

Die einzelnen Linien

Anfangs eine Sechs bedeutet: *Gott ist Liebe; und wer in der Liebe bleibt, der bleibt in Gott und Gott in ihm* (1. Johannes 4, 16). Liebe und Freundlichkeit stellen Ihren Körper wieder her, bringen Ihnen Inspiration, inneren Frieden und Heiterkeit und öffnen den Weg für Ihre Entfaltung in allen Bereichen.

Neun auf zweitem Platz bedeutet: *... die kleinen Füchse, die die Weinberge verderben ...* (Hoheslied 2, 15). Die »Füchse« stellen eine schlaue, listige, betrügerische Geisteshaltung dar. Hintergedanken welcher Art immer sollten Sie nie haben. Wünschen Sie allen anderen, was Sie sich selbst wünschen. Seien Sie überzeugt, dass Sie Ihr Problem mit Aufrichtigkeit und Freundlichkeit bewältigen können.

Sechs auf drittem Platz bedeutet: *Denn wer sich selbst erhöhet, der soll erniedrigt werden; und wer sich selbst erniedrigt, der soll erhöhet werden* (Lukas 14, 11). Geben Sie nicht vor, etwas zu sein, was Sie nicht sind. Sie können nichts besitzen, was Sie nicht kraft geistiger Bewusstmachung rechtens erworben haben. Folglich müssen Sie im Geiste ein geistiges Ebenbild dessen schaffen, was Sie sein wollen. Je aggressiver Sie die äußeren Belange des Lebens vorantreiben, um Anerkennung und Berühmtheit zu erlangen, desto sicherer werden Sie scheitern. Machen Sie sich davon frei. Um bedeutend zu sein, müssen Sie inneren Wert und Charakter besitzen. Die Kräfte Ihres Unterbewusstseins stellen Sie ohne Rücksicht auf Ihr bewusstes Streben dorthin, wohin Sie gehören – nach Maßgabe dessen, was Sie in Ihrem Herzen für wahr halten und empfinden.

Neun auf viertem Platz bedeutet: … *und auf die große Zehe ihres rechten Fußes* … (3. Mose 8, 24). Dieses Sinnbild warnt Sie, sich von Ihren fünf Sinnen beherrschen zu lassen und sich geistig auf falsche Art voranzubewegen. Machen Sie sich frei vom äußeren Schein, vom Zeugnis Ihrer fünf Sinne und von den falschen Einflüssen des Massengeistes; erkennen Sie, dass Gott Ihr höherer Teilhaber ist. Die Gottesgegenwart führt Sie auf allen Wegen. In göttlicher Fügung werden Sie die richtigen Verbündeten oder Helfer anziehen.

Sechs auf fünftem Platz bedeutet: … *dass der Glaube ohne Werke tot sei* (Jakobus 2, 20). Sie müssen Ihren Glauben an Gott und alle guten Dinge beweisen. Fassen Sie den klaren Entschluss, die in Ihrem Geiste bestehenden negativen Einstellungen auszulöschen. Was Sie geistig und gefühlsmäßig vernachlässigen und ignorieren, welkt dahin und stirbt ab. Prägen Sie Ihrem Unterbewusstsein Bilder der Harmonie und des Wohlergehens ein, dann werden unerwünschte Vorkommnisse und unwillkommene Menschen aus Ihrem Leben verschwinden.

Oben eine Sechs bedeutet: … *der Sperber mit seiner Art* (5. Mose 14, 15). Der Sperber ist ein Raubvogel und gibt bildlich zu verstehen, dass Sie andere Menschen in keiner Weise berauben oder ausnützen sollen. Einem Sprichwort zufolge beten die Menschen am Sonntag zusammen und berauben einander am Montag. Befreien Sie sich von allen Hintergedanken und unrechten Absichten und stellen Sie sicher, dass Ihre Motivation und Ihre Handlungen auf der goldenen Regel der Nächstenliebe beruhen. Dann werden alle Ihre Unternehmungen gelingen.

41. SUN / DIE MINDERUNG

oben: Gen, das Stillehalten, der Berg

unten: Dui, das Heitere, der See

Das Urteil

Er muss wachsen, ich aber muss abnehmen (Johannes 3, 30). Dies heißt, dass göttliche Weisheit wachsen und zunehmen, Ihre intellektuelle materialistische Sicht des Lebens dagegen abnehmen muss. Stellen Sie sich vor, dass Ihr Verstand mit der Weisheit Gottes gesalbt wird, und benutzen Sie Ihr Denken zur Ausführung der Gebote des Göttlichen. Ihr Körper, Ihre Umgebung und Ihre Lebensumstände hängen von Ihrem Denken ab; das Äußere widerspiegelt immer nur, was Sie im Herzen denken. Vergegenwärtigen Sie sich Wohlergehen und Fülle, und Ihr solcherart zur Gewohnheit gewordenes Denken wird in Ihrem Leben sichtbaren Ausdruck finden.

Das Bild

Ein Geduldiger ist besser denn ein Starker, und der seines Mutes Herr ist, denn der Städte gewinnt (Sprüche 16, 32). Beherrschung der Gefühle ist unerlässlich, damit man ein erfülltes, glückliches Leben führen kann. Die Meisterung Ihrer Gefühle ist eine wichtige Voraussetzung dafür, dass Sie die Kontrolle über Ihre Gedanken aufrechtzuerhalten vermögen. Nur so finden Sie zu Ausgeglichenheit und Frieden. Mit Gewalt oder Zwang wird Ihnen dies nicht gelingen: vergegenwärtigen Sie sich vielmehr geduldig Leitbilder der Harmonie und Freundlichkeit, dann wird Ihr Leben glücklich sein.

Die einzelnen Linien

Anfangs eine Neun bedeutet: *Erfüllet euer Tagewerk* … (2. Mose 5, 13). Sie sind dazu da, sich voll zu verwirklichen, Ihren wahren Platz im Leben zu finden und mit Ihren Gaben zum Wohle der Menschheit beizutragen. Selbstlose Unterstützung anderer ist gut, vorausgesetzt, Sie verhelfen den anderen dazu, sich selbst helfen zu können. Denken Sie daran: Jeder Mensch muss lernen, seine in sich schlummernden Kräfte zu entdecken, auf eigenen Füßen zu stehen und seine Probleme selbst zu lösen. Ein Mensch, der zu leicht Hilfe erhält, verliert seinen inneren Schwung.

Neun auf zweitem Platz bedeutet: *Wer festen Herzens ist, dem bewahrst Du Frieden* … (Jesaja 26, 3). Jetzt ist die richtige Zeit, Ihre Aufmerksamkeit auf das Göttliche zu konzentrieren und auf die innere Stimme der Intuition zu horchen. Handeln Sie erst, wenn Sie im Geiste völlig ruhig sind und die innere Gewissheit haben, dass Ihr geplantes Tun richtig ist. Sie müssen vorsichtig sein, wenn Sie einem anderen Menschen helfen. Lehren Sie ihn, an Gott zu glauben und die inneren Kräfte seines Unterbewusstseins anzuzapfen; dann braucht er keine weitere Hilfe von Ihnen.

Sechs auf drittem Platz bedeutet: *Ihr sollt nichts mit euch nehmen auf den Weg* … (Lukas 9, 3). Vertrauen Sie in Ihrem Herzen auf Gott, wohin Sie auch gehen. Sie reisen stets von einem Problem zu dessen Lösung. Eine solche Reise wird immer zuerst geistig beschlossen. Behalten Sie für sich, worum Sie jeweils beten, und erörtern Sie es nicht mit anderen. Behalten Sie auch Ihre Absichten für sich, lernen Sie schweigen. Wenn Sie mit anderen über Ihre Pläne oder Wünsche sprechen, kann es geschehen, dass man über Ihre Gebete lacht oder Ihnen Ihre Überzeugungen auszureden versucht. Machen Sie sich klar, dass Gott Ihr Begleiter ist, dass Gott und seine Weisheit Ihren Herzenswunsch verwirklichen werden; dann nehmen alle Ihre Pläne einen guten Ausgang.

Sechs auf viertem Platz bedeutet: *Verzeihe mir die verborgenen Fehler!* (Psalm 19, 13). Wenn Sie einer Idee, sei diese gut oder schlecht, seelisch-geistig zustimmen, so müssen Sie sich darüber klar sein, dass Sie diese Idee, insbesondere wenn sie gefühlsbetont ist, Ihrem Unterbewusstsein einverleiben. Fehler löschen Sie aus, indem Sie seelisch-geistig der Liebe, der Freundlichkeit und Harmonie zustimmen. Wenn Sie über diese gottgefälligen Einstellungen nachdenken, gliedern Sie diese in Ihre Erfahrung ein und werden in allen Bereichen gesegnet sein: gesellschaftlich, finanziell und im persönlichen Leben.

Sechs auf fünftem Platz bedeutet: *Denn wer den Namen des Herrn wird anrufen, soll selig werden* (Römer 10, 13). Mit dem »Namen« ist die Natur Gottes gemeint. Gott ist allmächtig, die einzige existierende Macht. Der höchsten Macht vermag sich nichts zu widersetzen. Wenden Sie sich ruhig und voll Glauben und Vertrauen an die Gottesgegenwart und sagen Sie sich: »Gott zeigt mir den Weg und löst mein Problem.« Denken Sie daran, dass für Gott nichts unmöglich ist, dann werden Sie großen Segen erleben.

Oben eine Neun bedeutet: *... sondern Gott, der das Gedeihen gibt* (1. Korinther 3, 7). Gott ist der Ursprung aller Dinge. Richten Sie sich auf den unendlichen Einzigen aus und sagen Sie sich: »Gott vervielfacht das Gute in mir, ich fühle es mich ungehindert durchströmen, freudig und liebevoll.« Je mehr Weisheit Sie weitergeben, desto mehr haben Sie; je mehr Liebe und Freundlichkeit Sie ausstrahlen, desto mehr sind sie Ihnen eigen. Was für Sie ein Segen ist, gereicht allen zum Segen. Da Sie unter Lobpreisung Gottes und mit Gottes Harmonie im Herzen auf Erden wandeln, werden alle Menschen gesegnet, weil Sie diesen Weg beschreiten.

42. I / DIE MEHRUNG

oben: Sun, das Sanfte, der Wind

unten: Dschen, das Erregende, der Donner

Das Urteil

... der Herr, dein Gott, wird dich segnen in allem deinem Einkommen und in allen Werken deiner Hände; darum sollst du fröhlich sein (5. Mose 16, 15). Gott führt Sie auf allen Wegen und fördert Sie, und es wäre von Vorteil für Sie, jetzt eine Entscheidung im Hinblick auf weiteres Wachstum und persönliche Entfaltung zu treffen; Sie werden bei allen Ihren Unternehmungen Erfolg haben.

Das Bild

... denn die Freude am Herrn ist eure Stärke (Nehemia 8, 10). Das Leben ist ein Fortschreiten, ist endlose Entfaltung. Doch es ist kein stetiges Emporsteigen auf glatten Lebensstufen. Wir bewegen uns eine Zeit lang vorwärts, dann erleiden wir einen Rückschlag, durch welchen wir, richtig eingestellt, unsere Kraft und Weisheit für den nächsten Schritt steigern. Die wirkliche Bewegung im Leben führt aufwärts. Sie werden viel rascher emporsteigen und das Gute mehren, wenn Sie sich göttlicher Liebe verschreiben.

Die einzelnen Linien

Anfangs eine Neun bedeutet: *Wo der Herr nicht das Haus baut, so arbeiten umsonst, die daran bauen* (Psalm 127, 1). Wirklicher Erfolg und echte Leistung im Leben erwachsen aus dem Innern. Die Kraft und Weisheit Gottes durchströmen Sie jetzt. Es ist völlig in Ordnung, dass Sie hart arbeiten; aber lassen Sie die Arbeit nicht hart für Sie sein. Sie werden vom Himmel inspiriert, und was Sie jetzt unternehmen, wird geradezu wunderbar gelingen.

Sechs auf zweitem Platz bedeutet: *Wie der Mensch im Herzen denkt, so ist er* (Sprüche 23, 7). Mit dem »Herzen« ist Ihr Unterbewusstsein gemeint, und »im Herzen denken« heißt, Gedanken und Ideen haben, die als wahr erkannt und inbrünstig als Wahrheit empfunden werden. Diese prägen sich Ihrem Unterbewusstsein ein und werden verwirklicht im Leben. Betrachten Sie das Schöne und Gute. Sofern Sie Ihr Einssein mit Gott fühlen, kann keine Macht der Erde Erfolg und Glück von Ihnen fernhalten.

Sechs auf drittem Platz bedeutet: *Seid stille und erkennt, dass ich Gott bin ...* (Psalm 46, 11). Erinnern Sie sich daran, dass Gott

Ihnen innewohnt. Bezeichnen Sie einen erlittenen Rückschlag oder eine Enttäuschung immer als etwas Gutes. In jedem Nachteil liegt der Keim eines neuen Guten. Sagen Sie sich, in allem offenbare sich das Wirken Gottes, und das Ereignis wird sich als verhüllter Segen erweisen.

Sechs auf viertem Platz bedeutet: *Darum an ihren Früchten sollt ihr sie erkennen* (Matthäus 7, 20). Das Geheimnis Ihres Vorankommens liegt in dem Glauben, dass Sie, was Sie tun, mit Gott tun. Seien Sie aufrichtig, arbeitsam, tüchtig und freundlich im Dienst dessen, was Sie zu leisten haben. Die Ergebnisse werden Sie überraschen. Andere fassen Vertrauen zu Ihnen, und Sie werden erhoben.

Neun auf fünftem Platz bedeutet: *Seid aber untereinander freundlich …* (Epheser 4, 32). Freundlichkeit ist ein Kind der Liebe. Liebe und Freundlichkeit sind im Herzen beheimatet. Die Liebe löst alles auf, was ihr nicht gleicht. Die Freundlichkeit Ihres Herzens wird von anderen intuitiv wahrgenommen, und diese reagieren entsprechend. Eine alte Weisheit lautet: Wenn Sie nicht wissen, was Sie tun sollen, dann tun Sie das Freundliche. Wunderbare Segnungen und Wohltaten harren Ihrer. Alles Gute gehört Ihnen.

Oben eine Neun bedeutet: *Wir aber, die wir stark sind, sollen der Schwachen Gebrechlichkeit tragen und nicht Gefallen an uns selber haben. Es stelle sich ein jeglicher unter uns also, dass er seinem Nächsten gefalle zum Guten, zur Besserung* (Römer 15, 1f.). Jeder Mensch bedarf privat wie auch im Berufsleben der Mitwirkung von Mitmenschen. Der Mann braucht die Frau, die Kinder die Eltern und umgekehrt. Der Chef bedarf der Mitarbeiter, Kunden usw., der Angestellte des Unternehmers usw. Deshalb ist selbstgefällige Selbstgenügsamkeit unangebracht. Jeder Mensch ist dazu da, andere klug, großzügig, überlegt und liebevoll zu fördern. Nehmen Sie Anteil an der Verbesserung der Verhältnisse Ihrer Mitmenschen. Wenden Sie sich allen Menschen in Liebe und Freundlichkeit zu. Stimmen Sie sich auf das Unendliche ein, dann tun Sie das Richtige. Wenn Sie vom göttlichen Harmoniegesetz abweichen, bringen Sie Schwierigkeiten und Verlust in Ihr Leben.

43. GUAI / DER DURCHBRUCH (DIE ENTSCHLOSSENHEIT)

oben: Dui, das Heitere, der See

unten: Kiën, das Schöpferische, der Himmel

Das Urteil

... durch Stillesein und Hoffen würdet ihr stark sein ... (Jesaja 30, 15). Im Stillesein – des Betens – ist für Anstrengung, Gewalt oder Zwang kein Raum. Auf geistiger Ebene erreichen Sie damit überhaupt nichts. Je mehr Sie sich anstrengen, desto unbedeutender wird das Endergebnis für Sie sein. Geistiger Druck trägt den Keim des Scheiterns in sich. Entspannen Sie sich, erkennen Sie, dass Sie Böses mit Gutem überwinden können. Machen Sie sich bewusst, dass Gottes Liebe alles auflöst, was ihr nicht gleicht. Diese Haltung macht Sie stark, sodass Sie Ihr Ziel erreichen.

Das Bild

Einer teilt aus und hat immer mehr; ein anderer kargt, da er nicht soll, und wird doch ärmer (Sprüche 11, 24). Je mehr Sie geben, desto mehr haben Sie. Es ist, als lege man Samen in den Boden; dieser erbringt das Hundert- oder Tausendfache. Geben Sie klug: stellen Sie sicher, dass Ihre Gabe der Menschheit nützt und sie erhebt. Teilen Sie also von Ihrer Weisheit, Ihrem Wissen und auch von Ihren materiellen Gütern aus. Geben Sie alles in Gottes Namen.

Die einzelnen Linien

Anfangs eine Neun bedeutet: *Wer ist aber unter euch, der einen Turm bauen will und sitzt nicht zuvor und überschlägt die Kosten, ob er's habe, hinauszuführen?* (Lukas 14, 28). Wollen Sie sich ein Haus bauen und haben den bedingungslosen Glauben, dass Sie das nötige Geld besitzen und das Haus in göttlicher Fügung fertigstellen werden, wird genau dies geschehen. Etwas gern haben und nur darum etwas gern glauben wollen ist jedoch kein echter Glaube.

Fehlt es Ihnen an echtem unerschütterlichen Glauben, warten Sie besser, bis Sie das Geld besitzen, und Sie bauen erst dann.

Neun auf zweitem Platz bedeutet: *Furcht ist nicht in der Liebe, sondern die völlige Liebe treibt die Furcht aus* ... (1. Johannes 4, 18). Furcht ist Glaube an das Falsche infolge negativen Denkens. Furcht ist buchstäblich auf den Kopf gestellter Glaube – oder auf den Kopf gestellter Gott. Gott ist allmächtig und Gott ist die Liebe. »Die Liebe wirket nichts Böses.« Furcht ist lediglich eine Fehlvorstellung Ihrerseits. Ersetzen Sie diese durch den Glauben an Gott und alle guten Dinge. Wenn dann die Furcht an die Tür Ihres Geistes klopft, ist niemand da, ihr zu öffnen.

Neun auf drittem Platz bedeutet: *Denn du schlägst alle meine Feinde auf den Backen* ... (Psalm 3, 8). Der »Backen« stellt Ihr Bewusstsein dar. Die Feinde sind Gedanken der Furcht und Einschränkung in Ihrem Bewusstsein. Seien Sie standhaft in Ihrem Glauben an Gott. Erkennen Sie, dass niemand Sie verletzen kann, weil Sie dem Wahren und Guten treu anhängen.

Neun auf viertem Platz bedeutet: *Und hat einen Namen geschrieben ... auf seiner Hüfte also: Ein König aller Könige und ein Herr aller Herren* (Offenbarung 19, 16). *Denn ich weiß, dass du hart bist* ... (Jesaja 48, 4). »Hüfte« ist ein beschönigender Ausdruck für die Zeugungsorgane des Mannes, das phallische Symbol für die Schöpfungskraft Gottes, die im Menschen wirkt. Mangelt es Ihnen an Glauben und Vertrauen, dann zögern Sie und können nicht mehr vorwärtsgehen. Seien Sie nicht hart und eigensinnig. Willenskraft ist sinnlos, wenn es zu beten gilt.

Neun auf fünftem Platz bedeutet: ... *Schilf bedeckte mein Haupt* (Jona 2, 6). »Schilf« steht für negative, furchtsame Gedanken, die haften bleiben. Treffen Sie eine klare Entscheidung und weigern Sie sich, negativem Denken Raum zu geben. Ertappen Sie sich dennoch dabei, was infolge Ihrer bisherigen Denkgewohnheiten vorkommen wird, ersetzen Sie negative sofort durch konstruktive Inhalte. Nach einer gewissen Zeit verlieren negative Gedanken für Sie jede Wirkung, und Sie werden Ihr Ziel erreichen.

Oben eine Sechs bedeutet: *Wer aber beharret bis ans Ende, der wird selig* (Matthäus 24, 13). Vermeiden Sie Gedanken der Furcht, des Zweifels und des Hasses, sie zersetzen die Seele. Geistiger Disziplin kommt größte Bedeutung zu: ständige Wachsamkeit ist der Preis für das Freisein von Mangel, Verlust und Einschränkung. Die Weigerung, in dieser Hinsicht beharrlich zu sein, ist gleichbedeutend mit Verlust.

44. GOU / DAS ENTGEGENKOMMEN

oben: Kiën, das Schöpferische, der Himmel

unten: Sun, das Sanfte, der Wind

Das Urteil

Ihre junge Mannschaft fraß das Feuer, und ihre Jungfrauen mussten ungefreit bleiben (Psalm 78, 63). »Feuer« verkörpert Leidenschaft und Lust. Ehe aus einem anderen Grund als aus Liebe ist keine echte Ehe. Göttliche Liebe soll zwei Herzen vereinen, und jedes soll mit dem anderen harmonieren. Die »Jungfrau« symbolisiert auch Ihre Seele. Wenn Sie Hintergedanken haben, sollten Sie keinen Vertrag und keine Ehe schließen. Ein Vertrag jeglicher Art muss auf Ehrlichkeit gegründet und für beide Seiten befriedigend sein.

Das Bild

Der Wind weht, wo er will … (Johannes 3, 8). Sehen Sie den »Wind« als die Bewegung des Geistes. Was Sie als Tatsache erklären und als solche empfinden, wird sich in Ihrem Leben verwirklichen.

Die einzelnen Linien

Anfangs eine Sechs bedeutet: *Denn ich muss hören, wie man mich straft und tadelt; aber der Geist meines Verstandes soll für mich antworten* (Hiob 20, 3). Kritik, Tadel, Hass blockieren das Gute in Ihnen und bescheren Ihnen Verlust. Geben Sie diese verhängnisvolle Haltung auf und setzen Sie dagegen Liebe und Freundlichkeit gegenüber allen Menschen.

Neun auf zweitem Platz bedeutet: *Oder so er ihn bittet um einen Fisch …* (Matthäus 7, 10). Ihr Fischgrund ist Ihr Unterbewusstsein. Wenn Sie um eine Lösung, um eine Antwort bitten und ruhig und aufnahmebereit sind, wird der »Fisch« – die Antwort, die Lösung, die Idee – aus Ihrem Unterbewusstsein in Ihr Bewusstsein emporsteigen. Sie strahlen Freundlichkeit auf Ihre ganze Umgebung aus.

Neun auf drittem Platz bedeutet: *… einen Namen geschrieben … auf seiner Hüfte …* (Offenbarung 19, 16). Die »Hüfte« symbolisiert beschönigend die Zeugungsorgane des Mannes. Sie werden von äußeren Bedingungen verwirrt. Lenken Sie Ihre Gefühle wieder in göttliche Kanäle und kehren Sie auf den Weg rechten Tuns zurück.

Neun auf viertem Platz bedeutet: *Bringet her von den Fischen, die ihr jetzt gefangen habt!* (Johannes 21, 10). Denken Sie so, dass Ihnen – wie der Fischgrund die Fische – Ihr Unterbewusstsein göttliche Führung, rechtes Tun und Harmonie beschert. So fördern Sie die loyale Mitarbeit der Menschen, die Sie brauchen.

Neun auf fünftem Platz bedeutet: *Wir gedenken der Fische … der Melonen …* (4. Mose 11, 5). Melonen zählten zu den Speisen, nach denen die Israeliten in der Wüste lechzten. Der Mensch lechzt nach Liebe, Freude, Frieden. Strahlen Sie Wohlwollen gegenüber allen Menschen aus. Was Sie ausstrahlen, kommt vervielfacht wieder zu Ihnen zurück.

Oben eine Neun bedeutet: *… Es sind die Hörner, die Juda … zerstreut haben* (Sacharja 1, 19). »Hörner« verkörpern Waffen, und mit Juda ist die Lobpreisung Gottes gemeint. Hadern und kämpfen Sie nicht länger im Geiste gegen Zustände oder Bedingungen, sonst zerstreuen Sie Ihre Kräfte und mindern Ihre Vitalität. Loben Sie Gott.

45. TSUI / DIE SAMMLUNG

oben: Dui, das Heitere, der See

unten: Kun, das Empfangende, die Erde

Das Urteil

... wie oft habe ich deine Kinder versammeln wollen, wie eine Henne versammelt ihre Küken unter ihre Flügel ... (Matthäus 23, 37). Versammeln Sie Ihre Gedanken und Wünsche und machen Sie sich bewusst, dass Sie in der Gegenwart Gottes weilen. Wie die Henne ihre Küken schützend unter ihre Flügel nimmt, wird die Gottesgegenwart Sie schützen und führen, sobald Sie sich entschlossen haben, Ihr Vertrauen bedingungslos auf Gott zu setzen, den lebendigen allmächtigen Geist, der Ihnen innewohnt.

Das Bild

... nach der Vorsehung Gottes ... (1. Petrus 1, 2). Ihr Glaube an die Führung der unendlichen Weisheit Gottes bei allen Ihren Entscheidungen sollte Ihre vorherrschende Überzeugung sein. Beten Sie um Führung, bevor Sie wichtige Entscheidungen treffen. Sagen Sie sich, dass Sie göttlich gelenkt werden, und *glauben Sie es*. Auch wenn eine Zeit lang nicht alles nach Ihren Wünschen verläuft, wird das Endergebnis gut sein, vorausgesetzt, Sie glauben wirklich im Herzen, was Sie behaupten. Tun Sie, was Ihnen derzeit als richtig erscheint, ziehen Sie alle Umstände in Betracht, dann wird Ihr Gefühl, richtig zu handeln, in richtiges Handeln umgesetzt.

Die einzelnen Linien

Anfangs eine Sechs bedeutet: *... so wir anders das Vertrauen und den Ruhm der Hoffnung bis ans Ende fest behalten* (Hebräer 3, 6). Seien Sie treu bis zuletzt. Vertrauen Sie darauf, dass unendliche Weisheit Sie auf dem ganzen Weg führt. Wanken und schwanken Sie nicht, denn dies führt zu einem Zustand der Unentschlossenheit. Stellen Sie sich den glücklichen Ausgang lebhaft, bildlich vor, dann werden die Kräfte Ihres Unterbewusstseins auf Ihre positive Haltung positiv reagieren.

Sechs auf zweitem Platz bedeutet: … *und alles ward wieder hinauf gen Himmel gezogen* (Apostelgeschichte 11, 10). »Himmel« bezeichnet Ihren ausgeglichenen, aufs Unendliche eingestimmten Geist. Das Anziehungsgesetz arbeitet für Sie. Es zieht alle jene Menschen zu Ihnen, die mit Ihnen harmonieren. Vertrauen Sie dem Prinzip rechten Handelns, und Ihre Unternehmungen werden gelingen.

Sechs auf drittem Platz bedeutet: *Freude und Wonne werden sie ergreifen, und Schmerz und Seufzen werden entfliehen* (Jesaja 35, 10). In Zeiten des Kummers oder der Trauer sollten Sie sich bewusst machen, dass alles vorübergeht. Wahren Sie Ihr seelisch-geistiges Gleichgewicht. Fühlen Sie sich mit der Gottesgegenwart in Ihnen eins und erkennen Sie, dass Sie immer an Ihrem wahren Platz stehen und die Werke dessen verrichten, der mit Ihnen ist. Ihr Handeln ist jetzt gottgefällig richtig.

Neun auf viertem Platz bedeutet: *Ich freue mich über die Ankunft des Stephanas und Fortunatus* … (1. Korinther 16, 17). »Stephanas« besagt, dass Sie die Krone des Sieges tragen; »Fortunatus« besagt, dass Ihnen jetzt geistige, seelische und materielle Reichtümer zuströmen.

Neun auf fünftem Platz bedeutet: … *dass denen, die Gott lieben, alle Dinge zum Besten dienen* … (Römer 8, 28). Gott lieben Sie, wenn Sie sich weigern, Äußerlichkeiten oder anderen Menschen Macht zuzugestehen. Gott ist der lebendige, allmächtige Geist. Dieser Macht kann sich keine andere Macht widersetzen. Halten Sie daran fest, dann werden sogar alle, die nicht mit Ihnen einiggehen, Ihnen gezwungenermaßen nur Gutes und Ehre erweisen.

Oben eine Sechs bedeutet: *Und Gott wird abwischen alle Tränen* (Offenbarung 21, 4). Ihre Tränen werden versiegen. Alles vergeht außer Gott, und Gott allein genügt. Ergeben Sie sich der göttlichen Gegenwart in Ihrem Inneren und erkennen Sie, dass dieser Gott in Aktion ist. In Ihrem Leben herrschen rundum Harmonie und Frieden.

46. SCHONG / DAS EMPORDRINGEN

oben: Kun, das Empfangende, die Erde

unten: Sun, das Sanfte, der Wind, das Holz

Das Urteil

Wer weiß, ob der Odem der Menschen aufwärts fahre ...? (Prediger 3, 21). Der Geist Gottes belebt, erhält und stärkt Sie. Seien Sie überzeugt, dass Gott Sie zum richtigen Berater führt, der Ihnen in richtiger Weise helfen und beistehen wird. Ihre gesamten Unternehmungen werden geradezu wunderbar gelingen.

Das Bild

Das Feld sei fröhlich und alles, was darauf ist; und lasset rühmen alle Bäume im Walde (Psalm 96, 12). Die Bäume nehmen über ihre Wurzeln aus dem Boden Feuchtigkeit und sämtliche Nährstoffe auf, die sie für ihr Wachstum brauchen, und alle Bäume wachsen nach oben, himmelwärts. Wenn Sie voll Glauben und Vertrauen voranschreiten, werden Sie in ähnlicher Weise alles anziehen, was Sie für das Gedeihen Ihrer Pläne benötigen; Sie werden sehr erfolgreich sein.

Die einzelnen Linien

Anfangs eine Sechs bedeutet: ... *durch Stillesein und Hoffen würdet ihr stark sein* ... (Jesaja 30, 15). Welche Pläne Sie auch haben, gehen Sie in der absoluten Überzeugung vor, dass Ihnen gerade jetzt Segnungen beschieden sind.

Neun auf zweitem Platz bedeutet: ... *dienet ihm treulich und rechtschaffen* (Josua 24, 14). Ihr Freisein von Falschheit und von Übervorteilungsabsichten, Ihr Festhalten an Aufrichtigkeit und Gerechtigkeit begünstigen Ihren Erfolg. Geben Sie das Geringere für das Größere auf. Anstatt aggressiv zu sprechen, sollten Sie anfangen, freundlich und liebevoll zu sprechen.

Neun auf drittem Platz bedeutet: ... *er wird kein Gutes mangeln lassen den Frommen* (Psalm 84, 12). Sofern Sie freudig und vertrauensvoll vorgehen, wirken alle Kräfte Gottes für Sie, und Ihren Unternehmungen sind Erfolg und Gelingen sicher.

Sechs auf viertem Platz bedeutet: *Ich will dem Herrn singen, dass er so wohl an mir tut* (Psalm 13, 6). Schreiten Sie weiter voran, seien Sie fröhlich und glücklich und danken Sie der Quelle aller Wohltaten. Anerkennungen werden Ihnen zuteil.

Sechs auf fünftem Platz bedeutet: ... *und bringen Frucht in Geduld* (Lukas 8, 15). Werden Sie, da Sie warten müssen, nicht ruhelos und ungehalten. Bewahren Sie unter schwierigen Umständen Ihren Mut. Jedes Wachstum erfolgt schrittweise. Der ruhige, friedfertige, vertrauensvolle Geist ist es, der die Dinge voranbringt. Sie werden wunderbar vorankommen, wenn auch nur allmählich, aber in göttlicher Fügung .

Oben eine Sechs bedeutet: ... *auf dass er erscheine denen, die da sitzen in Finsternis ... und richte unsere Füße auf den Weg des Friedens* (Lukas 1, 79). Finsternis ist Fehlen von Licht. Das Licht verkörpert die Stimme der unendlichen Weisheit in Ihnen, die den Ausweg aus der Finsternis – aus Ihren Problemen und Behinderungen – kennt. Vertrauen Sie ausdrücklich darauf, dass die Ihrem Unterbewusstsein innewohnende unendliche Weisheit Sie auf allen Wegen führt. Halten Sie an der großen Wahrheit fest, dass alle Probleme in göttlicher Fügung gelöst werden. Kämpfen Sie im Geiste nicht mit Gewalt gegen Probleme oder Schwierigkeiten an, da eine solche Haltung diese nur verschlimmern würde. Folgen Sie Ihrer inneren Führung. Sie spricht sich immer im Frieden, nie in der Verwirrung Ihres Geistes aus.

47. KUN / DIE BEDRÄNGNIS (DIE ERSCHÖPFUNG)

oben: Dui, das Heitere, der See

unten: Kan, das Abgründige, das Wasser

Das Urteil

Der ist nicht stark, der in der Not nicht fest ist (Sprüche 24, 10). Gehen Sie alle Probleme oder Herausforderungen im Leben ruhig an. Die Ihnen innewohnende Macht Gottes wird die Kräfte Ihres Unterbewusstseins freisetzen. Sie werden entdecken, dass die Überwindung von Schwierigkeiten große Freuden bringt. In Ihnen gibt es die Kraft, die stärker ist als alles außerhalb von Ihnen. Seien Sie gelassen und vertrauensvoll.

Das Bild

... und das Wasser vertrocknete ... (Offenbarung 16, 12). Wenn Sie nicht auf das Unendliche eingestimmt sind, wenn Sie außerstande sind, Inspiration, Glauben, Vertrauen und Mut zu schöpfen – was Sie nur durch die Ausrichtung auf das Unendliche können –, ist in Ihnen »das Wasser vertrocknet«. Sie müssen Ihre seelisch-geistigen Batterien aufladen, müssen der Gottesgegenwart voll vertrauen. *Er erquicket meine Seele ...* (Psalm 23, 3).

Die einzelnen Linien

Anfangs eine Sechs bedeutet: *Verlasset euch nicht auf Unrecht und Frevel ...* (Psalm 62, 11). Meinen Sie, Ihnen sei Unrecht geschehen, oder sind Sie deprimiert und traurig, sollten Sie daran denken, dass das Verweilen in einer solchen geistigen Bedrängnis infolge der negativen Prägung Ihres Unterbewusstseins Ihr Elend nur vergrößert. Suchen Sie einen Berater Ihres Vertrauens auf und bitten Sie ihn um seelisch-geistigen Rat.

Neun auf zweitem Platz bedeutet: *Denn das Reich Gottes ist nicht Essen und Trinken, sondern Gerechtigkeit und Friede und Freude in dem heiligen Geiste* (Römer 14, 17). Sie können im Überfluss erlesensten Essens und Trinkens dennoch krank, frustriert und unglücklich sein. Sie müssen regelmäßig auch geistige Nahrung zu sich nehmen, indem Sie beten: Sie ergehen sich in Gedanken der Harmonie, der Freude und Liebe und bitten Gott um Inspiration und richtiges Handeln. Setzen Sie Ihr Vorhaben erst in die Tat um, wenn Sie entsprechend gebetet und im Herzen das sichere Gefühl haben, es sei gut und richtig.

Sechs auf drittem Platz bedeutet: *Dornen und Disteln soll er dir tragen* … (1. Mose 3, 18). *Hebt den Stein ab!* (Johannes 11, 39). Sehen Sie den »Stein« als eine harte, unnachgiebige, starre Geisteshaltung, die auf Unwissenheit, Furcht und Aberglauben beruht. Der Stein könnte aber auch auf einen akuten Depressionszustand hinweisen, den Sie sich nicht eingestehen wollen. »Dornen und Disteln« stehen für Gefühle der Gereiztheit und des Grolls, deren schmerzhaftes Stechen Ihnen Ihre Begeisterung und Energie raubt. Eine solche Geisteshaltung zieht Verlust und Scheitern geradezu an. Sie müssen sich und anderen verzeihen, bevor Sie Befreiung aus der Bedrängnis finden können.

Neun auf viertem Platz bedeutet: *Erlöse mich von der Menschen Frevel* … (Psalm 119, 134). Von Ihren Sorgen werden Sie erlöst, wenn Sie der richtigen »Instanz« vertrauen, nämlich der Gottesgegenwart in Ihnen, die alles weiß, alles sieht und den Weg zu jeder Erfüllung kennt. Sagen Sie sich: »Gott führt mich auf allen Wegen, und die Kraft des Allmächtigen stützt mich.« Sie werden Ihr Ziel in göttlicher Fügung erreichen.

Neun auf fünftem Platz bedeutet: *Sie sollen dir Nase und Ohren abschneiden* … (Ezechiel 23, 25). Sie sollen sich nicht auf Ihre fünf Sinne, sondern auf Ihre innere Stimme verlassen. Dann erkennen Sie das Falsche und das Richtige. Da es nur eine einzige Macht gibt – den lebendigen Geist, Geist vom Geiste Gottes –, sollten Sie sich an diese wenden. Die Schatten werden fliehen.

Oben eine Sechs bedeutet: *Denket nicht an das Alte und achtet nicht auf das Vorige!* (Jesaja 43, 18). Vergessen Sie die Vergangenheit. Die Vergangenheit ist tot. Wichtig ist der gegenwärtige Augenblick. Denken Sie nicht an früher erlittene Kränkungen oder Verletzungen; Sie könnten immer nur jetzt, in diesem Moment, daran denken und würden sich von Neuem »infizieren«. Die Zukunft ist Ihr sichtbar werdendes derzeitiges Denken. Verzeihen Sie sich selbst, dass Sie fehlten, weil Sie negative Gedanken hatten, und verzeihen Sie auch den anderen. Ändern Sie jetzt Ihr gegenwärtiges Denken ein für allemal, und Sie ändern Ihr Schicksal.

48. DSING / DER BRUNNEN

oben: Kan, das Abgründige, das Wasser

unten: Sun, das Sanfte, der Wind, das Holz

Das Urteil

... hast du doch nichts, womit du schöpfest, und der Brunnen ist tief ... (Johannes 4, 11). Der »Brunnen« ist Ihr Unterbewusstsein, und aus diesem Brunnen können Sie schöpfen, was Sie wollen. Das Seil, mit dem Sie den Schöpfeimer heraufziehen, ist Ihr Glauben, das Vertrauen auf die unendliche Weisheit Ihres Unterbewusstseins, das naturgemäß auf Ihre Überzeugung reagiert. Fehlt Ihnen die Überzeugung, bleibt für Sie der Zugang zu Ihrem Unterbewusstsein verschlossen.

Das Bild

... und David blieb in der Heide ... (1. Samuel 23, 18). Sehen Sie in »David« einen Menschen, der die Gottesgegenwart in seinem Inneren anerkennt und ihr treu ist. Seien auch Sie ihr treu, und Sie trinken wie aus einem lebensspendenden Brunnen Inspiration, Freude und Mut.

Die einzelnen Linien

Anfangs eine Sechs bedeutet: *Wer von diesem Wasser trinkt, den wird wieder dürsten; wer aber von dem Wasser trinken wird, das ich ihm gebe ... das wird in ihm ein Brunnen des Wassers werden, das in das ewige Leben quillt* (Johannes 4, 13f.). Viele Menschen wissen nicht, wo sich das Lebenswasser findet. Dieses »Wasser« ist die erfrischende Kraft geistiger Werte. Der Mensch sucht in der Außenwelt, in seiner Umgebung nach Sicherheit, Frieden und Glück; so wird er seinen Durst nie stillen können. Tatsächlich entspringen diese Qualitäten unseres Daseins in unserem Inneren. Negatives Denken führt zu einer allgemeinen Angsthaltung und negativen Gefühlen. Ersetzen Sie diese durch göttliche Liebe.

Neun auf zweitem Platz bedeutet: ... *gib mir dieses Wasser, auf dass mich nicht dürste* ... (Johannes 4, 15). Der Brunnen, aus dem solches »Wasser« fließt, befindet sich in Ihrem Inneren. Von dort her erfließen Ihnen Weisheit und Macht. Wer diesen »Wassers« ermangelt, bleibt verwirrt und unglücklich.

Neun auf drittem Platz bedeutet: ... *und er gäbe dir lebendiges Wasser* (Johannes 4, 10). Mit »lebendigem Wasser« ist Inspiration, Weisheit, Heilung, Führung oder jede andere geistige »Erfrischung« gemeint, die Sie benötigen. Beginnen Sie vom Lebensbrunnen in Ihrem Inneren zu trinken.

Sechs auf viertem Platz bedeutet: *Des Gerechten Mund ist ein Brunnen des Lebens* ... Sprüche 10, 11). Wenn Sie weiterhin über Dinge nachdenken, die wahr und gut und von Begeisterung und Liebe getragen sind, ändern Sie allmählich die negativen Inhalte in Ihrem Unterbewusstsein. Der schrittweisen Änderung werden Sie sich bewusst, denn Sie beginnen, auf der Grundlage ewiger Wahrheiten konstruktiv zu denken.

Neun auf fünftem Platz bedeutet: *Wohlan, alle, die ihr durstig seid, kommet her zum Wasser! ... kauft ohne Geld und umsonst beides, Wein und Milch!* (Jesaja 55, 1). Beginnen Sie sich auf das Unendliche, an dem Sie in Ihrem Inneren Anteil haben, einzustimmen und bitten Sie um Inspiration, Führung, Liebe und Harmonie – dann trinken Sie vom Wasser des unendlichen Lebens, aus dem Brunnen, der nie austrocknet. Jetzt wirkt alles zu Ihrem Besten zusammen.

Oben eine Sechs bedeutet: *Eine gute Botschaft aus fernen Landen ist wie kalt Wasser einer durstigen Seele* (Sprüche 25, 25). Geistig durstig sind Sie, wenn es Ihnen an Freude, Frieden, Inspiration und Vertrauen mangelt. Sagen Sie sich, dass stets das lebendige Wasser der Weisheit, Freude, Harmonie und Liebe Sie erquickt. Ihre ganzen Unternehmungen werden geradezu wunderbar gelingen.

49. GO / DIE UMWÄLZUNG (DIE MAUSERUNG)

oben: Dui, das Heitere, der See

unten: Li, das Haftende, das Feuer

Das Urteil

Und stellet euch nicht dieser Welt gleich, sondern verändert euch durch Erneuerung eures Sinnes … (Römer 12, 2). Durch die Aufgabe Ihrer alten Fehlansichten und Überzeugungen und durch die geistige Inthronisierung von Lebensprinzipien und -wahrheiten, die gestern genauso gültig waren, wie sie es heute sind und morgen sein werden, kommen Sie in allen Bereichen voran. Prägen Sie Ihrem Unterbewusstsein lebensfördernde Inhalte ein, dann werden in Ihrem Leben Wunder geschehen.

Das Bild

Und so jemand nicht ward gefunden geschrieben in dem Buch des Lebens, der ward geworfen in den feurigen Pfuhl (Offenbarung 10, 15). Das »Buch des Lebens« ist wieder ein anderes Sinnbild für Ihr Unterbewusstsein: Sie verleiben darin, ob Sie es wollen oder nicht, ständig Ihre Vorstellungen, Eindrücke und Überzeugungen ein, seien es gute oder schlechte. Der »feurige Pfuhl« stellt das Feuer Ihres Gewissens dar, die lodernden Flammen der Furcht, Schuld und Feindseligkeit, die des Menschen Seele peinigen. Nun lösen Sie alle diese negativen Gefühle in der Vergegenwärtigung göttlicher Liebe und Harmonie auf; Gottes Friedensstrom durchfließt Ihr Herz. Sie bringen Ordnung und Harmonie in Ihren Geist, Ihren Körper und Ihr Leben.

Die einzelnen Linien

Anfangs eine Neun bedeutet: *Zu derselben Zeit wird ein Mann eine junge Kuh … ziehen* (Jesaja 7, 21). »Kuh« ist ein Symbol für jenen Ihrer unbewussten Wünsche, den Sie nähren würden, wären Sie sich seiner bewusst. Eine Kuh gibt Milch und steht für Ernährung und Friedlichkeit. Bleiben Sie vorläufig ruhig und abwartend, nähren Sie Ihren Herzenswunsch mit Glauben und Vertrauen, dann werden Sie ihn allmählich verwirklichen und schließlich Ihr Ziel erreichen.

Sechs auf zweitem Platz bedeutet: *Siehe, ich setze dich am heutigen Tag über Völker … dass du ausreißen, zerbrechen, zerstören und verderben sollst, und bauen und pflanzen* (Jeremia 1, 10). Leiten Sie daraus ab, dass Sie entschlossen und dynamisch handeln sollen, wenn Sie alle irrigen Meinungen, falschen Überzeugungen und destruktiven Gefühlshaltungen ausmerzen. Dann wird sich Ihr persönliches und berufliches Leben grundlegend ändern; eine echte Revolution wird stattfinden. Sie werden Ihren Problemen voll Glauben an Gott entgegentreten und sie meistern.

Neun auf drittem Platz bedeutet: *Alle eure Sorge werfet auf ihn; denn er sorget für euch* (1. Petrus 5, 7). *Wer glaubt, der flieht nicht* (Jesaja 28, 16). Je weniger Anstrengung hinter Ihrem Gebet steht, desto besser. Wenn Sie im Meer schwimmen, schlagen Sie auch nicht heftig ins Wasser, um an der Oberfläche zu bleiben. Wenden Sie sich voll Glauben an die Ihnen innewohnende schöpferische Weisheit und lassen Sie keine Zweifel aufkommen. Erklären Sie voll Nachdruck, dass Ihnen Gottes unendliche Weisheit den Weg weist und glauben Sie es. Machen Sie Ihre Gebete zu einer von keinerlei Hast gestörten Einkehr bei Gott, der Ihnen innewohnt. Denken Sie daran, dass bei Gott nichts unmöglich ist; erwarten Sie Ergebnisse, und Sie werden Ergebnisse erzielen.

Neun auf viertem Platz bedeutet: *Denn siehe, ich will einen neuen Himmel und eine neue Erde schaffen, dass man der vorigen nicht mehr gedenken wird, noch sie zu Herzen nehmen* (Jesaja 65, 17). Der »neue Himmel« ist das Gott und den Lebenswahrheiten zugewandte Bewusstsein; aus ihm entsteht von selbst eine »neue Erde«, womit neue Lebensbedingungen und -umstände gemeint sind; auch Ihre unmittelbare Umwelt ändert sich entsprechend Ihrer neuen Geisteshaltung. Sie haben jetzt in Ihrem Geist eine neue Regierung eingesetzt; sie wird segensreich regieren.

Neun auf fünftem Platz bedeutet: *Denn ich bin der Herr und wandle mich nicht …* (Maleachi 3, 6). Gott wandelt sich nie. Er ist heute gegenwärtig, wie er es gestern war und morgen sein wird. Sie aber werden, die Gegenwart Gottes betrachtend, sich ändern. Ihr Herz füllt sich mit göttlicher Liebe, indem Sie an Gottes Liebe denken, sie empfinden und gegenüber allen Menschen ausstrahlen. So werden Sie die Verwirklichung der Liebe Gottes an sich erfahren, die alle Ihre Probleme löst und Sie dazuhin befähigt, anderen zu helfen und andere zur Mitarbeit zu gewinnen.

Oben eine Sechs bedeutet: *... die Parder [werden] bei den Böcken liegen ... Ein kleiner Knabe wird Kälber und junge Löwen und Mastvieh miteinander treiben* (Jesaja 11, 6). Das Bild von »Pardern« bzw. Leoparden und Löwen inmitten von Haustieren ist ein Symbol für Schönheit und Harmonie. Wie der »kleine Knabe« ist Ihre neue Sicht der Dinge noch jung. Doch unter göttlicher Führung wandelt sich Ihr Geist; er wird von Harmonie, Schönheit, Frieden und Verständnis erfüllt. Alles wirkt jetzt zu Ihrem Besten zusammen.

50. DING / DER TIEGEL

oben: Li, das Haftende, das Feuer

unten: Sun, das Sanfte, der Wind, das Holz

Das Urteil

Aus seiner Nase geht Rauch wie von heißen ... Kesseln (Hiob 41, 12). Sehen Sie den aus dem »Kessel« (Ihres Unterbewusstseins) austretenden »Rauch« als Ihre gehobene Stimmung, als Ihre Begeisterung an; und der Geist in Ihnen ist Geist vom Geiste Gottes. Sie werden vom Himmel inspiriert, und Ihnen gelingt alles, was Sie tun.

Das Bild

... Kesseln, Leuchtern ... (Jeremia 52, 19). Der Mensch wird auch ein »Licht des Herrn« genannt, was zum Ausdruck bringt, dass Sie jederzeit und in jeder Hinsicht – wie ein Leuchter – Ihr Licht, das heißt Weisheit, ausstrahlen sollen. Sagen Sie sich, dass Gott Sie führt, und Sie werden richtig handeln.

Die einzelnen Linien

Anfangs eine Sechs bedeutet: ... *sie [die Stadt] ist der Topf* (Ezechiel 11, 7). *Ich will euch von dort herausstoßen ...* (Ezechiel 11, 9). Die »Stadt«, heißt es hier, ist der »Topf«; es ist der »Tiegel« des *I Ging* – der »Kessel« der Bibel – Ihr Geist.

Ihren Geist müssen Sie – wie eine Stadt – regelmäßig, systematisch reinigen. Geben Sie sich eine Transfusion an Glauben, Vertrauen, Liebe, Freude und Freundlichkeit. Auf diese Art beseitigen Sie alle negativen Inhalte in Ihrem Unterbewusstsein. Das Niedrige steht dem Höheren nach. Sie sind auf dem Weg zu großen Leistungen und Erfolgen.

Neun auf zweitem Platz bedeutet: *Wenn er Frieden gibt, wer will verdammen? ...* (Hiob 34, 29). Verbinden Sie sich mit der Gottesgegenwart in Ihnen. Erkennen Sie, dass nichts Sie verletzen kann, denn ein Einzelner mit Gott bildet eine Mehrheit. Spricht jemand aus Neid oder Eifersucht schlecht über Sie, kann er Sie nicht verletzen, weil Sie wissen, dass negatives Denken und Fühlen keine Macht über Sie haben. Ihr eigenes Denken ist kreativ, und es ist auf Gott gerichtet. Sie leben in einer Zeit großen Aufschwungs.

Neun auf drittem Platz bedeutet: *Wo ist der Herr? und die das Gesetz treiben, achten mein nicht ...* (Jeremia 2, 8). Der »Herr« ist Gott, ist der universelle Geist, an dem Sie unterbewusst teilhaben. Jedwede Weisheit und Kraft, die Sie brauchen, um ein erfülltes, glückliches Leben zu führen, tragen Sie in sich; aber Sie nutzen Ihre gottgegebenen Kräfte nicht. Beginnen Sie Ihren inneren Reichtum anzuzapfen und bitten Sie um Führung, Harmonie und Fülle in Ihrem Leben. Sagen Sie sich: »Gott lässt für mich Segnungen vom Himmel regnen«, dann werden Sie Ihren Aufschwung erleben.

Neun auf viertem Platz bedeutet: ... *auf dass nicht das Gesetz Mose gebrochen werde* (Johannes 7, 23). Mit dem »Gesetz Mose« ist gemeint: Was Sie glauben, das sind Sie; was Sie denken und fühlen, das erschaffen Sie. Um Ihr Ziel zu erreichen, müssen Sie den nötigen Glauben haben. Durch Minderwertigkeits- und Schuldgefühle ziehen Sie Verlust und Beschränkung an. Sie müssen Selbstachtung und Vertrauen erlangen, um erfolgreich zu sein.

Unachtsamkeit gegenüber den echten Lebenswerten hat Versagen zur Folge.

Sechs auf fünftem Platz bedeutet: … *und zwei goldene Ringe* … (2. Mose 30, 4). Gold steht für Macht, Reinheit, einen klaren Himmel und schönes Wetter; gemeint ist damit eine saubere geistige und gefühlsmäßige Atmosphäre. Ein Ring symbolisiert Liebe, Frieden, Einheit mit Gott. Wegen seiner Kreisform ist der Ring auch ein Symbol für das Unendliche und für Gottes Liebe. Sie sollen jetzt Ihr Bewusstsein und Ihr Unterbewusstsein anleiten, sich auf Harmonie, Gesundheit und rechtes Handeln zu einigen.

Wenn Sie mit diesem Vorgang fortfahren, werden Sie aufgrund des Gesetzes der Anziehung Menschen gewinnen, die Ihnen bei der Verwirklichung Ihres Herzenswunsches helfen.

Oben eine Neun bedeutet: … *und zwei goldene Ringe* … (2. Mose 28, 23). Gold verkörpert die Macht Gottes, und indem Sie sich mit den göttlichen Lebenswerten identifizieren, werden Sie auf der ganzen Linie Erfolg haben.

51. DSCHEN / DAS ERREGENDE (DAS ERSCHÜTTERN, DER DONNER)

☳ *oben: Dschen, das Erregende, der Donner*

☳ *unten: Dschen, das Erregende, der Donner*

Das Urteil

… *ließ der Herr donnern und regnen desselben Tages* … (1. Samuel 12, 18). Donner erzeugt viel Lärm und erschreckt uns manchmal, aber darauf folgt Regen. … *Siehe, ich will euch Brot vom Himmel regnen lassen* (2. Mose 16, 4). Sie werden in göttlicher Fügung geführt und Segnungen werden folgen.

Das Bild

... und ich hörte sagen wie mit einer Donnerstimme ... (Offenbarung 6, 1). Die »Donnerstimme« stellt, psychologisch gesprochen, Ihre innere geistige Bewegung dar, die einen neuen Beginn ankündigt: Sie gelangen aus einem unkonditionierten in einen konditionierten Zustand. Halten Sie beharrlich an dem Wissen fest, dass göttliches Recht und göttliche Ordnung Ihr Leben beherrschen.

Die einzelnen Linien

Anfangs eine Neun bedeutet: *Es donnerte im Himmel ... das Erdreich regte sich und bebte davon* (Psalm 77, 19). Der »Himmel« ist das Unsichtbare – Ihr Geist. Der Donner in Ihrem Geist zeigt eine große Veränderung in Ihrem Leben an. Haben Sie keine Angst: alles geht vorüber. Auf den Sturm folgt Ruhe. Freude und Segnungen sind Ihnen beschieden.

Sechs auf zweitem Platz bedeutet: *Die Erde bebte und ward bewegt* (2. Samuel 22, 8). Mit der »Erde« sind Ihr Körper, Ihre Umgebung, Ihre Lebensumstände gemeint – Ihre äußere Welt. Wenn Sie sich erschüttert oder verwirrt fühlen und Rückschläge oder Verluste erleiden, sollten Sie geistig nicht gegen diese Erfahrungen ankämpfen. Was man besitzt, ist geistiger Besitz, und man kann nur verlieren, was man geistig verliert. Sagen Sie sich: »Ich fühle mich jetzt eins mit meinem Reichtum und meinen Besitztümern. Ich bin tief überzeugt, dass alles, was ich behaupte und als wahr und wirklich empfinde, sich in göttlicher Fügung verwirklichen wird.« Sie werden alles zurückerhalten, was Sie verloren haben.

Sechs auf drittem Platz bedeutet: *... da bebte die Erde, und die Himmel ...* (Psalm 68, 9). Die »Erde« steht für Äußerlichkeiten: Ihr materielles Leben. Auch wenn es da »bebt«, etwa weil Sie erkranken oder finanzielle Verluste erleiden, werden Sie keine Angst bekommen. Sagen Sie sich voll Überzeugung: »Gott ist meine Zuflucht und meine Festung. Gott ist meine allezeit gegenwärtige Hilfe. Gott weiß alles und sorgt für mich. Gott führt eine göttliche Lösung herbei.« Ihr Gebet wird erhört werden.

Neun auf viertem Platz bedeutet: *Es stehe Gott auf, dass seine Feinde zerstreut werden ...* (Psalm 68, 2). Die »Feinde«, das sind

Zweifel, Furcht, Selbstverurteilung und Feindseligkeit. Mit »Es stehe Gott auf« ist gemeint, dass Sie die Weisheit und Macht Gottes preisen sollen, damit sich diese in Ihnen erhebt und Sie Ihre inneren »Feinde« zerstreuen.

Sechs auf fünftem Platz bedeutet: *Die Heiden müssen verzagen und die Königreiche fallen …* (Psalm 46, 7). Mit den »Heiden« sind Ihre irrigen Gedanken, Ihre Ängste, Zweifel und Negierungen jeglicher Art gemeint, die Sie heimsuchen und in Ihnen Verwirrung und Depressionen auslösen. Denken Sie beharrlich über Harmonie und göttliche Liebe nach, dann werden Sie frei. Gleichgewicht und Heiterkeit werden sich einstellen.

Oben eine Sechs bedeutet: *Seid stille und erkennt, dass ich Gott bin. Ich will Ehre einlegen unter den Heiden, ich will Ehre einlegen auf Erden* (Psalm 46, 11). Überlassen Sie sich nicht Ihren Sorgen, hadern Sie nicht mit Ihrem Schicksal. Wenden Sie sich von innerer Unruhe und Verwirrung entschlossen ab, vergegenwärtigen Sie sich Gottes alles heilende Liebe und Harmonie. Jetzt ist die Zeit, stillzuhalten und auf Gott zu vertrauen. Sie werden eine gottgegebene Lösung herbeiführen. Lassen Sie sich durch andere nicht beirren.

52. GEN / DAS STILLEHALTEN, DER BERG

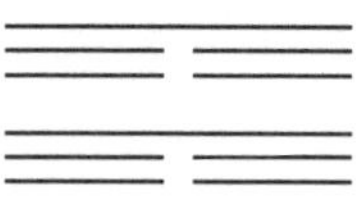

oben: Gen, das Stillehalten, der Berg

unten: Gen, das Stillehalten, der Berg

Das Urteil

Seid stille und erkennt, dass ich Gott bin … (Psalm 46, 11). Die ruhige Betrachtung Gottes ist die zwingendste aller Notwendigkeiten. Konzentrieren Sie Ihre Aufmerksamkeit ganz auf die Gottesgegenwart in sich. Ihre Augen sind geschlossen, Sie sind entspannt und fühlen sich wohl; meditieren Sie nun über die Harmonie, Schönheit und Majestät des unendlichen Einen. Erkennen Sie, dass Gott höchste Weisheit, grenzenlose Liebe und absolute

Harmonie ist. Ein Strom der Liebe wird Sie durchfließen, und Sie werden in allen Bereichen vorwärtskommen.

Das Bild

Deine Gerechtigkeit steht wie die Berge … (Psalm 36, 7). »Berge« verkörpern im *I Ging* und in der Bibel inspiriertes Denken oder die Betrachtung Gottes. »Gerechtigkeit« ist rechtes Denken. Betrachten Sie den Plan, den Sie haben, unter allen Gesichtspunkten, denken Sie ruhig und voll Interesse darüber nach; seien Sie überzeugt, dass Sie göttlich inspiriert werden, das Richtige zu tun, und dass Sie dann genau dies tun werden.

Die einzelnen Linien

Anfangs eine Sechs bedeutet: *Und dass die Zehen an seinen Füßen eines Teils Eisen und eines Teils Ton sind …* (Daniel 2, 42). Mit den »Zehen an Ihren Füßen« ist das Verstehen der Gesetze des Geistes gemeint. »Eisen« und »Ton« stehen für starke und schwache Vorstellungen (in der Schwachheit einer Vorstellung liegt eine Art Zögern, ein Schwanken). Stimmen Sie sich in ruhiger Sammlung auf Gottes unendliche Weisheit ein, fahren Sie fort in rechtem Denken, Fühlen und Handeln, dann werden Sie Ihr Ziel erreichen.

Sechs auf zweitem Platz bedeutet: *Denn bei Gott ist kein Ding unmöglich* (Lukas 1, 37). Wenn Sie das Gefühl haben, irgendwelche Schwierigkeiten nicht meistern zu können, legen Sie Ihre Sorgen in Gottes Hände und sagen Sie sich: Gott wird perfekt regeln, was mich besorgt. Weigern Sie sich, etwas zu tun, was gegen Güte, Wahrheit, Schönheit oder Ehrlichkeit verstößt.

Neun auf drittem Platz bedeutet: *… und schlug sie hart, an Schultern und an Lenden …* (Richter 15, 8). Die »Lenden« beziehen sich auf die Geschlechtsorgane und sexuelle Wünsche. Die Verdrängung oder Unterdrückung von Trieben ist keine Lösung, da daraus innere Konflikte erwachsen. Alle Triebe und Wünsche müssen in gottgefällige Kanäle geleitet werden. Der Geschlechtsakt sollte von Liebe und nicht nur von Lust erfüllt sein. Kasteiungen oder, umgekehrt, Unerbittlichkeit, geistige und körperliche »Turnübungen« sind nicht geeignet für die Verbindung mit Gott. Der richtige Weg führt durchs Herz und über ein Sichgewöhnen an die Gottesgegenwart, womit einfach das Meditieren über Ihre höchste Vorstellung von Gott gemeint ist.

Sechs auf viertem Platz bedeutet: *Wenn er Frieden gibt, wer will verdammen?* (Hiob 34, 29). Wollen Sie sich körperlich entspannen, sollten Sie folgendermaßen mit Ihrem Körper sprechen: »Meine Zehen sind entspannt, meine Waden sind entspannt, meine Wirbelsäule ist völlig entspannt, mein Hals ist entspannt, mein Gehirn ist entspannt, mein ganzer Körper ist völlig entspannt. Gottes Strom des Friedens durchfließt mich.« Wenn Sie diese Suggestionen als Wahrheiten bekräftigen, entspannt sich Ihr Körper. Ihr Körper bewegt sich und handelt gemäß Ihrer Einwirkung auf ihn. Wenn Sie entspannt und geistig auf das Unendliche eingestimmt sind, werden Sie »vom Himmel« inspiriert.

Sechs auf fünftem Platz bedeutet: *Eure Rede sei allezeit lieblich und mit Salz gewürzt, dass ihr wisset, wie ihr einem jeglichen antworten sollt* (Kolosser 4, 6). Achten Sie auf Ihre Worte, denn Worte sind ausgesprochene Gedanken und haben starke Suggestivkraft, insbesondere wenn sie gefühlsbesetzt – mit »Salz gewürzt« – sind. Ihre Rede ist »lieblich«, wenn sie aufbauend und freundlich gegenüber allen Menschen ist. Reue drängt sich dann nicht auf.

Oben eine Neun bedeutet: *Wo ihr in ein Haus kommt, da sprecht zuerst: Friede sei in diesem Hause!* (Lukas 10, 5). Nehmen Sie sich möglichst oft Zeit für Ruhe und vergegenwärtigen Sie sich die Qualitäten Gottes. Wenn Sie durch die Einstimmung auf das Unendliche inneren Frieden gefunden haben, werden Sie allen Menschen, die mit Ihnen in Berührung kommen, Segen bringen. Wohltaten und Wohlergehen sind Ihnen sicher.

53. DSIËN / DIE ENTWICKLUNG (ALLMÄHLICHER FORTSCHRITT)

oben: Sun, das Sanfte, der Wind, das Holz

unten: Gen, das Stillehalten, der Berg

Das Urteil

Demnach, welcher verheiratet, der tut wohl … (1. Korinther 7, 38). »Verheiraten« hat im *I Ging* und in der Bibel mehr als nur die eine Bedeutung. Sie »heiraten« Ihre Idee, Ihren Wunsch durch geistige und gefühlsmäßige Vereinigung und Treue auf jedem Schritt Ihres Weges, von dem Wissen erfüllt, dass die Weisheit Ihres Unterbewusstseins die Verwirklichung herbeiführen wird. Es ist etwa so, als mache man einer Frau den Hof. Man lobt und preist sie, umwirbt sie mit Geschenken und Aufmerksamkeiten, und wenn man ihr treu bleibt, findet die Werbung ihren Höhepunkt in der Heirat: Mann und Frau werden eins. So auch werden Sie und Ihre Idee eins. Seien Sie treu bis zuletzt.

Das Bild

Wer überwindet, dem will ich zu essen geben von dem Holz des Lebens … (Offenbarung 2, 7). Vom »Holz des Lebens« essen Sie, wenn Sie meditieren oder sich geistig an dem laben, was erhebt, ehrt und lobenswert ist; das Holz des Lebens ist die Gottesgegenwart in Ihrem Inneren. Was Sie auch suchen, es befindet sich in Ihnen. Wenn Sie Harmonie, Freude und Liebe in sich aufnehmen und gegenüber Ihren Mitmenschen ausstrahlen, wird Ihre ganze Umwelt verwandelt: Ihre Beziehungen entwickeln sich zunehmend harmonischer.

Die einzelnen Linien

Anfangs eine Sechs bedeutet: … *durch Stillesein und Hoffen würdet ihr stark sein* … (Jesaja 30, 15). Ihr Ziel erreichen Sie kaum in einem einzigen Schritt, gewöhnlich ist es ein Weg, der dahin führt. Es kann vorkommen, dass Sie vorübergehend Rückschläge oder Kritik erleben; aber Sie sollten solche Vorkommnisse stets als Ermutigungen für Ihr Vorankommen betrachten. Sie werden Fortschritte machen.

Sechs auf zweitem Platz bedeutet: … *nichts wird euch beschädigen* (Lukas 10, 19). Sie sind unterwegs und fühlen sich wegen Ihres Gefühls des Einsseins mit Gott sicher. Wären Sie von München aus auf dem Weg nach Genf und führen durch Bregenz, Sie wären unterwegs zu Ihrem Bestimmungsort. Jedes Vorankommen ist eine Bewegung auf Ihren Herzenswunsch zu. Erfolg und Gelingen sind Ihnen sicher.

Neun auf drittem Platz bedeutet: *So vertrage dich nun mit ihm und habe Frieden* … (Hiob 22, 21). Hasten Sie nicht. In Eile verschwendet man Energie und Urteilskraft. Hassen oder verurteilen Sie weder sich selbst noch andere. Stärken Sie Ihr Selbstbewusstsein, machen Sie sich frei und geben Sie die anderen frei. Verzeihen ist die beste Medizin. Der Versuch, etwas zu erzwingen oder geistigen Druck auszuüben, blockiert nur das Gute für Sie und bringt Ihnen Verlust. Stimmen Sie sich auf die Gottesgegenwart ein. Fühlen Sie, dass Gott da ist. Denken Sie gut, und Gutes wird die Folge sein.

Sechs auf viertem Platz bedeutet: *Alle eure Sorge werfet auf ihn; denn er sorget für euch* (1. Petrus 5, 7). Überlassen Sie sich der Gottesgegenwart, wenn Sie verwirrt, besorgt oder in Gefahr sind. Halten Sie beharrlich an der Wahrheit fest, dass jedes Gebet erhört wird. Sie werden beschützt werden.

Neun auf fünftem Platz bedeutet: *Ein Verleumder verrät, was er heimlich weiß; aber wer eines getreuen Herzens ist, verbirgt es* (Sprüche 11, 13). Wenn Sie im Leben vorwärtskommen und sich über die Menge erheben, bewirft man Sie leicht mit Steinen: man klatscht über Sie und beneidet Sie. Sofern Sie anderen erlauben, Sie zu verletzen oder Ihr Gefühlsleben zu stören, hemmen Sie Ihre Entwicklung. Wünschen Sie den anderen Gutes und gehen Sie Ihres Wegs. Sie gehen auf das zu, was Sie innerlich sehen, und werden sich bestens entwickeln.

Oben eine Neun bedeutet: *Wie lieblich sind auf den Bergen die Füße der Boten, die da Frieden verkündigen, Gutes predigen, Heil verkündigen* … (Jesaja 52, 7). Sie tragen Glück und frohe Botschaft in sich. Der Friede Gottes herrscht in Ihrem Herzen, und das Licht Gottes leuchtet in Ihnen. Ihre Reise führt vorwärts, aufwärts, Gott entgegen.

54. GUI ME / DAS HEIRATENDE MÄDCHEN

☳ *oben: Dschen, das Erregende, der Donner*

☱ *unten: Dui, das Heitere, der See*

Das Urteil

Die Kinder dieser Welt freien und lassen sich freien (Lukas 20, 34). Ihr »Freien« ist Ihr Selbstverständnis oder Ihre Selbsteinschätzung; und Ihre »Kinder« sind die Erfahrungen, die in Ihrem Leben aus Ihrem inneren Selbstgefühl erwachsen. Sie sind empfänglich im Geiste wie bei einer Braut. Sie sollen sich nur mit dem Höchsten und Besten vereinigen. Erniedrigen Sie sich nicht, würdigen Sie sich nicht herab, begnügen Sie sich mit keiner Mittelmäßigkeit oder Minderwertigkeit. Solches Verhalten hätte Scheitern zur Folge.

Das Bild

Was nun Gott zusammengefügt hat, das soll der Mensch nicht scheiden (Matthäus 19, 6). Gott ist Liebe, und verbindet wahre Herzensliebe einen Mann und eine Frau, dann ist ein Paar in einem heiligen Bündnis mit Gott vereint. Tauchen Schwierigkeiten auf, löst jeder der beiden Partner das Problem im Licht der Liebe Gottes. Sofern zwischen zwei Menschen eine echte seelisch-geistige Verbindung besteht, gibt es keine Scheidung; denn keiner wünscht sie. Liebe, Freundlichkeit und Verständnis sind der Schlüssel zu guten zwischenmenschlichen Beziehungen.

Die einzelnen Linien

Anfangs eine Neun bedeutet: *Wie ein großes Ding ist's um einen treuen und klugen Haushalter, welchen der Herr setzt über sein Gesinde …* (Lukas 12, 42). Wir sind alle »Haushalter« und arbeiten als solche in den Weingärten unseres Geistes. Wenn Sie Ihre Arbeit freudig und getreulich leisten, werden Sie feststellen, dass Sie vorankommen und Hindernisse wie von selbst beseitigt werden. Lassen Sie Ihre Vorstellungen konstruktiv sein und bleiben Sie ihnen treu, dann wird Ihr Unterbewusstsein konstruktiv reagieren und Ihnen in allen Bereichen zu Erfolg verhelfen.

Neun auf zweitem Platz bedeutet: *Wenn dein Auge einfältig ist, so wird dein ganzer Leib licht sein* (Matthäus 6, 22). Dieses »Auge« stellt die innere Wahrnehmung dar. Sie steuert Ihr Leben. Was Ihnen andere auch antun – ob sie treulos sind oder Ihr Vertrauen missbrauchen –, richten Sie Ihre Aufmerksamkeit beharrlich auf Gott, den lebendigen Geist, an dem Sie teilhaben, seine Herrlichkeit, seinen Frieden. Steht Gott in Ihrem Leben an erster Stelle, dann wird Ihr Unterbewusstsein reagieren und in Ihrem ganzen Menschsein und in allen Ihren Erfahrungen nur Gutes verwirklichen.

Sechs auf drittem Platz bedeutet: ... *er wird kein Gutes mangeln lassen den Frommen* (Psalm 84, 12). Glauben Sie nicht länger, dass Sie im Leben Kompromisse schließen müssen. Sie haben die Fähigkeit, sich nach innen zu wenden und Gutes zu erbitten; Ihr Unterbewusstsein wird es verwirklichen. Gott ist der Gebende sowie die Gabe; und Sie müssen auf das Anspruch erheben, was Ihnen gegeben wurde. Gott wohnt Ihnen inne, ist Ihr eigentliches Leben. Heben Sie die Augen, hören Sie auf, sich zu erniedrigen und zu degradieren. Preisen Sie Gott, der die Macht hat, alles zum Besten zu wenden.

Neun auf viertem Platz bedeutet: ... *geistlich gesinnt sein ist Leben und Friede* (Römer 8, 6). Voreheliche Geschlechtsbeziehungen belasten das spätere Eheleben. Oft misstraut der Mann der Frau, die er allzu leicht haben konnte, und Eifersucht ist die Folge. Eheliches Glück erwächst aus Liebe, Treue, Ehrlichkeit und Achtung, aus dem Wunsch, einander geistig, seelisch und in jeder anderen Weise emporzuheben. Liebe führt eine Frau nicht in ein billiges Hotel; Liebe äußert sich auch nicht in einem zügellosen Intermezzo auf dem Rücksitz eines geparkten Autos. Lauterkeit und Treue erbringen hohe »Dividenden«; sie sind bestimmend für Freude und Glück in der Ehe.

Sechs auf fünftem Platz bedeutet: *Nichts tut durch Zank oder eitle Ehre; sondern durch Demut ... und ein jeglicher sehe nicht auf das Seine, sondern auch auf das, was des andern ist* (Philipper 2, 3f.). Sie sind frei von Anmaßung und nicht blind durch Selbstbetrug. Mit dem Verständnis kommt die Demut; Sie tun alles zum Ruhm Gottes, und es werden Ihnen große Segnungen zuteil.

Oben eine Sechs bedeutet: *Und sollst es in einen Korb legen …* (2. Mose 29, 3). Mit dem »Korb« ist Ihr Herz gemeint, Ihr Unterbewusstsein, aus dem alle Lebenserfahrungen erwachsen. Die Früchte, die ans Licht kommen, sollten sein: Liebe, Freude, Frieden, Demut, Glauben, Vertrauen und Freundlichkeit. Wenn Sie meditierend beten, müssen Ihr Bewusstsein und Ihr Unterbewusstsein einig sein; Verstand und Herz müssen übereinstimmen. Erst wenn Sie von Aufgeschlossenheit, Bereitschaft und Begeisterung getragen sind, werden Sie in Ihr Leben Gesundheit, Glück und Fülle bringen können. Bloßes Jasagen oder leere Wortemacherei ohne wirkliche Verankerung der Wahrheiten in Ihrem Herzen bewirken nichts.

55. FONG / DIE FÜLLE

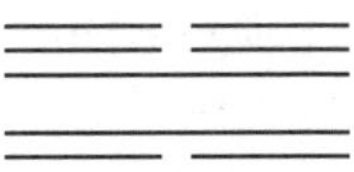

oben: Dschen, das Erregende, der Donner

unten: Li, das Haftende, das Feuer

Das Urteil

Denn wer da hat, dem wird gegeben, dass er die Fülle habe … (Matthäus 13, 12). Wenn Sie in der Bewusstheit von Gottes Fülle leben, wenn Sie erkennen, dass Gott die Quelle aller Segnungen ist, und diese Wahrheit im Herzen tragen, vergrößert und vervielfacht Ihr Unterbewusstsein das Gute für Sie über die Maßen. Seien Sie wie die Sonne am Mittag, da sie keine Schatten wirft. Nichts darf Sie von Ihrem Ziel abbringen, mit Gott in Ihrem Leben Liebe, Wahrheit und Schönheit immer stärker zum Ausdruck zu bringen.

Das Bild

Aber die Elenden werden das Land erben und Lust haben in großem Frieden (Psalm 37, 11). Die »Elenden« sind Menschen voller Aufgeschlossenheit für die Seinswahrheiten; sie betrachten niemanden als Feind, weil sie wissen, dass alle Feinde sich immer im eigenen Innern befinden, Feinde wie Furcht, Aberglauben, Zweifel und Feindseligkeiten. Die heute noch Elenden, die sich eins mit Gott, der Quelle aller Segnungen, fühlen, werden »das Land erben« und in der Fülle leben.

Die einzelnen Linien

Anfangs eine Neun bedeutet: *Denn wes das Herz voll ist, des geht der Mund über* (Lukas 6, 45). Mit »Herz« ist Ihr Unterbewusstsein gemeint. Wenn Sie ihm die Vorstellung von Reichtum, Wohlstand und Erfolg eingeprägt haben, werden Sie die richtigen Menschen anziehen, die mit Ihnen in göttlicher Fügung zusammenarbeiten. An Ihrem Reden und Handeln zeigt sich, dass Sie sich der Fülle Gottes bewusst sind.

Sechs auf zweitem Platz bedeutet: *... plötzlich werden meine Hütten und meine Gezelte verstört* (Jeremia 4, 20). Sehen Sie die »Hütten« und »Gezelte« als Ihre seelisch-geistige Wohnstatt. Lassen Sie nicht zu, dass andere Sie verwirren oder dass Neid und Eifersucht Sie von Ihrem Ziel ablenken. Gestehen Sie anderen Menschen keine Macht zu, sondern geben Sie Macht nur der Ihnen innewohnenden Gottesgegenwart und machen Sie sich bewusst: Da Gott für Sie ist, wer kann gegen Sie sein? Widerstehen Sie nicht dem Bösen, sondern überwinden Sie das Böse durch gute Gedanken, durch Glauben an Gott und Vertrauen in das Gute. Erfolg ist Ihnen sicher.

Neun auf drittem Platz bedeutet: *... die Sonne ward schwarz wie ein härener Sack, und der Mond ward wie Blut* (Offenbarung 6, 12). Die »Sonne« stellt im *I Ging* und in der Bibel unter anderem Ihr Bewusstsein, der »Mond« Ihr Unterbewusstsein dar. Der Mond scheint, weil er das Sonnenlicht reflektiert; genauso reflektiert Ihr Unterbewusstsein immer Ihr gewohnheitsmäßig eingeschliffenes Denken. »Schwarz« steht für Dunkelheit, Verwirrung, Intrige. Wenn Sie sich Hindernissen gegenübersehen, die unüberwindlich scheinen, verhalten Sie sich ruhig, gehen Sie nicht vorwärts. Lassen Sie den Dingen ihren Lauf und vertrauen Sie darauf, dass sich in göttlicher Fügung alles regelt.

Neun auf viertem Platz bedeutet: ... *der Herr, mein Gott, macht meine Finsternis licht* (Psalm 18, 29). Die »Finsternis« steht für Schwierigkeiten, Unwissenheit und Furcht. Licht zerstreut die Finsternis. Führen Sie sich vor Augen, dass die Ihrem Unterbewusstsein innewohnende unendliche Weisheit den Ausweg kennt. Sie werden in göttlicher Fügung geführt und Sie ziehen jene Menschen an, die Ihnen bei der Verwirklichung Ihrer Anliegen helfen. Der Morgen steigt für Sie herauf und alle Schatten fliehen.

Sechs auf fünftem Platz bedeutet: *Mein Gott aber fülle aus alle eure Notdurft nach seinem Reichtum in der Herrlichkeit* ... (Philipper 4, 19). Gott, der lebendige Geist, vergrößert und vervielfacht das Gute für Sie reichlich, Sie haben auf allen Wegen innere Führung und werden von selbst die richtigen Menschen anziehen, die Ihnen helfen und beistehen. Viele Segnungen sind Ihnen jetzt beschieden.

Oben eine Sechs bedeutet: ... *und will sagen zu meiner Seele: Liebe Seele, du hast einen großen Vorrat auf viele Jahre ... Aber Gott sprach zu ihm: Du Narr! diese Nacht wird man deine Seele von dir fordern; und wes wird's sein, das du bereitet hast?* (Lukas 12, 19f.). Reichtum und Besitz haftet nichts Verächtliches an, wie viele Menschen irrtümlicherweise glauben. Wohlstand und Fülle sind wünschenswert in diesem unserem Leben. Aber denken Sie daran, dass Sie im Grunde nichts wirklich besitzen. Gott besitzt alles. Sie sind ein Verwalter des Göttlichen und sollten Ihren Reichtum vernünftig und konstruktiv verwenden. Sie sollten weise mit Ihren Angehörigen teilen, zum Wohl der Allgemeinheit beitragen und sich stets sagen, dass Gottes Weisheit Sie bei Ihrem ganzen Tun führt. Wenn Sie das irdische Leben hinter sich lassen und in rein geistige Dimensionen eingehen, können Sie lediglich Ihre geistigen Schätze mitnehmen. Wirklich reich ist, wer die Quelle alles Guten erkennt. Er achtet das Göttliche und ist immer reich an Weisheit, Verständnis, Freundlichkeit und Wohlwollen gegenüber allen. Überheblichkeit, Selbstgefälligkeit und Blasiertheit ziehen Verlust nach sich. Liebe verbindet Sie mit Ihren Angehörigen und allen Menschen.

56. LÜ / DER WANDERER

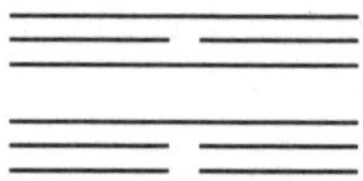

oben: Li, das Haftende, das Feuer

unten: Gen, das Stillehalten, der Berg

Das Urteil

Er zieht hin und her nach Brot … (Hiob 15, 20). Wenn Sie reisen – sei es aus beruflichen Gründen, um Ihr Brot zu verdienen, sei es, um die Schönheiten unserer Welt zu entdecken –, sollte Ihnen stets klar sein, dass das wirkliche Brot des Lebens die Gottesgegenwart in Ihnen ist. Versuchen Sie zu spüren, dass Gott für Sie sorgt und Ihre Schritte lenkt, damit Sie keine Fehler begehen. Strahlen Sie gegenüber allen Menschen Liebe und Wohlwollen aus, dann werden Sie auf Ihren Reisen Erfolg haben.

Das Bild

Wie ein Vogel, der aus seinem Nest weicht, so ist, wer von seiner Stätte weicht (Sprüche 27, 8). Ihre »Stätte« ist das Einssein mit Gott und – wenn Sie dieses Einssein fühlen – die Erkenntnis, dass göttliches Recht und göttliche Ordnung Sie beschützen. Erkennen Sie, was recht und gerecht ist, und weichen Sie nicht vom Prinzip richtigen Handelns ab. Kehren Sie zum »Nest« zurück, ins Zentrum Ihres eigenen Wesens, wo mit Gott Ehrlichkeit und Aufrichtigkeit wohnen.

Die einzelnen Linien

Anfangs eine Sechs bedeutet: *… umlaufen durch die Häuser … vorwitzig und reden, das nicht sein soll* (1. Timotheus 5, 13). *Wo ihr in ein Haus kommt, da sprecht zuerst: Friede sei in diesem Hause!* (Lukas 10, 5). Tragen Sie den Segenswunsch in Ihrem Herzen, wenn Sie jemanden treffen oder sein Haus betreten. Lassen Sie sich nicht in negative Reden über andere verwickeln. Ihre Rede sei aufbauend, wohltuend und erhebend. Kritik und Verspottung anderer bringen Ihnen selbst Verlust und Beschränkung.

Sechs auf zweitem Platz bedeutet: *Ich suche dich von ganzem Herzen; lass mich nicht abirren von deinen Geboten* (Psalm 119, 10). Das oberste Gebot heißt Gott lieben und auf das Unendliche eingestimmt bleiben. Wenn Sie Ihr höheres Ich, das Gott ist, lieben und achten, werden Sie von selbst auch das Göttliche in anderen Menschen achten und ehren und dadurch deren Mitarbeit gewinnen und den richtigen Lebensgefährten anziehen.

Neun auf drittem Platz bedeutet: *... sie hatten sonst keinen Raum in der Herberge* (Lukas 2, 7). Nirgends spricht sich der Massengeist mit seinem Aberglauben, seinen Ängsten, seinem Hass und seinen Feindseligkeiten so deutlich und ungeniert aus wie am Biertisch unserer Wirtshäuser. Da ist natürlich kein Raum für die Erkenntnis, dass die Gottesgegenwart den Menschen beschützt und heilt. Gott ist für Millionen Menschen nicht existent und für andere Millionen der große Fremde. Wenn Sie glauben, Sie könnten mit dem Intellekt Ihres Ich die Lebensprobleme lösen ohne den lebendigen Kontakt mit der Quelle der unendlichen Weisheit, dann geraten Sie in Schwierigkeiten und ziehen Verluste an.

Neun auf viertem Platz bedeutet: *Wendet euch zu mir, so werdet ihr selig, aller Welt Enden ...* (Jesaja 45, 22). Das Verweilen bei der zerstörerischen Vorstellung, in Gefahr und dem Schicksal ausgeliefert zu sein, oder bei dem Gefühl, isoliert und den Mitmenschen entfremdet zu sein, erzeugt nur noch mehr Schwierigkeiten. Erkennen Sie, dass Gott Sie liebt und für Sie sorgt, dass Sie sich immer in Sicherheit befinden, wenn Sie bei der Wahrheit verweilen, dass Sie im Schutz des Allmächtigen leben. Dieser ist Ihre Zuflucht, Ihre Festung. Ohne die lebendige Verbindung mit dem Unendlichen ist der Mensch verloren wie ein Fremder in einem fremden Land.

Sechs auf fünftem Platz bedeutet: *Gott ist Liebe; und wer in der Liebe bleibt, der bleibt in Gott und Gott in ihm (1.* Johannes 4, 16). Liebe und Wohlwollen gegenüber den Mitmenschen sind immer kreativ. Das Gefühl der Liebe verlängert Ihr Leben, bringt Inspiration, öffnet Ihnen neue Türen, gewinnt Ihnen Freunde, weitet Ihre Interessen aus, fördert Ihre Arbeit, Ihre Geschäfte und überwindet alle Hindernisse. Mit einem Herzen voller Liebe für alle Menschen sind Sie immer und überall willkommen und hören auf, ein Fremder zu sein.

Oben eine Neun bedeutet: *Aber wie ein Vogel dahinfliegt, der aus dem Nest getrieben wird ...* (Jesaja 16, 2). Ihr »Nest« ist gut und warm, wenn Gott darin wohnt. Gott wird für Sie sorgen.

57. SUN / DAS SANFTE (DAS EINDRINGLICHE, DER WIND)

oben: Sun, das Sanfte, der Wind, das Holz

unten: Sun, das Sanfte, der Wind, das Holz

Das Urteil

Ein Knecht aber des Herrn soll nicht zänkisch sein, sondern freundlich gegen jedermann ... (2. Timotheus 2, 24). Seien Sie nicht ungeduldig mit sich selbst. Achten Sie kleine Anfänge nicht gering. Behandeln Sie sich, wie weise Eltern ein schwieriges oder ungebärdiges Kind behandeln: freundlich, geduldig, aber mit sanfter Festigkeit, ohne sofortiges Wachstum zu erwarten, dabei jedoch stets von dem Wissen erfüllt, dass Wachstum und Entfaltung kommen werden. Wenden Sie sich nicht von Ihrem Ziel ab; seien Sie sich bewusst, dass Gott Sie führt, und setzen Sie Ihre Pläne vertrauensvoll in die Tat um. Holen Sie sich Rat bei einem guten Berater.

Das Bild

Der Wind weht, wo er will ... (Johannes 3, 8). Öffnen Sie Geist und Herz für das Einströmen des göttlichen Geistes. Sagen Sie sich, dass der Geist Gottes wie ein sanfter Wind durch Ihr Denken, Reden und Handeln geht. Die seelisch-geistige Arbeit, die Sie damit leisten, ist unsichtbar, stumm und sanft. Es ist die folgenreichste Aktivität in Ihrem Leben, sie wird von allen Menschen Ihrer Umgebung unbewusst aufgenommen. Bauen Sie den Tempel Ihrer geistigen Persönlichkeit lautlos – Ihr Denken verursacht keinen Lärm. Denken Sie gut, und Gutes in allen Bereichen ist die Folge.

Die einzelnen Linien

Anfangs eine Sechs bedeutet: … *dass der Glaube ohne Werke tot sei* (Jakobus 2, 20). Wenn wir beten, stellen wir – es mag so sein – fest, dass sich in unserer Außenwelt lange nichts zu ändern scheint. Bleiben wir dennoch beharrlich und ohne jeden Zweifel stark in unserem Glauben, wird der Weg sich auftun.

Neun auf zweitem Platz bedeutet: … *dass Gott Licht ist und in ihm ist keine Finsternis* (1. Johannes 1, 5). Gott ist Liebe und Weisheit – er ist allmächtig. Holen Sie Ihre Ängste und Schuldgefühle ins Licht des Verstandes, dann werden Sie erkennen, dass sie nur von Ihrem Denken leben, weil Sie so denken, und darüber hinaus keinerlei Wirklichkeit oder Macht haben. Denken Sie anders – positiv –, und Sie sind davon frei. Vorhersagen von Bedrängnis und Leid haben keine Macht, solange Sie sie nicht innerlich akzeptieren. Bewahren Sie Ihren Glauben an Gott und bitten Sie, auf das Unendliche eingestimmt, um göttliche Führung. Ihr Leben wird gesegnet sein.

Neun auf drittem Platz bedeutet: … *durch Stillesein und Hoffen würdet ihr stark sein* … (Jesaja 30, 15). Vermeiden Sie es, im Laufe eines Tages immer wieder auf ein bestimmtes Problem zurückzukommen und sich damit zu quälen. Eine solche Geisteshaltung verschlimmert nur das Problem. Überdenken Sie die Situation unter allen Gesichtspunkten, sagen Sie sich, dass Gott Sie führt, und treffen Sie anschließend sofort eine klare, endgültige Entscheidung; seien Sie dabei von dem Wissen erfüllt, dass die Ihrem Unterbewusstsein innewohnende Weisheit Sie in göttlicher Fügung stärken und leiten wird. Positive Ergebnisse werden sich zeigen.

Sechs auf viertem Platz bedeutet: *Ihr werdet mich suchen und finden. Denn so ihr mich von ganzem Herzen suchen werdet, so will ich mich von euch finden lassen* … (Jeremia 29, 13f.). Rechtes Denken und Vertrauen in die Gottesgegenwart, die der Inbegriff von Harmonie, Gesundheit, Frieden und Fülle ist, führt Sie Ihrem Ziel zu. Gehen Sie mit Liebe und Begeisterung an die Durchführung Ihres Plans, dann wird er verwirklicht.

Neun auf fünftem Platz bedeutet: … *sei nicht ungläubig, sondern gläubig!* (Johannes 20, 27). Glauben Sie an Ihren eigenen Glauben. Mangelt es Ihnen an Glauben, werden Sie nicht beten. Die bloße Tatsache, dass Sie beten, ist schon ein Beweis, dass Sie genug Glauben haben, um davon ausgehen zu können. Vertrauen Sie auf Ihre innere Führung. Viele Segnungen sind Ihnen beschieden.

Oben eine Neun bedeutet: *O ihr unverständigen Galater, wer hat euch bezaubert* … (Galater 3, 1). Wenn Sie destruktiv denken, zerstören Sie Ihre Kraft und Ihr Glück. Sie vergessen, dass Sie selbst die Ursache sind. Negative Gedanken und Gefühle verzaubern Sie. Erkennen Sie, dass Gott die Allmacht, unendliche Weisheit und grenzenlose Liebe ist. Bauen Sie darauf.

58. DUI / DAS HEITERE, DER SEE

oben: Dui, das Heitere, der See

unten: Dui, das Heitere, der See

Das Urteil

… *vor dir ist Freude die Fülle* … (Psalm 16, 11). Fassen Sie Ihre Arbeit, Ihre Berufstätigkeit als Quelle der Befriedigung und Freude auf. Seien Sie heiter und fröhlich, Ihre Mitarbeiter werden Ihre gehobene Stimmung fühlen. Die größte Freude jedoch erfließt der Entdeckung, dass Ihr Denken schöpferisch ist und, indem Sie Gutes denken, dieses Gute verwirklicht wird.

Niemand kann Ihnen dieses Wissen nehmen. Erkennen Sie, dass Sie, wenn Sie beten, Gott innerlich einen freudvollen Besuch abstatten. Beten Sie auf diese Weise, und Ihre Welt wird sich geradezu wunderbar verändern.

Das Bild

… *und ein liebliches Wesen zu deiner Rechten ewiglich* (Psalm 16, 11). Mit der »Rechten« ist im *I Ging* und in der Bibel die Gottesmacht, an der Sie innerlich teilhaben, gemeint. Gott ist Geist, Ursache und Wirkung. Machen Sie sich diese Tatsache bewusst und spüren

Sie, dass Geist vom Geiste Gottes durch Ihre Gedanken und Vorstellungen strömt. Was Sie voll Freude beginnen, werden Sie erfolgreich beenden. Anfang und Ende sind ein und dasselbe. Dies zu wissen, soll Sie mit Heiterkeit und Freude erfüllen. Freude ist Glückseligkeit, Fröhlichkeit des Herzens, ist Lachen, Freundlichkeit, Harmonie, Frieden. *Ein fröhlich Herz macht das Leben lustig …* (Sprüche 17, 22). Sie stecken die Menschen Ihrer Umgebung mit Freude an.

Die einzelnen Linien

Anfangs eine Neun bedeutet: … *seid fröhlich, ihr Gerechten …* (Psalm 32, 11). Vor Kurzem erzählte mir ein Ingenieur, er habe einen überaus schwierigen Auftrag gehabt und bei dem Projekt viele Rückschläge erlitten, doch er habe trotz aller Pannen und Enttäuschungen durchgehalten und immer bis spät in die Nacht gearbeitet, weil er innerlich schon in der Freude der Bewältigung gearbeitet habe. Er schaffte es auch, was ihn mit strahlender Freude erfüllte. Eine solche Einstellung sollen Sie zum Leben haben, dann werden Sie die Kraft für die Bewältigung aller wie immer gearteten Schwierigkeiten haben.

Neun auf zweitem Platz bedeutet: *Es ist einem Mann eine Freude, wenn er richtig antwortet; und ein Wort zu seiner Zeit ist sehr lieblich* (Sprüche 15, 23). Worte der Ermutigung und des Vertrauens, die Sie an andere Menschen richten, können diese erheben und, wenn Sie sie wachsen und sich entwickeln sehen, Ihnen selbst große Freude bringen. Ihr Reden und Handeln sollte Ihnen und den andern immer Freude bereiten. Ihre innere Freude erwächst aus dem Einssein mit dem Unendlichen in Ihnen, und Sie werden feststellen, dass in Ihrem Leben Wunder geschehen.

Sechs auf drittem Platz bedeutet: *Dem Toren ist Torheit eine Freude …* (Sprüche 15, 21). Wer Freude in törichten Äußerlichkeiten wie albernen Spielen, gewalttätiger Musik, schlechten, destruktiven Radio- oder Fernsehstücken, obszönen Filmen oder ähnlicher armseliger Unterhaltung sucht, hat nichts als Enttäuschung zu erwarten. … *die Freude am Herrn ist eure Stärke* (Nehemia 8, 10).

Neun auf viertem Platz bedeutet: *Wer festen Herzens ist, dem bewahrst du Frieden; denn man verlässt sich auf dich* (Jesaja 26, 3). Sie müssen zu einem Entschluss kommen. Der richtige Entschluss ist, Ihre Aufmerksamkeit auf die unvergänglichen Lebenswahrheiten zu konzentrieren. Echte Freude erwächst aus dem Kennenlernen Ihrer seelisch-geistigen Kräfte, mit denen Sie Anteil am Göttlichen haben. Verbinden Sie sich mit der Ihnen innewohnenden Gottesgegenwart und erkennen Sie, dass göttliche Liebe durch Sie strömt, durch Ihre Gedanken und Gefühle, und dass göttliche Liebe Ihnen vorausgeht und Ihre Wege ebnet. Eine solche Haltung gibt Ihnen innere Freude in Fülle. Das ist eine Art praktisch verwirklichter Anbetung Gottes. Treffen Sie jetzt die richtige Entscheidung, dann wird die Freude groß sein.

Neun auf fünftem Platz bedeutet: *… durch Stillesein und Hoffen würdet ihr stark sein …* (Jesaja 30, 15). Setzen Sie Ihr Vertrauen nicht in die Äußerlichkeiten des Lebens. Sie sind vergänglich. Entspannen Sie sich, lockern Sie sich geistig und wenden Sie Ihre Aufmerksamkeit der Gottesgegenwart zu, die in Ihnen wirkt. Sie ändert sich nie und ist absolut zuverlässig – gestern wie heute, und so wird es auch morgen sein. Ihr Glaube sollte Gott und allen guten Dingen, nicht kurzlebigen Dingen gelten.

Oben eine Sechs bedeutet: *… so gehe hin und iss dein Brot mit Freuden …* (Prediger 9, 7). Wollen Sie im Leben wirkliche Freude genießen, müssen Sie geistige Nahrung zu sich nehmen. Ihr tägliches »Brot« seien Harmonie, Frieden, Liebe, Freundlichkeit und Inspiration, dann werden Sie am Leben Freude haben. Wenn es Ihnen nur um Essen, Trinken, Lustbarkeiten und sinnliches Vergnügen geht, werden Sie zum Opfer oberflächlichen Massengeistes und Scheitern und Enttäuschung an sich erfahren.

59. HUAN / DIE AUFLÖSUNG

oben: Sun, das Sanfte, der Wind

unten: Kan, das Abgründige, das Wasser

Das Urteil

Der Weisen Mund streut guten Rat … (Sprüche 15, 7). Ein »Weiser« weiß, dass Gott der lebendige Geist ist, der gemeinsame Ahnherr aller Menschen. Wir alle haben in ihm den gemeinsamen Vater, wir alle sind eng verwandt. Liebe, Wohlwollen und Freundlichkeit vereinen die Menschen ohne Ansehen der Rasse, der Religion oder des Standes. Sie selbst können Ihre Mitmenschen durch Liebe und Freundlichkeit erfreuen und ihnen durch Erklärung der geistigen Lebensprinzipien helfen. Es ist jetzt vorteilhaft für Sie, auf Ihr Ziel zuzugehen. Da Ihre Motive gut sind, werden Sie Ihr Ziel erreichen. Auch jede Reise, die Sie jetzt unternehmen, wird glücklich verlaufen.

Das Bild

Lass deine Brunnen herausfließen … (Sprüche 5, 16). Der Lebensbrunnen befindet sich in Ihnen. Trinken Sie vom Quellwasser der Inspiration, innerer Führung und Vertrauensfülle, und Sie werden sich erfrischt und belebt fühlen. Wünschen Sie allen Menschen, was Sie sich selber wünschen. Das Wissen um die unversiegbare Quelle Ihrer Kraft befreit Sie völlig von Habgier, Neid und Eifersucht. Der Lebensbrunnen fließt für Sie reichlich.

Die einzelnen Linien

Anfangs eine Sechs bedeutet: *Rosse werden zum Streittage bereitet …* (Sprüche 21, 31). Das »Ross« symbolisiert Ihre emotionalen Kräfte. Diese müssen immer in gottgefällige Kanäle geleitet werden. Machen Sie sich bewusst, dass Verständnis und Liebe in göttlicher Fügung alle Missverständnisse auszuräumen vermögen. Sagen Sie sich, dass Ihnen bei allen Unternehmungen göttliche Liebe vorausgeht, dann wird Ihr Gefühlsleben glücklich sein.

Neun auf zweitem Platz bedeutet: *Und wenn ihr stehet und betet, so vergebet, wo ihr etwas wider jemand habt …* (Markus 11, 25). »Vergeben« heißt hergeben: Sie sollten alle Gefühle der Feindseligkeit, die Sie gegenüber einem Mitmenschen hegen, hergeben, ablegen. Sie lösen diese in einer Stimmung der Liebe und Freundlichkeit auf. In Ihrer Welt sind Sie Ihr einziger Denker; was Sie über andere denken und fühlen, erschaffen Sie in Ihrem eigenen Erleben. Wünschen Sie ihnen alle Wohltaten des Lebens. Sie wissen es, wenn Sie ihnen verziehen haben, denn Sie spüren dann keinen Stachel mehr. Verzeihen Sie, dann sind Sie frei.

Sechs auf drittem Platz bedeutet: *Trachtet am ersten nach dem Reich Gottes* ... (Matthäus 6, 35). Stimmen Sie sich auf den Geist Gottes ein. Sehen Sie im Geiste Ihre Ziele als bereits erreicht und freuen Sie sich darüber; haben Sie die Gewissheit, dass die universelle Kraft für Sie wirkt und Sie in göttlicher Fügung zu Ihren Zielen führt.

Sechs auf viertem Platz bedeutet: *Der Weg des Herrn ist des Frommen Trotz* ... (Sprüche 10, 29). *Wohl den Menschen, die dich für ihre Stärke halten* ... (Psalm 84, 6). Was Sie tun, müssen Sie vom Standpunkt der ewigen Seinswahrheiten und Lebensprinzipien tun. Alle Menschen Ihrer Umgebung sollten geistige Glieder in der Kette Ihres seelisch-geistigen Wachstums und materiellen Wohlergehens sowie auch in der Kette des Allgemeinwohls sein. Verbindungen mit Menschen, die von den Prinzipien der Ehrlichkeit und Gerechtigkeit abweichen, sollten Sie jetzt lösen.

Neun auf fünftem Platz bedeutet: *Ruft nicht die Weisheit, und die Klugheit lässt sich hören?* (Sprüche 8, 1). Weisheit ist das Wissen um die Ihnen innewohnende Gottesgegenwart, die Sie von geistiger Verwirrung befreit und Ihnen inneren Frieden schenkt. Klugheit ist die Nutzung dieser Weisheit zur Überwindung aller Hindernisse und Schwierigkeiten des täglichen Lebens. Beten Sie: »Gott weiß den Ausweg und enthüllt mir die Lösung; ich folge der Führung, die ich erhalte.« Die Idee wird aufsteigen, die Ihr Problem löst.

Oben eine Neun bedeutet: Es *wird dir kein Übel begegnen, und keine Plage wird zu deiner Hütte sich nahen* (Psalm 91, 10). Bekräftigen Sie in Gedanken immer wieder, dass Gottes Liebe Sie und alle Ihre Angehörigen umgibt, schützt und leitet und handeln Sie in der Gewissheit, dass Sie geführt und geschützt sind, dann sind Sie gefeit gegen Gefahren jeder Art. Rechtes Tun herrscht bei Ihnen vor.

60. DSIË / DIE BESCHRÄNKUNG

oben: Kan, das Abgründige, das Wasser

unten: Dui, das Heitere, der See

Das Urteil

Deine große, herzliche Barmherzigkeit hält sich hart gegen mich (Jesaja 63, 15). Gott ist grenzenlos, aber der Mensch ist beschränkt. Gerade wegen Ihrer Beschränktheit entdecken Sie die göttlichen Kräfte in Ihrem Inneren, die Sie befähigen, sich über alle Probleme hinweg emporzuschwingen. Für jeden Menschen sind auch Ruhe und Bewegung lebensnotwendig. Darum brauchen Sie Erholung, Entspannung, Freude und Erheiterung – nicht zu viel, doch auch nicht zu wenig. Neben der Zeit für Ruhe und Schlaf müssen Sie außerdem Zeit haben zum Beten, zum Meditieren. Dies ist wichtig für ein ausgeglichenes Leben. Mäßigkeit in allem, was Sie tun, ist erforderlich. Vermeiden Sie Extremhaltungen; sie verstoßen gegen die Harmoniegesetze der Natur.

Das Bild

Denn bei Gott ist kein Ding unmöglich (Lukas 1, 37). Scheint Ihnen irgendein Problem über den Kopf zu wachsen, sollten Sie im Geiste beschließen, es als Gelegenheit zu Wachstum und geistiger Entwicklung zu betrachten. Sagen Sie sich: »Gott wird perfekt regeln, was mich besorgt macht.« In dieser Gebetswahrheit liegt ungeheure Kraft.

Die einzelnen Linien

Anfangs eine Neun bedeutet: *Guter Rat wird dich bewahren, und Verstand wird dich behüten* (Sprüche 2, 11). Sie haben die Kraft und das Recht, selbst zu entscheiden und gemäß Ihrem eigenen Urteil zu handeln. Sie haben die Freiheit der Wahl; Ihre Wahl zeigt sich in dem, was Sie denken. Wenn Sie richtig denken, werden Sie vom Verstand behütet; das ist etwa so, als würden Sie mit der Flut schwimmen; Sie brauchen nicht zu »kämpfen« oder gegen die

Wellen anzuschwimmen. Warten und beten Sie. Die rechte Zeit wird kommen; dann werden Sie wissen, wie Sie vorgehen sollen.

Neun auf zweitem Platz bedeutet: ... *denn wer da zweifelt, der ist gleich wie die Meereswoge, die vom Winde getrieben und gewebt wird* (Jakobus 1, 6). Sollte sich eine günstige Gelegenheit ergeben, fassen Sie sie sofort beim Schopf und handeln Sie. Wenn Sie zögern und schwanken, sind Sie wie der Wankelmütige aus der Bibel und in jeder Hinsicht labil. Ein Mensch, der im Lift gleichzeitig den Aufwärts- und den Abwärtsknopf drückt, kommt nirgends hin. Mit einer solchen Geisteshaltung ziehen Sie Verlust und Enttäuschung auf sich.

Sechs auf drittem Platz bedeutet: ... *eine falsche Waage ist nicht gut* (Sprüche 20, 23). Sie müssen ein ausgeglichenes Leben führen. Sie leben sowohl in Ihrer geistigen als auch in der objektiven, konkreten Welt. Wenn Sie Ihre Zeit jedoch nur für Äußerlichkeiten verwenden, Ihre Energie unklug verschwenden und Ihren Körper missbrauchen, ist Ihre innere »Waage« falsch. Sie müssen sich auch die Zeit nehmen, über Ideen zu meditieren, die Ihr ganzes Wesen heilen, inspirieren und erheben. Das Innere steuert das Äußere. Liebe und Glückseligkeit in Ihrem Herzen werden Ihr äußeres Leben ausgewogen gestalten.

Sechs auf viertem Platz bedeutet: ... *denn ich habe gelernt, worin ich bin, mir genügen zu lassen* (Philipper 4, 11). Finden Sie sich mit jenen Dingen ab, die Sie nicht ändern können. Verschwenden Sie keine Energie mit Versuchen, die Welt zu ändern. Denken Sie daran, nur Sie selbst müssen sich ändern. Auf unserer Erde gibt es zahllose Dinge, die Sie nicht zu ändern vermögen, etwa die Rotation der Erde um ihre Achse oder die Bewegung der Himmelskörper. Sich selbst jedoch können Sie ändern, indem Sie Ihr Denken ändern und sich auf die unendliche Weisheit und grenzenlose Macht Gottes ausrichten, die Sie zu Erfolg und Vollendung führt.

Neun auf fünftem Platz bedeutet: ... *Gottseligkeit ist zu allen Dingen nütze* ... (1. Timotheus 4, 8). Unternehmen Sie, was Sie auch wagen, zum Ruhme Gottes. Wünschen Sie anderen Menschen, was Sie sich selbst wünschen. Gestatten Sie sich niemals ein engende oder beschränkende Gedanken über andere, denn was

Sie über Ihre Mitmenschen denken, erzeugen Sie in Ihrem eigenen Leben. Seien Sie aufrichtig und ehrlich. Sagen Sie sich, dass Gottes Führung und göttliches rechtes Tun Sie leiten, dann werden Sie emporgehoben, und Ihnen wird alles gelingen.

Oben eine Sechs bedeutet: … *preiset Gott an eurem Leibe* … (1. Korinther 6, 20). Es ist falsch, den Körper gering zu schätzen oder zu misshandeln; er ist ein gottgegebenes Instrument. Kasteiungen und Selbstbestrafung durch asketisches Leben haben keinen geistigen Wert und zerstören gewöhnlich auch die körperliche Gesundheit und Harmonie. Ihr Körper ist das »Nest«, in dem Gott wohnt; darum sollten Sie ihn zu einem Kanal für Vitalität, Unversehrtheit und Schönheit machen. Reue über Vergangenes ist zerstörerisch; das tiefe, schmerzliche Bereuen eines in der Vergangenheit begangenen Fehlers ist geistiges Gift, das den gesamten Organismus schwächt. Gott straft niemals. Sie selbst strafen sich. Verzeihen Sie sich und ändern Sie Ihre Denkgewohnheiten. Ändern Sie Ihr derzeitiges Denken in gottgefälliger Weise, denn der Inhalt Ihrer derzeitigen Gedanken ist Ihre Zukunft. Hören Sie jetzt sofort mit jeder Selbstverurteilung auf und preisen Sie Gott in Ihrer Mitte.

61. DSCHUNG FU / INNERE WAHRHEIT

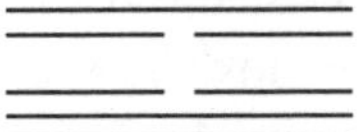

oben: Sun, das Sanfte, der Wind

unten: Dui, das Heitere, der See

Das Urteil

Es wird dem Gerechten kein Leid geschehen … (Sprüche 12, 21). *Aber die vom Volk, so ihren Gott kennen, werden sich ermannen* … (Daniel 11, 32). Gerecht sind Sie, wenn Sie richtig denken, fühlen und handeln und sich bei Ihrem Tun von der goldenen Regel der Liebe leiten lassen. Haben Sie festes Zutrauen zur Liebe und Güte Gottes; Sie werden dieses Zutrauen unterbewusst anderen Menschen übermitteln und dadurch erkennen, dass jede beglückende Verbindung mit Menschen vom Band der Liebe und gerechten Handelns geknüpft wird. Diese Haltung befähigt Sie, auf Ihr Ziel zuzugehen. Sie werden Erfolg haben.

Das Bild

Richtet nicht nach dem Ansehen, sondern richtet ein rechtes Gericht (Johannes 7, 24). Ihre Urteile und Ihre Entscheidungen sollten immer auf der Wahrheit beruhen. Sie scheiden das Falsche vom Echten und kommen zu einer Entscheidung, die auf den unveränderlichen Lebensprinzipien und Seinswahrheiten Gottes fußt. So fällt Ihr Urteil gerecht aus.

Die einzelnen Linien

Anfangs eine Neun bedeutet: *Dein Glaube hat dir geholfen; gehe hin in Frieden* (Lukas 7, 50). Glaube ist Vertrauen zu Gott. Wenn Sie Ihr Vertrauen in Äußerlichkeiten setzen, etwa in Menschen, Versprechungen, persönliche Beziehungen oder zum Beispiel Wertpapiere, dann sollten Sie daran denken, dass alle diese Äußerlichkeiten unbeständig sind, sich fortwährend ändern. Setzen Sie dagegen Ihr Vertrauen in Gott und Gottes Güte, werden Sie gedeihen und Erfolg haben.

Neun auf zweitem Platz bedeutet: *Kranich und Schwalbe merken ihre Zeit, wann sie wiederkommen sollen* (Jeremia 8, 7). Sehen Sie in »Kranich« und Schwalbe«, wie sie im *I Ging* und in der Bibel gezeigt werden, Freude. Wenn Sie vor Freude und Begeisterung überschäumen, senden Sie von selbst Schwingungen aus, die von anderen Menschen unterschwellig wahrgenommen werden, und Sie ziehen Geistesgefährten an. Ihre Stimmung hat Affinitäten. Da Sie im Bewusstsein der Freude leben, die Ihre Stärke ist, kommt Ihre beglückende Botschaft bei allen Menschen an, deren geistige Antennen auf Empfang geschaltet sind. Ihre innere Freude und Ihr gehobener Geisteszustand sind ansteckend: allen Menschen wird Gutes zuteil, weil Sie diesen Weg gehen.

Sechs auf drittem Platz bedeutet: *Wer festen Herzens ist, dem bewahrst du Frieden …* (Jesaja 26, 3). Stimmen Sie sich auf das Unendliche ein, das voll heiterer Ruhe in Ihnen wirkt. Sagen Sie sich, dass Gottes Friedensstrom durch Ihre Gedanken, Worte, Aktionen und Reaktionen fließt. Binden Sie andere Menschen nicht mit Gewalt an sich und zwingen Sie andere nicht, das zu tun, was Sie wollen, oder so zu handeln, wie Sie es wollen. Lassen Sie sich Ihren Seelenfrieden von niemandem rauben. Ihr Frieden, Ihre innere Ausgeglichenheit und Freude kommen von Gott, nicht von anderen Menschen. Wünschen Sie den anderen Gutes und gehen Sie Ihres Wegs.

Sechs auf viertem Platz bedeutet: *Da standen die Sonne und der Mond still …* (Josua 10, 13). Sehen Sie in der »Sonne« das Bewusstsein und im »Mond« das Unterbewusstsein. Wie der Mond das Sonnenlicht zurückstrahlt, so reflektiert Ihr Unterbewusstsein die Denkgewohnheiten und Vorstellungen Ihres Bewusstseins. Wenn Sie, nachdem Sie die Wogen Ihres Bewusstseins stillgelegt haben (die »Sonne stand still«), die Gegenwart von Gottes Licht, Liebe, Macht und Schönheit betrachten, wird auch Ihr Unterbewusstsein stillgelegt, negative Strebungen und Gefühlsregungen werden neutralisiert und unterbunden. Das allumfassende Gefühl, zu sein, was man gern sein will, könnte man als Vollmond bezeichnen: es ist Ihnen gelungen, Ihr Unterbewusstsein zu prägen, sodass es alles daransetzen wird, Ihre Wunschvorstellung im Leben zu verwirklichen. Halten Sie an dieser Wahrheit fest, dann werden Sie Erfolg haben.

Neun auf fünftem Platz bedeutet: *Denn es ist keine Obrigkeit nicht von Gott; wo aber Obrigkeit ist, die ist von Gott verordnet* (Römer 13, 1). Wenn Sie weiterhin in der Erkenntnis der Gottesgegenwart leben und Sie Ihr Einssein mit Gott fühlen, werden Sie diese innere Überzeugung gegenüber allen Menschen ausstrahlen, mit denen Sie zusammentreffen, und diese werden, bewusst oder unterbewusst, Ihre Strahlung positiv aufnehmen. Alles wirkt zu Ihrem Besten zusammen.

Oben eine Neun bedeutet: *Und alsbald, da er noch redete, krähte der Hahn* (Lukas 22, 60). Der Hahn kräht im Morgengrauen, als erschaffe er das Tageslicht. Es hat keinen Sinn, zu prahlen und so zu tun, als seien Sie etwas, das Sie im Herzen nicht als wahr empfinden. Leere Worte und mechanisch heruntergeleierte Gebete nützen Ihnen nichts. Die Wahrheiten Gottes müssen von Ihnen geistig aufgenommen, verdaut und umgesetzt werden, genau wie vom Körper ein Stück Brot aufgenommen, verdaut und zu Blut umgesetzt wird.

62. SIAU GO / DES KLEINEN ÜBERGEWICHT

oben: Dschen, das Erregende, der Donner

unten: Gen, das Stillehalten, der Berg

Das Urteil

… denn die Vögel des Himmels führen die Stimme fort, und die Fittiche haben, sagen's weiter (Prediger 10, 20). Ein »Vogel« versinnbildlicht im *I Ging* und in der Bibel menschliches Denken und Fühlen; darum hat er zwei Flügel. Der Vogel schwingt sich in die Lüfte; doch er kehrt zur Erde zurück, um Futter zu suchen, ein Nest zu bauen und seine Brut aufzuziehen. Wenn Sie Pläne haben, müssen Sie, damit Sie keine bloßen Luftschlösser bauen, dafür sorgen, dass diese ein Fundament haben, sonst können sie nicht Wirklichkeit werden. Entscheiden Sie sich in Ihrer Karriere für den nächsten, vernünftigen Schritt – einen Schritt, bei dem Sie das Gefühl haben, ihn auch bewältigen zu können. Seien Sie überzeugt, dass Ihnen dieser Schritt mit Gottes Hilfe gelingen wird. Dann folgt Ihr nächster Schritt auf der Sprosse der Erfolgsleiter. Sie müssen Ihre Idee im Herzen als wahr empfinden, denn jeder Wunsch, den Sie im Geiste hegen und in echtes Gefühl umzusetzen vermögen, wird sich in Ihrem Leben verwirklichen. Großer Erfolg ist Ihnen beschieden.

Das Bild

Ist Ihr Herz voll Frieden, werden Sie dies auf Ihre Umgebung ausstrahlen und ein Vielfaches zurückerhalten. Sie werden so viel Geld haben, wie Sie brauchen, und es großzügig ausgeben, da Sie wissen, dass die Quelle unerschöpflich ist. Echter Seelenfrieden bewirkt eine körperliche und seelisch-geistige Regeneration und befähigt Sie, ein erfülltes, glückliches Leben zu führen. Vermeiden Sie extreme Tendenzen jeglicher Art, dann erleben Sie einen Frieden, der unser Verständnis übersteigt.

Die einzelnen Linien

Anfangs eine Sechs bedeutet: ... *wie ein Vogel zum Strick eilt, und weiß nicht, dass es ihm das Leben gilt* (Sprüche 7, 23). Da versuchte ein fast siebzigjähriger Mann mit seinem zwanzigjährigen Sohn im Tennis und Wandern mitzuhalten. Er strich seine Jugendlichkeit und Ausdauer groß heraus und wollte es schließlich sogar im Laufen mit seinem Sohn aufnehmen. Dabei erlitt er einen Herzschlag. Ihm nützt die Wahrheit, dass ein Mensch, der nicht mehr der jüngste ist, besser seelisch-geistigen Übungen den Vorzug geben sollte, nicht mehr viel – aber Ihnen. Bekennen Sie sich zu Ihrem Alter und erkennen Sie, dass Alter mehr als das Schwinden der Jahre, das Heraufdämmern von Weisheit ist. Wenn Sie versuchen, etwas mit Gewalt zu erzwingen oder durch geistigen Druck zu erreichen, werden Sie keinen Erfolg haben.

Sechs auf zweitem Platz bedeutet: *Und ich will über sie an meinen ersten Bund gedenken* ... (3. Mose 26, 45). Der »Bund« steht für ein Übereinkommen zwischen Gott und Mensch. Wenn Sie Gottes unendliche Weisheit anrufen, erhalten Sie Antwort. Eine Wahrheit, die für alle Menschen gilt, weil Gott die Person nicht ansieht. Beten Sie nicht zu Ihren Ahnen; mit den Ahnen ist im *I Ging* Ihr Unterbewusstsein gemeint, das eine Summe an Weisheit darstellt und in das auch die Erfahrungen Ihrer Vorfahren eingeflossen sind. So *aber jemand unter euch Weisheit mangelt, der bitte Gott* ... (Jakobus 1, 5).

Neun auf drittem Platz bedeutet: ... *dass du nicht erschrecken müssest vor dem Grauen der Nacht, vor den Pfeilen, die des Tages fliegen* (Psalm 91, 5). Die »Pfeile des Tages« beziehen sich auf Schwierigkeiten oder Gefahren, deren Sie sich bewusst sind; diese können Ihnen im Umgang mit anderen Menschen, im Geschäft, Beruf oder wo immer erwachsen. Das »Grauen der Nacht« deutet die Möglichkeit an, dass Sie einen unbewussten Komplex haben oder Ihnen Gefahr von außen droht. Setzen Sie Ihren gesunden Menschenverstand ein, seien Sie wachsam und achten Sie auf alles, was in Ihrer Umgebung vorgeht. Arbeitet jemand heimlich gegen Sie, sollten Sie immer wieder folgendes Gebet sprechen: »Es gibt nichts Verborgenes, das mir nicht enthüllt wird. Es gibt nichts Verheimlichtes, das mir nicht bekannt wird. Ich bin von der Liebe Gottes umgeben, und Gott wacht über mich.« Lesen Sie Psalm 91. Er ist der große Schutz-Psalm. Das wird Wunder für Sie wirken.

Neun auf viertem Platz bedeutet: ... *und nunmehr gefährlich war zu schiffen ... vermahnte sie Paulus* (Apostelgeschichte 27, 9). Wir fahren Auto, fliegen von Kontinent zu Kontinent: leicht können wir in Gefahr geraten, sogar wenn wir nur über die Straße gehen. Seien Sie ruhig, ereifern Sie sich deswegen nicht. Lassen Sie normale Vorsicht walten und seien Sie sich stets bewusst, dass Gottes Liebe Sie umgibt, umschließt, einhüllt. Erkennen Sie, dass Gott überall ist, wo Sie sind, dass er für Sie sorgt. Vertrauen Sie Gottes Schutz und Sie sind sicher.

Sechs auf fünftem Platz bedeutet: ... *sie sind Wolken ohne Wasser...* (Judas 1, 12). »Wolken«, die der Erde kein labendes Wasser spenden, bedeuten hier, dass Ihre Meditationen, Ihre Gebete keine Ergebnisse zeitigen. Eine solche Trockenperiode können Sie durch die Erkenntnis überwinden, dass die unendliche Weisheit Ihres Unterbewusstseins den Ausweg kennt und dass Ihr Glaube an die unendlichen Kräfte in Ihrem Inneren Sie befähigen wird, alle Hindernisse zu überwinden. Sie werden Menschen anziehen, die Ihnen bei der Durchführung Ihrer besonderen Aufgabe helfen.

Oben eine Sechs bedeutet: *Darum muss die Herrlichkeit ... wie ein Vogel wegfliegen* ... (Hosea 9, 11). Der »Vogel«, der wegfliegt, ist wie flüchtiges Denken, das im Herzen keinen Halt hat. Sie empfinden Ihren Wunsch nicht als wirklich, haben ihn Ihrem Unterbewusstsein nicht einverleibt. Geistiger Zwang und der Versuch, etwas mit Gewalt durchzusetzen oder Luftschlösser ohne Fundament zu bauen, führen zu Verlust und Enttäuschung. Ihre Ideale und Bestrebungen dürfen nicht »in der Schwebe« bleiben, sondern müssen als wahr und wirklich akzeptiert werden und in Ihrem Leben Ausdruck finden. Sie müssen Ihren Glauben an Gott und an das Gute bekräftigen.

63. GI DSI / NACH DER VOLLENDUNG

oben: Kan, das Abgründige, das Wasser

unten: Li, das Haftende, das Feuer

Das Urteil

Wer aber beharret bis an das Ende, der wird selig (Markus 13, 13). Entschlossenheit, Ausdauer und Beharrlichkeit, Ihr Ziel zu erreichen, sind gewinnbringend. Ruhen Sie sich nicht auf Ihren Lorbeeren aus. Erkennen Sie, dass ständige Achtsamkeit der Preis für Freiheit ist; natürlich müssen Sie auch über Ihre Geisteshaltung wachen. Bleiben Sie allezeit rege. Halten Sie an positivem Denken und gerechtem Handeln fest, dann wird alles gut sein.

Das Bild

Wir begegnen im Leben überall Gegensätzen: Tag und Nacht, Ebbe und Flut, innen und außen, heiß und kalt, Gesundheit und Krankheit, süß und sauer, hart und weich, Liebe und Hass, Glauben und Furcht, Männliches und Weibliches. Alle diese Gegensätze sind Hälften eines Ganzen. Der geistig orientierte Mensch geht auf seinem Weg durchs Leben zum Zentrum der Harmonie in seinem eigenen Inneren zurück und söhnt die Gegensätze aus. Wenn Furcht oder Sorge Sie bedrängen, sollten Sie im Zentrum Ihres Ich Einkehr halten und erkennen, dass nichts über Sie Macht hat außer Gott, dass Gott Liebe ist und dass Gottes Liebe vor Ihnen hergeht und Ihnen den Weg ebnet. Sie haben den Gegensatz in Geist »zurückübersetzt«. Mit diesem Vorgehen machen Sie sich unverwundbar wie durch Zauber. Alles ist Geist und Sichtbarwerdung des Geistes. Preisen Sie das Göttliche in Ihren Mitmenschen.

Die einzelnen Linien

Anfangs eine Neun bedeutet: *Und stellet euch nicht dieser Welt gleich, sondern verändert euch durch Erneuerung eures Sinnes …* (Römer 12, 2). Mit »Welt« ist der Geist der Masse gemeint, der von Angst, Aberglauben und Unwissenheit niedergehalten wird. Sie müssen Ihre Gedanken wählen und die Richtung Ihres Weges im Leben selbst steuern. Vermeiden Sie es, sich von der Masse anstecken zu lassen. Die Masse hat immer unrecht. Halten Sie vielmehr Einkehr bei sich selbst, bitten Sie um Gottes Führung und sagen Sie sich, dass Sie Ihr Leben göttlicher Ordnung unterstellen; Sie werden zur rechten Zeit und in der richtigen Richtung vorwärtsgehen und Ihr Ziel erreichen.

Sechs auf zweitem Platz bedeutet: ... *wer sich selbst erniedrigt, der soll erhöhet werden* (Lukas 14, 11). Mit einer demütigen Haltung macht man sich nicht zum Fußabstreifer. Im Gegenteil: eine solche Haltung zeigt, dass man sich seines wahren Wertes bewusst ist und nicht Menschen oder Menschenwerk an der Stelle Gottes verehrt, der allein alle Macht hat. Erkennen Sie, dass niemand Sie herabwürdigen, verletzen oder um Ihren wahren Platz im Leben betrügen kann. Ihre »Werkstatt« ist Ihr auf das Unendliche eingestimmter Geist, und Ihre Werkzeuge sind seelisch-geistiger Art: Es sind Ihr Denken und Fühlen, Ihre Haltungen und Entscheidungen. Entscheiden Sie sich für den richtigen Platz, wählen Sie gut; Sie müssen überzeugt sein und sich sagen, dass Sie immer an Ihrem wahren Platz stehen, dass Sie tun, was Sie gerne tun möchten, und dass Sie in göttlicher Fügung glücklich und erfolgreich sind. Der Erfolg wird sich dann einstellen. Denn was Sie Ihrem Unterbewusstsein einprägen, kommt im Leben sichtbar zum Ausdruck.

Neun auf drittem Platz bedeutet: ... *sind sie Geliebte um der Väter willen* (Römer 11, 28). Die Wurzel des Wortes »Vater« ist Anfang. Am Anfang steht Gott. Dies heißt, dass der Geist Gottes, der im *I Ging* als »hoher Ahn« bezeichnet wird, der große Erzeuger, der Vater aller Menschen und Dinge ist. Am göttlichen Geist haben Sie Anteil. Die Feinde befinden sich stets in Ihrem Inneren: es sind Furcht, Neid, Habsucht und Hass. Indem Sie beten, löschen Sie alle Übel aus. Die Teufel, die den Menschen quälen, heißen Angst, Feindseligkeit und Aberglauben. Was wird aber aus negativen Einstellungen, wenn Sie die Wahrheiten Gottes betrachten? Sogleich verlieren sie alle Macht und existieren nicht mehr. Wenden Sie die goldene Regel an und behandeln Sie jedermann, wie Sie selbst gerne behandelt werden möchten; dann werden Sie Erfolg haben und vorwärtskommen.

Sechs auf viertem Platz bedeutet: ... *ein Schläfer muss zerrissene Kleider tragen* (Sprüche 23, 21). Verschläft der Mensch die Erkenntnisse Gottes und seiner gottgegebenen Fähigkeiten und Kräfte, wird er ein Opfer des Massengeistes mit all seinen Eifersüchteleien und Intrigen, Ängsten und Aggressionen, die nichts anderes sind als zerrissene Kleider, Lumpen. Die Bibel fordert: ... *seid klug wie die Schlangen und ohne Falsch wie die Tauben* (Matthäus 10, 16). Sie müssen scharfsichtig und einsichtsvoll erkennen, was ist. Seien Sie achtsam und klug, aufgeschlossen für äußere Tatsachen und auch innere Führung. Weigern Sie sich, in Bezug auf die Wahrheit Kompromisse zu machen. Der von der Wahrheit Gottes erfüllte Mensch ist ohne Falschheit – wie die Taube, die ein Symbol für Reinheit und Frieden ist.

Neun auf fünftem Platz bedeutet: *Was soll mir die Menge eurer Opfer?, spricht der Herr. Ich bin satt der Brandopfer von Widdern ... und habe keine Lust zum Blut der Farren, der Lämmer und Böcke* (Jesaja 1, 11). Viele Menschen praktizieren religiöse Rituale und Zeremonien, machen Pilgerfahrten, fasten und befolgen die Gebote und Regeln ihrer Kirchen, dennoch verläuft ihr Leben chaotisch und tragisch. Das sind sinnlose »Opfer«. Alle äußeren Aktivitäten sind sinnlos, sofern nicht eine Änderung des Herzens damit einhergeht. Nur was Sie im tiefsten Inneren Ihres Herzens wirklich glauben, das wird im Leben sichtbar; nicht das, was bloß vom Kopf her Zustimmung findet. Dasselbe gilt für Ihre Wünsche. Sagen Sie sich nachdrücklich und voll Überzeugung: »Gott gab mir diesen Wunsch. Ich hege ihn mit Liebe und weiß, dass er jetzt in mein Unterbewusstsein sinkt. Mit Gottes Hilfe wird er sich verwirklichen.«

Oben eine Sechs bedeutet: *Gedenkt nicht an das Alte und achtet nicht auf das Vorige!* (Jesaja 43, 18). Die Vergangenheit ist tot. Wenn Sie den Kopf nach hinten gewandt haben, um zurückzuschauen, können Sie nicht vorwärtsgehen. Es ist töricht, bei einer Grube, in die man gefallen war, zu verweilen. Vergeuden Sie keine Zeit mit Rückblicken auf früher erlittene Verletzungen und Verluste. Ändern Sie Ihr Denken ein für allemal. Ihre Zukunft ist Ihr sichtbar werdendes derzeitiges Denken. Wenn Sie über negative Erfahrungen der Vergangenheit nachdenken, so tun Sie das jetzt, in diesem Augenblick, und damit wird die Vergangenheit zu Ihrem gegenwärtigen Denken. Da Ihr Denken schöpferisch ist, handeln Sie sich auf diese Weise nichts als Schwierigkeiten ein. Hören Sie auf zurückzuschauen, dann werden Sie vorwärtskommen.

64. WE DSI / VOR DER VOLLENDUNG

oben: Li, das Haftende, das Feuer

unten: Kan, das Abgründige, das Wasser

Das Urteil

Fanget uns die Füchse, die kleinen Füchse, die die Weinberge verderben ... (Hoheslied 2, 15). Wie »Füchse im Weinberg« graben sich in Ihrem Geiste Angst, Sorge und Zweifel ein und verderben Ihnen die guten Dinge des Lebens. Angst, Sorge und Zweifel führen unweigerlich zu Schwierigkeiten und Versagen. Beten Sie: »Gott ist mein Führer und Berater. Ich habe keine Angst, denn Gott ist bei mir, Seine Gegenwart und Macht. Ich gehe auf dem richtigen Weg vorwärts. Ich bin ruhig.« Was Sie im Glauben an Gott beginnen, endet mit einem Erfolg.

Das Bild

... sondern gedenke an ihn in allen deinen Wegen, so wird er dich recht führen (Sprüche 3, 6). Eine Reise wie auch jedes andere Unternehmen sollten Sie stets mit Gott beginnen. Sagen Sie sich voll Überzeugung: »Gott ist meine allezeit gegenwärtige Hilfe. Gott liebt und führt mich gesund und glücklich ans Ziel.« So wird es Ihnen gelingen, alles, was Sie bewegt, in Einklang zu bringen. Sie werden ans Ziel kommen.

Die einzelnen Linien

Anfangs eine Sechs bedeutet: *Sehet, jetzt ist die angenehme Zeit, jetzt ist der Tag des Heils!* (2. Korinther 6, 2). Das »Heil« ist die Lösung Ihres Problems, und diese ist jetzt wie jederzeit möglich, da es, geistig gesehen, weder Zeit noch Raum gibt. Zeit und Raum sind allerdings der dreidimensionalen Welt eigen, in der wir leben. In dieser ist jetzt für Sie die »angenehme Zeit«, sich zu sammeln. Lesen Sie Psalm 23 und glauben Sie, was darin steht. Bringen Sie Ordnung in Ihr Denken und Fühlen und warten Sie, bis Sie ruhig sind, bevor Sie handeln. Fassen Sie jetzt Glauben und Vertrauen; das wird Sie zum Erfolg führen.

Neun auf zweitem Platz bedeutet: … *dass euer Glaube, wenn er rechtschaffen ist, Geduld wirkt* (Jakobus 1, 3). Seien Sie nicht ängstlich. Angst ist Glaube an das Falsche. Und in der Eile geht alles schief. Glauben Sie fest, dass Sie durch die Gotteskraft, die Sie stärkt, alles zu einem guten Ende bringen können. Lassen Sie sich von diesem Gedanken leiten und gehen Sie vorwärts. Seien Sie beharrlich, aber geduldig und tief überzeugt, dass Ihnen gelingt, was Sie mit Gott beginnen.

Sechs auf drittem Platz bedeutet: *Wer festen Herzens ist, dem bewahrst du Frieden* … (Jesaja 26, 3). Gehen Sie nicht vorwärts und übernehmen Sie keine Aufgabe, solange Sie unausgeglichen und innerlich zerrissen sind. Was Sie auch beginnen, der erste Schritt muss darin bestehen, sich auf Gottes unendliche Weisheit einzustimmen; seien Sie absolut überzeugt, dass Sie Ihre Aufgabe mit Gottes Hilfe bewältigen, und Sie werden Erfolg haben. Diese Haltung zieht auch jene Menschen zu Ihnen, die Ihnen bei der Verwirklichung Ihres Herzenswunsches helfen und beistehen können.

Neun auf viertem Platz bedeutet: *Gott stärkt mich mit Kraft, und weist mir einen Weg ohne Tadel* (2. Samuel 22, 33). Erkennen Sie, dass die Liebe Gottes vor Ihnen hergeht und Ihren Weg ebnet. Wenn Furcht, Sorgen oder zwiespältige Gefühle Sie bedrängen, sollten Sie diese Belastungen sofort abwerfen, indem Sie sich sagen: »Ich kann mithilfe der Gotteskraft, die mich stärkt, alles zu einem guten Ende bringen.« Denken Sie an die Freude, die Sie am Ziel empfinden werden, und der Weg zum Ziel öffnet sich.

Sechs auf fünftem Platz bedeutet: *Reichtum und Ehre ist vor dir; du herrschest über alles …* (1. Chronik 29, 12). Ihr Reichtum ist Ihr gläubiges Gottvertrauen, das Ihnen Sicherheit und Weisheit schenkt. Sie sind von innen erleuchtet und strahlen gegenüber allen Menschen Liebe und Freundlichkeit aus. Gottes Fülle durchströmt Sie ungehindert. Sie werden seelisch-geistig und körperlich-materiell gedeihen.

Oben eine Neun bedeutet: *Sie sind voll süßen Weins …* (Apostelgeschichte 2, 13). Wein steht im *I Ging* und in der Bibel für Freude und Begeisterung. Freude empfindet der Mensch im Augenblick der gelungenen Überwindung der Hindernisse und des glücklichen Vollendens. Erkennen Sie, dass Ihre größte Freude Gott ist. Die Vergegenwärtigung seiner Liebe und Weisheit schenkt Ihnen Gesundheit und Sicherheit, Freude und Heiterkeit, Weisheit und Kraft.

Tabelle zur Ermittlung der gezogenen Hexagramme

Trigramme Obere Hälfte → Untere Hälfte ↓	Kiën	Dschen	Kan	Gen	Kun	Sun	Li	Dui
Kiën	1	34	5	26	11	9	14	43
Dschen	25	51	3	27	24	42	21	17
Kan	6	40	29	4	7	59	64	47
Gen	33	62	39	52	15	53	56	31
Kun	12	16	8	23	2	20	35	45
Sun	44	32	48	18	46	57	50	28
Li	13	55	63	22	36	37	30	49
Dui	10	54	60	41	19	61	38	58

Dr. Joseph Murphy

Die Macht Ihres Unterbewusstseins

288 Seiten, gebunden mit Schutzumschlag
ISBN: 978-3-7205-2698-2

Die *Macht Ihres Unterbewusstseins* ist eines jener Bücher, die den Geist unserer Zeit entscheidend geprägt haben – ein Jahrhundertwerk und Weltbestseller. Dr. Joseph Murphy, der berühmte Wegbereiter des positiven Denkens, hat darin das Geheimnis des »Glaubens, der Berge versetzt« ergründet. Er zeigt, wie wir die Kraft, die in unserem Unterbewusstsein verborgen ist, in uns wecken und schöpferisch nutzen können.

»Es gibt nur wenige Bücher, die den ›Zahn der Zeit‹ gut vertragen; das vorliegende Buch gehört zu den ganz wenigen, die der Folge-Generation sogar noch mehr zu sagen haben als den Lesern zur Zeit des ersten Erscheinens.«
Vera F. Birkenbihl

ARISTON